기후변화와 도시
감축과 적응

이태동 지음

명인문화사

기후변화와 도시: 감축과 적응

제1쇄 펴낸 날 2023년 1월 5일
제2쇄 펴낸 날 2023년 10월 27일

지은이 이태동
펴낸이 박선영
주 간 김계동
디자인 전수연

펴낸곳 명인문화사
등 록 제2005-77호(2005.11.10)
주 소 서울시 송파구 백제고분로 36가길 15 미주빌딩 202호
이메일 myunginbooks@hanmail.net
전 화 02)416-3059
팩 스 02)417-3095

I S B N 979-11-6193-061-9
가 격 28,000원

ⓒ 명인문화사

● ● ●

간략목차

세부목차

도해목차

도표

지도

서문

도시는 기후변화 적응과 감축의 최전선에 있다. 인류의 50% 이상이 지구 표면적 2%의 면적을 차지하는 도시에 살고 있다. 각종 사회간접 시설과 사람들이 밀도 있게 집중되어 있기 때문에 도시는 기후변화에 가장 취약하다. 동시에 기후변화의 원인이 되는 온실가스도 총배출량의 약 70% 이상을 배출하는 장소이기도 하다. 다양한 사람들과 조직이 다층적으로 상호작용하는 도시는 기후변화 대응의 첨병으로 다른 도시들과 연대하여 적응과 감축을 위해 노력하고 있다. 이 책은 이러한 도시의 기후변화 적응과 저감 노력을 국제정치와 비교정책의 관점에서 분석하고 정책적 제안들을 제시하고 있다.

저자는 *Global Cities and Climate Change: Translocal Relations of Environmental Governance* (세계도시와 기후변화: 환경 거버넌스의 초지방 관계) (Routledge 2015)와 『에너지 전환의 정치』(2021)를 출판한 이후, 지속적으로 도시와 기후변화에 대한 연구를 해 오고 있다. 이 책은 도시의 기후변화 적응과 감축 노력을 정치학과 정책학적 접근을 통해 분석해온 글들을 모았다. 영문 학술 논문으로 작성되어 연구 내용에 접근에 제한이 있었던 글들을 번역하여 접근성을 높였다.

탄소중립, 그린뉴딜에 도시와 지방의 역할이 갈수록 중요해지고 있다. 이 책은 기후변화와 도시의 역할에 관심을 가진 대중과 연구자, 정책결정가들에게 세계도시들의 기후변화 감축과 적응 노력에 대한 이해를 높이는 데 기여할 것으로 기대한다.

이 책의 출판에 많은 분들이 도움 주셨다. 책의 완성도를 높이기 위해 많은 조언 주신 박선영 명인출판사 대표님과 전수연 편집자님께 감사드린다. 연세대학교 정치학과 대학원의 강다혜, 강지연, 박태흠, 이희섭 조교들의 연구 지원은 책 출판에 큰 도움이 됐다. 제자들에게 멋진 미래가 펼쳐지기를 기원한다. 또한, 기후변화와 도시 연구의 공저자분들(Chris Koski, Martin Painter, Sirkku Juhola, Anders Blok, 이재협, 류소현, 정혜윤, 김한샘, 고인환, 박재영, 이희섭, 권순환, 김명성, 양혁)께 이 자리를 빌려서 다시 한번 감사의 말씀 드린다. 근휘와 준휘와 같은 미래 세대들과 민경과 같은 부모들이 기후변화에 효과적으로 대응하는 지속가능한 도시에서 생활하는 데 조금이라도 일조하는 연구가 되길 바란다. 이 저서는 연세대학교 인문사회학술연구비와 한국연구재단(NRF-2022S1A5A2A01044532)의 지원으로 이루어진 것이다. 아울러 연세대학교 정치학 발전을 위해 '이윤재 정치학 총서' 발간에 도움을 주신 이윤재 선배님께도 감사드린다.

2022년 12월

이태동

1장

서론:

기후변화와 도시

도시는 기후변화와 온실가스 배출의 주요한 배출원이다. 도시는 기후변화에 취약한 곳이기도 하다. 동시에 도시는 기후변화 감축(mitigation)과 감축(adaptation) 정책이 실제 적용되는 곳이다. 이 책은 기후변화에 대응하는 도시의 노력을 감축과 감축 차원에서 분석하고, 정책적 대안을 제시하는 데 그 목적을 둔다.

이 책은 다음과 같은 질문에 답하며, 기후변화 대응에서 도시의 역할을 고찰한다. 도시는 기후변화 문제 해결에 왜 중요한가? 세계도시들은 기후변화 감축에 적극적인가? 정치적 리더십은 녹색건물(green building) 건설을 통한 도시의 기후변화 감축에 어떻게 영향을 끼치는가? 도시에서 자급자족적인 재생에너지 시스템이 가능하기 위한 법정책은 어떤 모습일까? 기후변화 감축과 적응을 모두 고려하는 종합적인 도시기후정책에서의 거버넌스 역할을 무엇인가? 지방자치단체의 기후변화 적응을 위한 제도적 역량을 구성하는 요소는 무엇인가? 도시의 기후변화 적응은 감축과 어떤 관계인가? 기후 정의를 고려한 적응정책은 가능한가?

기후변화는 인류가 직면한 가장 풀기 어려운 문제 중 하나이다. 인류의 화석연료를 기반으로 한 경제활동은 기후변화의 원인인 온실가스의 축적을 가져왔다. 대기라는 공유재를 보존하는 이익은 크지만, 각자의 이익만을 추구할 때 공유재의 비극(tragedy of the commons)이 발생한다. 화석연료 기반의 경제 활동자는 수가 많고 종류가 다양하기 때문에 규제 등을 통한 방안 마련은 쉽지 않다.

온실가스 배출에 역사적 책임을 지녔던 선진국들을 위주로 야심차게 추진되었던 교토의정서(Kyoto Protocol)는 소기의 목적을 달성하지 못하고 파리협약체제로 변화하였다. 국가들의 자발적 감축 목표 설정과 달성이라는 특성을 가진 파리협약이 지구의 기온 상승을 1.5도씨 이하로 유지시킬 수 있을지, 앞으로 면밀히 살펴볼 일이다.

탄소중립과 그린뉴딜정책은 기후변화의 위기감을 반영한다. 다수의 국가들이 2050년까지 순배출량(배출량-흡수량)을 영(Net zero)으로 만들겠다고 선언하고 있다. 여기에 국가의 노력도 중요하지만, 도시와 지방의 역할도 중요하다. 결국, 국가가 온실감축 목표를 세우고 시행할 때, 각 도시에서 건물, 배출, 에너지 분야에서 실질적인 감축을 진행해야 한다.

도시는 기후변화 감축과 적응의 핵심이다. 도시는 수많은 인구가 좁은 면적에 겹겹으로 발달한 기반 시설에 살고 있기 때문에, 기후변화에 가장 취약한 곳 중 하나이다. 폭염, 열섬, 한파, 폭우, 폭설, 태풍, 화재 등 기후변화로 인해 재해에 심각한 인적, 물적, 재산적 피해를 볼 수 있다. 도시의 행정, 연구기관, 시민단체와 시민들은 혁신을 통해 기후변화 위기에 대응하고, 이러한 노력들은 국경을 넘어 확산될 수 있다.

이 책은 도시기후변화 감축과 감축에 대하여 13장으로 구성되어 있다. 1장 서론에서는 기후변화와 도시라는 이 책의 저술 목적과 구성을 소개하고자 한다. 도시는 에너지 전환, 교통, 건축물 정책을 통해 기후변화 저감의 혁신을 이끌 수 있다. 이러한 노력이 다른 도시들과의 연계를 통해 진행될 때, 감축정책이 더 효과적일 수 있다는 것이 본 연구의 주장이다. 또한, 도시기후변화정책을 종합적으로 계획하고 이행하기 위해서는 다양한 이해관계자와 전문가가 참여하는 도시 거버넌스의 역할이 중요하다는 것도 이 연구를 통해 주장하고자 한다. 동시에 도시는 기후변화 적응에 적극적으로 대응해야 한다. 이를 위해 지방자치단체는 기후변화 리더십, 예산, 공무원과 시민 의식을 아우르는 제도적 역량을 향상시킬 필요가 있다. 또한, 공정한 기후 적응정책을 위해 취약 계층을 파악하고 정책에 반영해야 한다. 본 연구는 도시가 적응과 감축정책을 결합하여 대응할 경우 기후변화 대응 혁신의 장으로 역할을 할 수 있다고 주장한다.

제1부에서는 기후변화와 글로벌 거버넌스 차원의 대응은 기후변화에 대한 국내외 대응과 도시에 미치는 대응을 살펴보고 있다. 2장은 기후변화에 대한 국가적 대응은 국가와 비국가 행위자 간의 국제관계를 주된 분석 단위로 삼는 국제정치가 전 지구적 기후변화 문제의 갈등과 협력을 이해하고 해결책을 모색하는데 발전적인 역할을 하는 방향을 살펴보고 있다. 또한 2장에서는 기후변화에 대한 국제적 대응을

주제로 국제기구, 무역과 탄소국경조정제도에 대한 논의를 소개한다.

3장 기후변화에 대한 국가적 대응은 기후변화 대응에 가장 중요한 행위자 중 하나인 국가의 역할과 대응방안을 살펴보고 있다. 국가는 기후변화 감축과 감축정책을 계획하고, 이행하는 중추적 역할을 한다. 동시에 다른 국가와의 협력관계를 통해 전 지구적 기후변화 문제에 공동으로 대응하기도 한다. 국가는 기후변화 문제를 안보 위협으로 인식하고 적극적으로 대처할 능력을 가진다. 선진국과 개발도상국의 기후변화에 대한 차별화된 책임을 인식하고 개발협력을 통해 상호이익이 되는 기후정책을 만들 수 있다. 2장과 3장은 이태동이 2022년 국제정치논총에 출판한 "기후변화와 국제정치: 경제, 안보, 개발, 행위자 연구 어젠다"의 내용을 토대로 수정 보완하였다.

4장은 이론 틀로서 초지방 관계(Translocal relations)와 기후변화의 도시에 대한 영향을 소개한다. 아울러 2부 도시와 기후변화 감축과 3부 적응 연구와 정책의 필요성을 제시한다. 2부는 도시와 기후변화 감축을 다룬 글들이다. 5장은 도시의 초지방 기후네트워크 참여와 기후 감축정책의 관계를 분석한다. 기후변화 문제에 대응하고 위해 초지방 기후네트워크가 형성, 운영되고 있다. 도시의 네트워크 참여가 기후 감축정책에 어떤 영향을 끼치는가? 도시들은 기후변화협정에 가입해 있는 국가들과 유사한 문제에 직면해있다. 도시들은 집단행동의 문제를 극복하기 위해 공통문제의 정의, 정책 해결, 공식적인 커뮤니케이션, 홍보 등을 제공하게끔 하는 도시 네트워크에 가입하고 있다. 이 장에서는 로짓 모델을 통해 57개의 C40 회원도시의 네트워크 참여와 도시의 기후 감축정책 사이의 관계를 분석한다. 분석을 통해서 도시 레벨에서 그룹 참여가 어떻게 실제 기후변화 감축 조치 단계(온실가스 배출 현황 파악-

감축 목표-감축 계획-이행-모니터링)에 영향을 미치는지 알아본다. 본
연구의 결과는 도시가 기후변화와 같은 국제적 문제에 대응하기 위해
도시에 대한 지원의 중요성과 더불어 초지방 기후네트워크의 중요성을
밝힌다. 이 장은 이태동과 크리스 코스키(Chris Koski)가 *Journal of
Comparative Policy Analysis*에 2014년 출판한 "Mitigating Global
Warming in Global Cities: Participation and Climate Change
Policies of C40 Cities"의 내용을 번역 후, 수정하였다.

6장은 도시의 녹색건축물을 통한 감축에서 정치적 리더십의 역할
에 주목한다. 도시의 기후협약 가입은 지역 차원에서 기후변화의 중
요성을 일러주는 데 중요한 역할을 해왔다. 하지만, 이 상징적인 '협
약'의 실질적인 의미란 무엇일까? 이 장은 기후변화 감축의 방안으로
녹색건축물의 확산을 추진함에 있어 시장(mayor)의 정치적 리더십
의 영향을 조사한다. 시장(mayor)은 녹색건축물이 지역사회와 기후
변화에 손에 잡히는 대안이라는 정책을 활용해 녹색건축물이 지역 공
공재라는 것을 인식할 수 있게끔 할 수가 있다. 이 연구는 미국 50개
주의 591개 도시에 대한 계층 분석을 통해, 정치 리더십, 즉, 도시 정
치인의 협약가입이 녹색 빌딩 수에 미치는 영향을 분석한다. 계층형
(hierarchical) 모델에 따르면, 기후변화정책에서 있어서 도시 차원에
선 시장의 기후협약 가입이 지역 녹색건물 확산에 영향을 끼치는 것
을 보여준다. 이 연구는 지방정부가 기후변화 감축 목표를 다루는 데
있어서, 협약가입을 통해 녹색건축물을 확산할 수 있는 효과적인 곳
이 될 수 있다고 주장한다. 이 장은 2012년 이태동과 크리스 코스키
가 *Review of Policy Research*에 출판한 "Building Green: Local
Political Leadership Addressing Climate Change"을 번역 후, 보완

하였다.

　7장은 자급자족적 분산형 에너지 전환을 하와이 사례를 통해 살펴본다. 하와이주(州) 재생에너지 법정책 사례 분석을 통하여, 지방정부의 재생에너지정책이 어떻게 태동되었으며, 어떤 정책 결정 구조를 가지고, 어떤 법령과 정책 수단을 시행하고 있는지 밝히고자 한다. 이를 위해, 우선 미국 연방 차원의 재생에너지 법정책, 특히 오바마 행정부의 정책을 살펴보고, 주(州) 차원의 기후변화/에너지 법정책의 프레임을 설명한다. 연방정부 차원의 법정책은 세금 혜택을 통한 지원정책이 주요한 정책 수단으로 활용되고 있으며, 규제정책은 주로 연방정부 기관과 해당 기관의 행위에 국한되는 경우가 많다. 미국의 몇몇 주들은 이러한 정책적 간극을 재생에너지 공급의무화제도(RPS: renewable portfolio standard), 발전차액지원 제도(Feed in-tariff) 등 다양한 재생에너지 활성화 법정책을 통해 보완하고 있다. 사례연구의 대상으로 삼은 하와이의 경우, 2045년까지 100% 전력 공급원을 재생에너지로 전환하겠다는 하와이 청정에너지 이니셔티브(Hawaii Clean Energy Initiative)를 시행하고 있다. 하와이 주정부와 관련 정책을 담당하는 공익사업위원회(Hawaii Public Utilities Commission)는 상향식-하향식 의사 결정 혼합 방식으로 다양한 이해관계자들의 의견을 수렴하여, 재생에너지 공급에 더하여 스마트 그리드 확충과 에너지 효율 향상을 지향하고 있다. 하와이의 재생에너지 법정책은 지정학적으로 섬과 같은 에너지 체계를 가진 한국과 2030년까지 탄소없는 섬(Carbon Free Island)을 목표로 하는 제주도와 같은 도서 지역에 법정책적 함의를 제공한다. 이는 환경법연구에 이재협과 이태동이 2016년 출판한 "미국 하와이 주정부의 재생에너지 전환 법정책 연구"를 보완한 장이다.

8장은 포괄적 지역 기후정책에 있어 도시 거버넌스의 역할에 주목한다. 기후변화가 복잡한 집단행동 문제임을 감안할 때, 지방자치단체는 기후변화문제를 해결하기 위한 포괄적인 접근방식이 필요하다. 포괄적인 기후정책은 기후변화 감축 및 적응정책을 계획하고 실행하는 데 있어서 통합적 접근방식이다. 그러나 모든 지방자치단체가 포괄적인 접근방식으로 기후 문제에 적극적으로 대처하고 있는 것은 아니다. 포괄적인 기후변화정책에 대한 지방자치단체의 대응이 다른 이유는 무엇인가? 본 연구는 4개 도시의 사례연구를 바탕으로 도시기후변화 거버넌스가 도시 수준 기후변화정책의 포괄성 수준에 미치는 영향을 분석한다. 특히, 연구자, NGO 공무원을 포함한 도시기후변화 거버넌스는 정부가 포괄적인 기후정책을 수립하는 데 필요한 요소이다. 사례연구를 보면, 시애틀, 서울처럼 기후변화 관리 조직이 잘 발달되어 있는 도시가 포괄적인 기후변화정책을 잘 제시하고 있음을 보여준다. 도시기후 거버넌스는 기후변화에 대한 행동 의제를 설정하고 실행계획을 추진하는 내용을 담고 있다. 그러나 캘리포니아의 애너하임과 한국의 부산은 잘 발달된 도시 거버넌스 제도가 없을 뿐만 아니라 포괄적인 기후정책도 충분히 개발되어 있지 않음을 알 수 있다. 이는 이태동과 페인터(Martin Painter)가 2015년 "Comprehensive Local Climate Policy: The Role of Urban Governance"를 제목으로 Urban Climate에서 출판한 논문을 번역하고 수정하였다.

3부는 도시의 적응정책을 다룬다. 9장에서는 지방자치단체의 기후변화 적응에 있어서 제도적 역량을 설명한다. 전 세계적인 기후변화는 한 국가 내에서도 지역에 따라 끼치는 영향이 다르다. 이에 기후변화 적응대책 또한 지역이 처한 위험과 취약성에 따라 다양하게 나타날 수 있다. 지역 기후변화 취약성에 대한 자연과학연구에 비해, 지역과 지방자치단체의 기후 적응 제도적 역량에 대한 사회과학연구는 제한적이었다. 본 장은 지역의 기후 적응 제도적 역량을 개념화하고 측정한 후 적용하여 유형화하는 것을 목적으로 한다. 제2차 기후변화 대응 계획의 데이터를 분석함으로써, 이 연구는 한국의 17개 광역시도의 기후변화 적응의 제도적 역량을 계량화하여 측정한다. 갈수록 심각해지는 기후위기에 대응하기 위해, 각 지방자치단체는 기후 인식, 리더십, 예산, 조직의 기후 적응 제도적 역량을 향상시킬 필요가 있다. 이를 위해 본 연구는 지자체가 시민들과 공무원의 기후변화 인식 증진, 기후 리더십의 주류화, 적절한 기후 조직과 예산을 갖출 것을 제안한다. 이는 2020년 사회과학논집에 출판된 이태동과 연구자들의 공저로 출판된 '지방자치단체의 기후변화 적응을 위한 제도적 역량의 측정과 유형화' 연구에 기반한다.

10장은 제도적 역량 중 도시의 기후변화 적응 인식 측정에 초점을 맞춘다. 전 지구적인 기후위기는 지역마다 다른 영향을 끼친다. 사람들은 기후변화 문제를 어느 정도 심각하게 인식하는가? 지역주민들은 지역에서 발생하는 기후 위험을 얼마나 인식하고 있는가? 지역주민들은 어떤 기후변화 적응정책을 지역에서 시급한 것이라고 인식하고 있는가? 그리고 지역의 거버넌스는 얼마나 효과적이라고 인식하고 있는가? 본 장에서는 지역(지방자치 단위)에서 기후변화 적응 인식 조사를 위해 문헌 연구와 전문가, 공무원, 그리고 시민 인터뷰를 통하여 설문 문항을 도출하는 것을 목적으로 한다. 지역에서 기후변화에 대응하기 위해, 자연과학에 기반한 객관적인 기후 위험 정보가 필요하다. 동시에, 시민과 공무원, 전문가가 인식하는 기후변화의 심각성, 위험의 종류와 정도, 지역에 필요한 적응정책과 거버넌스에 대한 조사도 필수적이다. 본 연구는 지역 기후변화 적응에 대한 인식 조사를 구성하는 질문들을 이론과 함께 제시함으로써, 지방자치단체와 의회, 그리고 시민들이 지역의 기후변화 문제에 대한 인식 파악에 근거한 정책형성에 도움을 줄 것으로 기대한다. 이 장은 이태동과 공동연구자들이 2020년 지역과 정치에 출판한 "지역 기후변화 적응 인식 조사 연구에 기반"하고 있다.

11장은 공정한 기후 적응을 설명하고 노인 인구와 적응정책의 관계를 실증적으로 검증한다. 사회경제적 지위에 따라서 기후변화의 영향도 달라진다. 기후 정의 연구는 노인이나 아이 같은 사회적 약자 계층에게 도시의 기후변화로 인한 위험이 더욱 직접적으로 노출된다는 연구 결과를 보여줘 왔다. 하지만, 역으로 이 사회적 약자 계층이 어떻게 도시기후변화정책에 영향을 끼치는지에 대해선 알려진 바가 적다. 이 장은 지역 기후 리스크와 국가 적응 계획을 고려하면서, 902개 유럽 도시의 기후 적응정책 채택에 대한 사회적 약자 계층의 영향을 양적 방법을 활용하여 연구하였다. 이 연구는 유럽 도시의 고령층 인구비율과 적응정책의 긍정적이고 통계적으로 유의미한 상관관계를 밝힌다. 본 연구의 결과를 통해서 기후 정의 논의에 대한 지역적 수준의 경험적 증거를 제공할 뿐만이 아니라 유럽 도시들이 채택한 적응정책이 노약자 사회적 집단이 직면한 환경적 부담을 완화하는 것임을 보여준다. 양혁, 서쿠 후올라(Hyuk Yang, Sirkku Juhola)와 이태동이 공저하여 *Sustainable Cities and Society*에서 2021년에 출판한 "The Old and the Climate Change Adaptation: Climate Justice, Risks, and Urban Adaptation Plan"을 번역하여 수정한 장이다.

제12장은 도시기후 감축과 적응정책의 결합을 다룬다. 기후변화 감축정책은 적응정책의 채택에 어떤 영향을 끼치는가? 본 장에서는 유럽 도시에서 다양한 수준의 기후변화를 감축 노력을 분석하고, 지역 기후 리스크와 국가의 기후 적응정책과 도시기후 적응정책의 상관관계를 분석하였다. 계층 모델 결과, 도시기후 감축정책과 적응정책 사이에 긍정적인 상관관계가 있음을 밝혔다. 이는 지구와 지역 기후 위험이 연결되어 있음을 보여주며, 또한 지역 레벨에서 감축과 적응 두 정책이 함께 공통이익을 얻을 수 있음을 나타낸다. 도시는 기후 적응정책을 채택할 때 이전에 감축 노력을 활용할 수 있다. 도시 및 국가 수준 요인 모두를 고려한 261개 유럽 도시에 대한 계층 로짓 회귀 분석 결과, 단순히 감축하겠다는 협약에서 그치지 않고 감축 모니터링 시스템을 갖춘 도시에서 적응정책을 채택할 가능성이 높음을 보여준다. 또한, 국가의 적응정책도 도시의 적응정책 채택에 긍정적으로 작용하고 있다. 이태동이 양혁(Hyuk Yang)과 앤더스 블록(Anders Blok)과 공저하여 *Climate Policy*에서 2020년 출판한 논문 "Does mitigation shape adaptation? The urban climate mitigation-adaptation nexus"를 번역하고 수정했다.

제13장 결론에서는 도시가 기후변화 감축과 적응 혁신의 장임을 밝힌다. 마지막 장은 결론으로 기후변화 감축과 적응을 해결하기 위한 도시의 혁신과 실험을 소개하고 분석한다. 도시는 실험과 혁신의 장소이다. 도시가 실험과 혁신의 장이 되기 위해 어떤 요소가 필요한지, 혁신의 결과가 무엇인지를 논하고 제안한다.

총 13장의 글들은 도시가 어떻게 기후변화 감축과 적응을 하고 있는가를 보여준다. 단순히 한 국가에 속해있는 몇몇도시들만을 노력을 말하는 것이 아니다. 한국, 미국, 유럽과 개발도상국의 도시들이 초지방 기후네트워크를 만들어 감축과 적응정책을 서로 배우고 있다. 정치적 리더십이 있는 도시들은 녹색건축물을 통해 온실가스 저감과 지속가능성 향상을 추구하고 있다. 하와이의 사례와 같이 자급자족적인 분산형 에너지 전환을 실험하고 시행하는 지역도 있다. 이 연구는 포괄적 기후정책을 위해 다양한 이해관계자들이 참여하는 도시 거버넌스의 역할을 강조하고 있다. 특히 취약 계층의 기후정책 과정에서의 참여는 공정한 기후 적응을 가능하게 하는 요소임을 밝히고 있다. 또한, 도시의 기후변화 적응정책을 시행하기 위해 제도적 역량과 적응 인식을 측정하고 정책에 포함시킬 필요가 있음을 주장한다. 결국, 도시는 기후변화 감축과 적응 혁신의 장으로 이 두 정책 영역이 결합함으로써 더 큰 긍정적 영향을 끼칠 수 있다.

제1부

기후변화와 글로벌 거버넌스 차원의 대응

2장

기후변화에 대한 국제적 대응

기후변화는 전 지구 구성원이 협력하여 함께 해결해야 하는 인류 공동의 과제이다. 지구 온난화가 가속화됨에 따라, 기후변화 문제는 먼 미래의 위협이 아니다. 2021년에 발표된 기후변화에 관한 정부 간 협의체(IPCC: Intergovernmental Panel on Climate Change)의 종합보고서에서 "인간의 영향으로 대기, 해양, 육지가 온난해지고 있는 것은 명백한 사실"이며 "광범위하고 급속한 변화가 발생하고 있다"라고 보고하였다. 이는 전 세계의 과학자들이 기후변화의 원인이 인간의 영향임을 명확히 밝히면서, 실제로 대기 중 온실가스의 축적과 이로 인한 온난화와 부정적 영향이 늘어나고 있음을 강조한 것이다. 이 보고서에 따르면, 2021~2040년 안에 산업화 이전과 비교해 지구 평균 기온이 1.5℃ 높아질 가능성이 크며, 이러한 기후변화는 전 세계 모든 곳에서 극한기상(폭염, 호우, 가뭄, 열대성 저기압)의 강도와 빈도를 높일 것으로 예상된다 (IPCC 2021).

기후변화 대응을 할 때 수많은 도전과 난관에 봉착하게 된다. 기후변화의 원인인 온실가스 배출이 인간 경제활동의 기본이 되는 화석연료 사용에 기인하기 때문이다. 수많은 이해관계자가 다층적으로 온실가스 배출에 영향을 끼친다는 사실은 그만큼 문제 해결을 어렵게 만든다. 그리고 지구 대기는 공유재(비배제성과 경합성을 가진)로 누군가는 자신의 이익을 도모하며 책임을 지지 않으려는 무임승차 문제를 수반한다 (이태동 2019).

이러한 기후변화를 다루는 데 있어서 협력은 필수적이다. 특히 기후변화는 한 개인이나 한 국가의 문제를 넘어선 범지구적 문제이기에, 국제협력은 반드시 필요하다. 전 세계 국가와 이해관계자들이 서로 다른 가치와 이해관계를 가지고 상호작용하는 분야이기 때문에, 기후변화의 국제정치는 기후 과학만큼 복잡하다. 이에 국제정치학에서 기후변화를 주제로 다루는 연구들이 늘어나고 있는 추세이다.

1. 기후변화와 국제기구

기후변화와 관련된 국제기구는 지속가능성을 논의하는 과정에서 형성되었다. 1988년 지구 온난화를 과학적으로 분석하고 사회경제적인 영향을 평가하기 위하여 '기후변화에 관한 정부 간 협의체(IPCC: Inter-governmental Panel on Climate Change)' 국제기구가 설립되었다. IPCC는 '기후변화 과학 지식에 관련하여 권고사항과 종합적인 리뷰',

'기후변화의 사회적 및 경제적 영향', '미래 기후 국제협약에 포함될 수 있는 요소와 가능한 대응전략' 등 정기적인 보고서와 1.5℃ 특별 보고서를 발간하는 역할을 수행한다. 이는 기후변화 문제를 다루는데 과학적 지식을 근거로 정책적 대응을 하려는 국제적 노력의 일환이다. 이러한 노력을 국제적으로 인정받아 IPCC는 엘 고어 전 미국 부통령과 2007년 노벨 평화상을 공동 수상하기도 했다.

1992년 브라질 리우데자네이루에서 열린 리우회의에서 178개국이 지구를 보다 지속가능하게 만들어, 인간의 삶을 발전시키기 위한 글로벌 협력을 구축하기 위한 포괄적인 행동지침인 의제 21(Agenda 21)을 채택하였다. 또한 해당 회의를 통해 유엔 기후변화협약(UNFCCC: United Nations Framework Convention on Climate Change)을 수립하였으며, 이는 기후변화에 국제적으로 대응하기 위한 중요한 축이 되었다 (이신화 2008).

유엔기후체제는 현대의 국제 규범들에서 자주 활용되고 있는 기본법-의정서(framework convention-protocol) 방식을 따른다. 즉, UNFCCC는 하나의 기본법으로서 기능하고 이후 수립되는 의정서에 의해 구체적인 방안이 마련된다. 유엔기후체제는 기후변화를 조정하기 위하여 특정 목표를 정하고, 그 목표를 이루기 위한 법을 정하고, 결과를 평가하고 독려하도록 하는 이행 메커니즘으로 구성되어 있다. 기후변화협약이 성립된 5년 후인 1997년에 교토의정서(Kyoto Protocol)가 채택되었으며, 2015년 12월 파리협정(Paris Agreement)이 성립되었다. 현재 두 개의 조약이 발효 중이나, 파리협정을 중심으로 기후변화협약이 진행되고 있으며, 이를 기후변화 신기후체제라 한다. 파리협약을 기반으로 매년 당사국 총회(COP: Conference of Parties)를 개최하여 국가별 협약 이행을 검토하고, 국제적으로 기후변화 관련 결정을 내린다 (박덕영 2020). 글상자 2.1은 최근 당사국 총회에서의 주요 논의들을 정리하고 있다. 당사국총회에서는 기후변화협약의 목표를 설정하고, 구체적인 이행 방안을 논의 후 마련하고, 관련 기금 확충 방안에 대한 합의를 이끌어낸다.

기후변화와 국제기구에 대한 연구는 주로 제도주의적 접근을 취한다. 국제기구 맥락에서 제도주의는 국제정치 내에서 하나의 단일 정

글상자 2.1 최근 기후변화 관련 주요 당사국 총회

- 20차 기후변화 당사국총회, 페루 리마(2014)
  - 온실가스 감축에 대한 각국의 기여(INDC: Intended nationally determined contribution)
  - 녹색기후기금 재원 확충 방안

- 21차 기후변화 당사국총회, 프랑스 파리(2015)
  - 온도 상승 2℃보다 상당히 낮은 수준으로 유지(1.5 ℃)
  - 195개 협약 당사국 모두 2025년까지 감축목표 제출, 5년마다 검토(NDC: Nationally Determined Contributions)
  - 2020년부터 개도국에 매년 1천억 달러 지원

- 22차 기후변화 당사국총회, 모로코 마라케시(2016)-25차 스페인 마드리드(2019)
  - 파리협정 이행에 필요한 세부지침 마련
  - 감축, 적응, 재원, 기술이전, 투명성 분야 지침 채택

- 26차 기후변화 당사국총회, 영국 글래스고(2021)
  - 국제탄소시장 지침
  - 파리협정 세부 이행규칙(Paris Rulebook)

출처: 외교부, 기후변화협상 정리

부가 없음을 인지하는 동시에 제도라는 수단을 통해서 국제적으로 국가 간 협력을 이끌어내야 한다는 관점이다. 코헤인과 마틴(Keohane & Martin 1995)에 따르면, 국가들은 협력으로 공동 이익을 얻을 수 있을 때 제도를 구축한다. 제도는 정보를 제공하고, 거래 비용을 줄이며, 신뢰할 수 있는 약속을 하고, 이해를 조정하는 등 상호주의적 협력을 촉진할 수 있게 한다. 그러나 제도로 인해서 선진국과 개발도상국 사이에 갈등이 야기되기도 한다. 제도의 존재 여부도 중요하지만, 제도에 참여하는 국가들의 권력과 이익의 영향 또한 고려해야 한다는 것이다.

카스트로(Castro 2014)의 연구에 따르면 국제기구는 협상 역학에 영향을 미칠 수 있는 차등화된 약속을 명시함으로써 협정을 제도화하였다. 인센티브와 사회화(socialization)를 바탕으로, 기후 대응에 대한 차별화된 그룹들을 만듦으로써 실제로 국가 간의 의견 불일치가 발생하기도 한다. 이는 특정 유형의 경로 의존성을 만들어 기후변화 국제협정 이행을 더욱 어렵게 만든다. 온실가스 감축 의무를 지닌 부속서국가 Annex I와 감축 의무를 지니지 않은 비부속서국가들 사이에서 점점 더 정치화되고 있는 기후변화에 관한 유엔 기본 협약의 예를 분석했을 때, Annex I과 비 Annex I 국가 사이의 분열이 실제로 협상 행태에 영향을 미쳤고 기후 협상에서 개발도상국과 선진국의 분열을 증폭시켰다. 따라서 추구하는 지향점에 따라 협상이 아닌 갈등이 야기되기도 한다.

현재 기후변화와 관련된 국제협력은 파리협약을 중심으로 진행되고 있다. 신기후체제는 선진국과 개발도상국 모든 국가가 2℃ 상승을 저지하기 위해 공동의 노력을 기울여야 하는 체제이다. 향후 기후변화와 국제기구 연구는 파리협약체제 하에서 각 국가들과 국가의 그룹들이 어떻게 상호작용하는가? 그 상호작용의 결과는 무엇인가? 국가결정기여

(NDC: Nationally Determined Contributions)는 효과적으로 이행되고 작동할 것인가 (Leinaweaver & Thomson 2021)? 이 과정에서 각 국가와 정부 기구, 전문가, 시민단체의 역할은 무엇인가 (Skovgaard 2012)? 국제 거버넌스는 어떻게 효율적으로 작동하도록 설계하고, 준수를 확인해야 하는가? 아직 파리협정이 이행된지 얼마되지 않았고, 그 성과를 측정하는 데에는 시간이 필요하다. 기후변화 대응을 위해 감축 목표와 계획을 잘 세우는 것도 중요하지만, 실질적으로 이행해서 감축을 준수하는 것이 무엇보다 중요하다.

그리고 탄소중립을 달성하기 위한 다양한 제도 중 시장을 활용한 탄소 가격제도와 배출권 거래제도의 지역 국제기구의 형성 가능성과 조건들을 모색하는 연구는 정책적으로나 이론적으로 기여가 가능할 것으로 기대한다.

2. 기후변화와 탄소국경조정

기후변화와 관련된 국제정치경제 거버넌스 중 무역의 주된 관심사는 (1) 생산과 소비의 공간적 분리와 재화의 전례 없는 이동이 기후변화에 어떻게 영향을 끼치는가?, (2) 무역과 관련된 제도를 통해 기후변화에 대응하는 방법은 무엇인가?로 요약될 수 있다 (이태동 2021). 즉, 환경과 무역에 관한 영향력 있는 최신 연구들은 (1) 무역은 환경에 어떻게 영향을 끼치는가, (2) 무역협정은 어떤 환경적 특성과 산업 영향력을 가지는가? 라는 질문을 하고 있다.

우선, 무역이 국제 생산과 소비 활동에 영향을 주고, 산업 구조나

에너지원의 활용에 따라 온실가스 배출에도 순 혹은 악영향을 끼칠 수 있다는 점을 고려해야 한다. 그리고 지역적이거나 지구적 기후변화 피해를 막기 위해 국제환경협약 중 무역 관련 조항이나 관세 등의 무역 정책을 사용할 수 있다는 점도 염두해야 한다 (김성진 2018).

이러한 국제환경무역 조항은 왜 발생하고, 누가 주도하는가? 그 영향은 국가와 산업마다 어떻게 다르게 나타나는가? 첫 번째 질문과 관련하여, 금융 개발 및 무역 개방이 국가의 CO_2 배출에 미치는 영향에 대한 연구들이 있다. 기후변화-국제경제-무역 관련 연구들이 CO_2 배출 결정요인에 대한 이론적, 경험적 연구들을 진행해왔다. 도간과 세커(Dogan and Seker 2016)는 금융 개발 및 무역 개방이 국가의 실질 생산, 재생에너지와 비재생에너지 소비를 통제했을 때 CO_2 배출에 미치는 영향을 경험적으로 분석했다. 분석 결과는 무역 개방 정도와 금융 발전의 증가가 CO_2 배출을 감소시키는 데 반해, 비 재생에너지 소비 증가는 CO_2 배출을 증가시키는 것으로 나타났다. 이는 온실가스 감축이 환경친화적인 상품 수출을 위한 기술개발 투자에 의한 것이라고 해석할 수 있다. 이는 선진국이 무역을 통해 개발도상국에 공해 피난처(pollution haven)를 만든다는 가설과 대치되는 발견이다. 반면 해당연구에서는 주로 선진국들을 분석 대상으로 삼았기 때문에, 개발도상국으로 대상을 확장하면 어떤 결과가 도출될지 경험적 분석이 필요하다.

최근 무역과 기후변화 연구는 기후클럽(Climate Club) 개념을 바탕으로 한 탄소국경조정에 대한 논의가 주를 이룬다. 노벨 경제학상 수상자인 노드하우스(Nordhaus 2015)는 교토의정서에서 무임승차로 인한 협약의 이행이 어렵다는 점을 밝혀낸다. 결국 비 참여자에 대한 제재가 없다면, 협약은 효과적으로 작동하기 힘들다는 것이다. 다시말해 기후 클럽의 안정적인 연합을 통해, 비 참여자에게 보복 관세를 부과할 때 높은 수준의 감축을 유도할 수 있음을 강조하고 있다. 기후클럽은 UNFCCC의 당사국 중 배재성과 비경쟁성 있는 감축, 적응, 기술이전과 정책(클럽재)을 위해 협력하는 국가 간 그룹으로 정의된다 (고인환 2019). 기후클럽에 참여하는 국가들은 배타적(exclusive)이고 비경합적(non-rivalry)인 클럽재(club goods)를 보상받고, 비 참여국에게는 관세 등의 페널티를 부과함으로써 무임승차와 같은 집합행동의딜레마를 해소하고자 한다. 이러한 이론적 논의가 실제 정책으로 나타난 것이 현재 형성 중인 탄소국경조정제도(CBAM: Carbon Border Adjustment Mechanism)이다. 탄소국경조정이란 "시장의 온실가스배출규제에 의해 발생하는 비용을 반영하여 목적지 시장에서 교역상품의 가격을 조정하는 조치"이다 (김성진 2021). CBAM은 기후변화정책을 시행하는 국가들의 A 클럽으로 인해, 정책을 시행하지 않는 국가들의 B 그룹으로 온실가스 배출원인 산업과 투자가 이동하는 탄소 누출(carbon leakage)을 방지하려는 목적을 가지고 있다. 탄소 누출과 경제적 경쟁력을 다루는 한 가지 방법은 경쟁 수입품에 대한 국경 조정조치를 부과하는 것이다. 예를 들어, 수입할 때 배출 허용량을 구매하고 당국에 넘겨야 하는 상품의 수입업자에게 의무를 부과하는 형태가있다 (Kuik & Hofkes 2010).

실제로 EU는 2023년부터 2025년까지 탄소국경조정제를 인증서구매가 필요 없는 과도기적 형태로 운영한 후에 2026년부터 본격 발효할 예정이다. 우선 적용 대상은 철강과 알루미늄, 시멘트, 전기 및 비료등의 품목이 될 것이다. EU 외에도 미국, 일본 및 캐나다 등 주요 국가들 또한 EU와 같은 탄소국경조정제와 유사한 제도 도입을 검토하고 있다. EU에서 수입 비중이 가장 큰 국가들인 중국과 러시아 그리고 터키 등의 피해가 예상되고, 한국 역시 EU에 대한 수출 비중이 높은 편이기에 CBAM으로 인한 부정적 영향을 예상할 수 있다. 부정적 영향을 훨씬 크게 받을 중국에 비하면 한국 제품의 EU 시장 점유율이 상대적으로 증가할 수 있다고 예측도 있다 (양주영 외 2021)

이와 같이 선진국들의 그린뉴딜에는 무역과 통상 분쟁 소지가 있는 탄소국경조정제도가 포함되어 있다. EU는 여전히 CBAM을 적용함에 있어 자유 무역과 기후변화를 동시에 고려하는 국제무역-환경제도가 미비하기 때문에, 탄소국경조정제도를 다자 무역체제 규범에 합치하도록 설계하고 운영하는 것이 핵심이라고 주장한다. 하지만, 이는 근본적으로는 자유무역과 환경보호라는 양대 가치의 충돌이며, 선진국과 개발도상국의 기후변화에 대한 역사적 책임에 관한 갈등이다. 국제적으로 기후변화 대응과 환경보호의 비용 부담과 분배에 대한 합의가 없는 상황에서 국가들의 개별적 대응을 어느 범위까지 허용할 것인가의 문제이기도 하다. 기후 감축정책 기준이 국내에만 엄격하게 적용된다면 EU 산업의 경쟁력이 감소할 수 있다. 그리고 국내외 모든 제품에 적용하면 보호주의라는 비난이 제기될 수 있으므로, EU는 이미 무역과 환경 기준을 적용하고 있는 WTO를 활용하여 새로운 표준을 확산시키려는 것으로 보인다 (한정현 2021).

유럽에서는 탄소국경조정제도가 산업에 미치는 영향에 대한 다양한 연구가 진행되고 있다. 국제정치경제 연구에 따르면 국경 조정이 오히려 강제적으로 철강업계의 부문별 유출률을 감소시킬 수는 있지만, 시멘트를 비롯한 광물제품 부문의 경우 감소 폭이 적을 것으로 추정하고 있다. 전체적인 탄소 누출률의 감소는 크지 않다는 점에서고 국경세 조

정은 환경적으로 매우 효과적인 정책 조치는 아니지만, 부문별 경쟁력
을 고려하여 정당화될 수 있다고 평가한다 (Kuik & Hofkes 2010).

3. 기후변화 국제협약 준수

기후변화 문제에 대응하기 위해 목표와 계획만큼 중요한 것이 준수
(compliance)이다. 준수는 법이나 약속을 지키는 것을 의미한다. 교
토의정서는 온실가스 배출에 역사적 책임이 있는 국가들을 중심으로
의무감축량을 정했다. 감축 의무가 있는 부속서 I(Annex I) 국가들 사
이에도 역사적 배출량에 따라 감축 목표가 다르다. 예를 들어, 영국은
2012년까지 1990년 대비 12.5%의 온실가스를 감축해야 했다. 반면
산업화가 상대적으로 늦었던 캐나다의 경우에는 6%를 감축하면 된다.
전반적인 감축량(1990년 대비 5% 감축)을 위해 국가별로 감축 목표를
할당했지만, 많은 국가들이 목표량 감축 준수에 실패했다. 이에 대한
이유로 선행 연구에서는 소비 수준이 높은 국가일수록 감축량을 준수
하지 않을 가능성이 크다고 밝혔다 (Harris and Lee 2017).

　도표 2.1은 2000년부터 2012년까지 교토의정서 의무감축국가들의
목표 준수 변화를 보여주고 있다. 각 국가마다 다른 감축 목표를 0 으
로 했을 때, 감축목표에서 감축량을 뺀 값이 점으로 표시되어 연결되
어 있다. 예를 들어, 영국의 경우 12.5%를 2012년까지 감축하는 것이
교토의정서에서의 목표이다. 2012년 영국은 1990년 대비 25.2%를
감축했다. −12.5%에서 −25.2%를 뺀 값인 12.7 만큼 협약에 더 준수
한 것이다. 목표인 0보다 위의 점들은 준수, 아래의 점들은 미준수함

을 나타낸다. 또다른 몇몇 국가들(포루투갈, 벨기에)은 협약을 준수하
지 못하다가 준수하게 되고, 몇몇 국가(아이슬랜드, 룩셈부르크)들은
협약을 준수하다가 준수하지 못하기도 한다.

파리협약의 경우, 선진국과 개발도상국 모두가 온실가스 감축 대상
국이다. 그리고 국가마다 지구 온도가 2℃이상 상승하지 않도록 자발
적 기여를 정하는 상향식 목표 설정 방법을 택하고 있다. 즉, 국제협
약 준수의 목표를 국가가 정하고 준수하는 자발적 협약의 성격이 강하
다. 측정, 보고, 검증(Measure, Report, Verification)과 진전의 원칙
(Progress principle)으로 협약 준수의 투명성과 목표 하향을 방지하
는 조항을 두고 있다. 그러나 준수 의무 조항과 미이행시 강제 조항이

도표 2.1 교토의정서 의무감축국가들의 목표 준수 변화

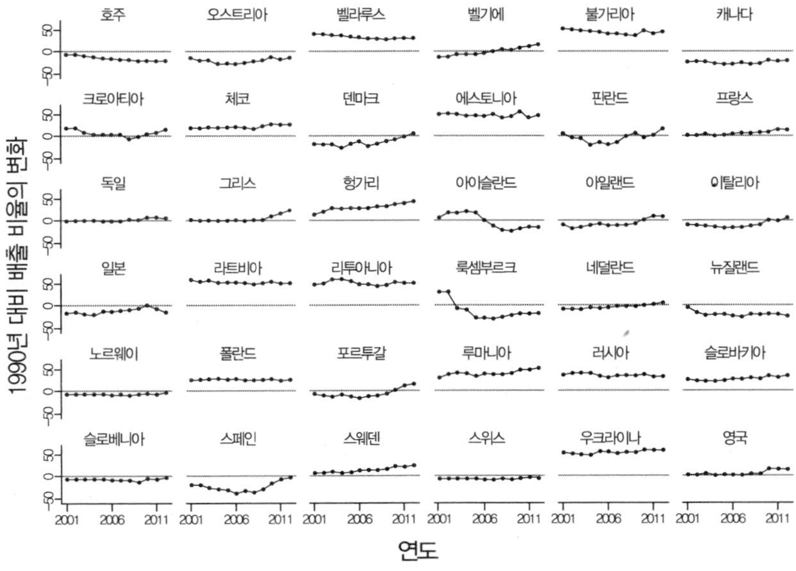

출처: Harris and Lee 2017.

미진한 편이기에, 협약 준수에 대한 모니터링이 더욱 필요하다.

온실가스 감축 목표와 계획은 중요하다. 그것보다 더 중요한 것은 실질적인 온실가스 감축 이행이다. 파리협약의 장점은 모든 국가가 자발적으로 참여한다는 것이다. 동시에 자발적으로 제출한 감축 목표를 준수하려는 노력도 중요하다. 이를 위해 중앙정부 뿐만 아니라 산업분야와 지방정부의 적극적 역할이 요구된다. 중앙정부의 감축 계획과 목표 할당을 실질적으로 이행하고 모니터링하는 주체인 도시와 지방정부가 기후변화 적응과 저감에 중추가 될 필요가 있다.

4. 기후변화와 국제 대응 과제

기후변화는 국제적인 문제인 동시에 정치경제의 문제이다. 국가 간의 협력 없이는 지구 기후변화에 대응할 수 없다. 유엔과 UNFCCC를 중심으로 매년 당사국들이 모여 국제 대응 제도를 만들어가고 있다. 특히, 탄소 가격제도와 무역 관련 제도에 대한 연구와 정책적 고려가 필요하다.

향후 다음과 같은 다양한 연구 질문에 답할 필요가 있다. 무역 이외에도 해외직접투자(FDI: Foreign Direct Investment)는 국가들의 온실가스 배출과 기후변화정책에 어떤 영향을 끼치는가? 반대로 기후변화는 해외직접투자, 무역과 무역 정책에 어떤 영향을 끼치는가? 특히 개발도상국들을 대상으로 한 무역과 국제경제의 흐름들이 온실가스 배출, 경제성장, 기후정책과 산업에 어떻게 영향을 끼칠 것인가? 모든 질문을 열거할 수 없지만, 기후변화와 국제 대응 과제는 향후 중요한 질문과 심도 있는 깊은 연구가 필요한 분야이다.

기후변화는 해결이 힘든(wicked) 문제이다. 특히 기후변화는 장기적이고, 만성적이며, 그 원인과 진행, 영향을 알기 어렵다. 또한 비배제성과 경합성을 가진 공유재의 문제이며, 각 주체가 자신의 이익만을 극대화하려고 한다면 공유지의 비극이 발생한다. 관련된 이해관계자들은 많고, 기후변화 문제 해결에 대한 이해와 가치가 다르다. 전 지구적인 문제이며, 지역적으로 다른 영향을 끼친다. 한 주체가 해결할 수 없는, 다층적인 공동의 노력과 협력이 필요한 문제이다. 특히 국제적 협력은 필수적이다.

이 장에서는 기후변화가 국제적 대응이 필요하고 이는 향후 연구와 정책 어젠다가 될 수 있음을 살펴보았다. 기후변화는 인류의 화석연료에 기반한 경제활동이 주요한 원인이기 때문에, 국제정치경제의 주제이기도 하다. 그리고 기후변화 대응을 이유로 한 기후클럽의 형성과 무역/통상/투자의 변화를 면밀히 살펴야 한다. 현재 선진국을 중심으로 논의되고 탄소국경조정제도는 탄소 누출을 막고, 온실가스 감축을 무역 규제를 통해 활성화하겠다는 의도로 수립되었다. 하지만, 그 영향은 국가의 국력, 산업, 무역 구조와 품목에 따라 다르게 나타난다는 점에서 면밀한 국제정치경치 분석이 요구된다.

기후변화를 둘러싼 국제적 대응은 국가와 도시에도 영향을 끼친다. 국가는 국제제도를 만들어가는 당사자이자 영향을 받는 행위자이다. 또한, 도시는 국제체계와 국가의 기후변화 대응 속에서 영향을 주고 받는 대상이다. 이에 기후변화의 다층적 거버넌스에 대한 이해를 요구한다.

3장

기후변화에 대한 국가적 대응

2021년 제26차 유엔기후변화협약 당사국총회(COP26)에서 인도는 개발도상국들의 입장을 적극적으로 대변하면서 기후변화와 관련하여 소위 '부자 국가 책임론'을 지속적으로 주장했다. 개발도상국들은 화석연료를 책임 있게 사용할 자격이 있으며, 기후변화에 대한 역사적 책임이 거의 없는 국가들은 전 세계 탄소 공급량에 있어서 공정한 지분을 가질 권리가 있다고 강조한 것이다. 인도의 연간 탄소배출량은 7억1,400만t 정도로 1위인 중국(27억 7,700t)과 2위인 미국(14억 4,200만t) 다음이지만, 1850년대까지 역사적 범위를 확대해 보면 인도의 온실가스 누적 배출량은 전체 배출량의 4~5% 수준이기 때문이다. 결국, 인도를 포함한 개발도상국의 이익을 고려하여, 석탄 발전을 단계적 폐지(phase out)가 아닌 단계적 감축(phase down)으로 당사국총회의 최종합의문을 변경할 수밖에 없었다 (김영현 2021). 이 장에서는 기후변화에 대한 국가의 대응을 (1) 기후변화와 안보, (2) 선진국과 개발도상국의 책임과 역할, (3) 기후변화 개발협력의 문제를 다루겠다.

1. 기후변화와 안보

국가가 기후변화 문제를 안보 위기로 인식하고 대응해야 하는가? 기후변화와 안보 연계에 대한 관심 증가는 지구촌 곳곳에서 일어난 극한 기후 현상(기록적인 폭염, 홍수, 산불 등)이 현실적으로 우리의 실제 삶에 있어 영향을 미치는 것에 기인한다. 개발과 환경 연구기관인 저먼워치(Germanwatch)는 15년간 유엔기후환경회의에서 발표해 온 세계기후위험지수(Global Climate Risk Index 2021) 보고서에서, 폭풍, 산불과 홍수, 폭염 등의 극한 기상 현상이 국가에 어느 정도의 영향을 주는지 분석하고 있다. 저먼워치는 기후변화에 가장 큰 영향을 받은 국가로 모잠비크, 짐바브웨, 바하마를 언급하였다. 이 국가들은 태풍과 홍수 피해에 특히 취약하고 대처 능력이 낮아, 재건에 더 많은 시간이 필요하다. 흥미롭게도 개발도상국들 뿐만 아니라, 일본이 2019년 태풍 피해와 폭우로 인해 기후변화에 영향을 가장 크게 받은 국가 4위에 오르기도 했다. 이 보고서는 10개국(일본, 필리핀, 독일, 마다가스카르, 피지, 캐나다, 르완다, 케냐, 스리랑카, 인도)을 가까운 미래에 기후변화에 가장 위험할 수 있는 국가로 제시하고 있다.

　기후변화로 인한 영향은 경제적 불평등과 분배의 실패, 갈등을 관리할 제도의 미작동, 이미 존재하는 문화적 갈등을 통해 국가 내외부적 갈등을 증폭시키는 요소로 작용한다. 기후변화가 강(river)의 지정학에 영향을 미치는 경우로 미국과 멕시코의 리오그란데강 갈등을 예로 들 수 있다. 미국과 멕시코는 리오그란데강과 콜로라도강을 공유하고 있다. 두 강이 국경에 걸쳐져 있기 때문에 어느 한쪽이 우위를 차지하지 못하고 양쪽의 협력을 요구하게 만드는 구도이다. 결국 1994년, 미국과 멕시코 양국은 두 강의 사용 문제에 관하여 합의했다. 멕시코는 리오그란데강 유량의 3분의 1인 4억 3,000만㎥의 물을 매년 미국에 보내는 대신에 미국은 콜로라도강에서 매년 19억㎥의 물을 멕시코로 보내기로 약속한 것이다. 양국은 5년에 한 번씩 강물의 유량을 정산하는데, 최근 멕시코 북부 지역에서의 가뭄이 이어지면서 멕시코는 2020년에 거의 1년 치에 해당하는 물을 빚지게 되었고 가뜩이나 부족한 물을 미국에 흘려보내려 하자 멕시코 북부 치와와주 국경 지역의 농민들이 댐을 점거하고 강하게 항의했고, 이 와중에 2020년 9월 멕시코 농민 1명이 경찰의 총에 맞아 사망하기도 하였다. 미국이 멕시코의 물 지급 일정을 유예함으로써 일시적으로 해결하였으나, 기후변화로 인해 가뭄과 폭우가 잦아지고 농업 양태의 변화 때문에 비슷한 유형의 분쟁이 언제든 반복될 수 있다고 우려한다. 미국의 서남부도 가뭄과 산불로 물부족에 시달리고 있기 때문에 갈등의 요소는 더 커져가고 있다 (최현준 2021). 기후변화로 인하여 나일강, 메콩강 등 공유하천에서 인간과 생태계에 필수저인 물과 식량을 둘러싼 갈등과 경쟁이 더욱 심화되고 있다.

기후변화가 국가, 국제 및 인간안보에 미치는 영향이 증대되고 있다. 기후변화와 안보를 연결하려는 연구 질문은 다음과 같다. 기후변화가 심각해지면 갈등을 넘어 국내외적 분쟁을 촉발할 수 있는가? 만약 그렇다면 어떤 조건 하에 기후변화 위기가 분쟁에 영향을 끼치게 되는가?

코펜하겐학파는 사안이 실존적 위협으로 표현되는 과정을 '안보화'의 과정으로 명명하고있다. 기후변화 및 안보와 관련된 연구들은 기후변화 이슈가 기존의 사회·경제 제도에 어떻게 작동하는지, 또는 실제 자원고갈, 분배에 어떤 영향을 끼치는지에 대해 고찰하고 있다. 그리고 국가와 국제기구가 기후변화 거버넌스에서 어떤 역할을 하게 되는지, 국가의 개입이 효과적인지를 평가한다 (Scott 2012). 기후변화가 폭력적인 충돌을 유발할 수 있다는 가설에 대한 논의를 포함하여 기후변화와 인간안보 사이의 연관성을 체계적으로 탐구하는 것이다. 기후위기를 위협요소로 인식하면서, 안보라는 개념의 재정적 측면에서 군사충돌과 같은 전통적인 요소 외에도 안보에 대한 부가적 위험 및 인간안보를 점점 더 고려하게 되었다 (Barnett 2003).

기후변화는 광범위한 경제적, 사회적, 정치적 영향을 미치지만, 기본적으로 환경문제이다. 기후변화 문제를 해결하기 위해 보다 효과적인 조치를 취하는 데 있어 가장 큰 걸림돌은, 광범위한 필요 조치를 취할때 누가 책임을 져야하는지에 대한 합의이다. 이에 관련하여 코펜하겐 학파는 '무엇을 안보 문제로 분류하는가? 누가 그 문제에 어떻게 대처하는가? 라는 질문을 강조한다. 기후변화는 안보이론가들에게 흥미로운 사례연구 주제이다. 많은 기후 안보적 수사에도 불구하고, 직면한 문제의 심각성에 비해 정책대응은 훨씬 뒤처지고 있기 때문이다.

동시에 기후변화와 안보와의 연결을 비판적으로 고찰해 볼 필요가 있다 (이태동 2016). 기후변화 안보 주장이 설득력을 가지려면, 어떤 기후 요소가, 어떻게 사회경제적인 변인들에 영향을 끼치고, 결국에는 국가 내부, 또는 국가 간 갈등, 분쟁 혹은 인간안보에 영향을 끼치는가에 대한 세심한 고려가 필요하다. 기후변화로 인한 홍수, 가뭄, 태풍 등의 극한 기후 현상은 잘 작동하지 않는 정치, 경제 시스템에 미치는 영향이 더욱 크다. 또한 사회적으로 기존의 갈등 구조가 분쟁을 증폭시키기도 한다 (Fetzek et al. 2014). 즉, 기후변화의 인간안보 위협은 생존과 직결된 물, 공기, 기온, 농작물 등의 자원 부족과 질 저하를 발생시키기 때문에, 이러한 환경 변화의 영향을 면밀히 모니터링하여 사례별로 얼마나 유사한지, 혹은 얼마나 다르게 나타나는지에 대한 분석이 필요하다. 예를 들어, 기후변화와 밀접한 연관성을 가진 에너지 안보에 대한 국가 전략 비교는 화석연료의 무기화와 지정학적 위협, 온실가스 감축, 에너지 공급 다양화 방안으로서의 재생에너지/원자력 사용 확대 또는 축소를 설명할 수 있다 (정수현 2016). 그리고 새로운 안보 이슈 (예, 전염병 팬데믹으로 인한 보건 안보)와 기후변화의 안보화를 비교하는 연구를 통해 위협 원인, 사회-경제-정치 제도의 대응, 국가와 비정부 행위자의 역할 등에 대한 메커니즘을 밝힐 수 있다 (김유철 2021).

향후 기후변화와 안보에 관한 연구 질문은 다음과 같다. 기후변화의 어떤 극한 기후 현상이 갈등과 무력 분쟁에 어떤 영향을 미치는가? 이에 대응하기 위한 어떠한 국제적, 국가적 노력들이 필요하며, 어떻게 작동하는가? 어떤 조건 아래 기후변화가 대규모 이주를 발생시키고, 이로 인한 갈등과 폭력적 분규의 원인이 되는가? 환경협력은 평화구축에 도움이 될 수 있는가 (이재승 외 2014)? 안보의 종속변수인 국가 간 혹은 국내 무력 분쟁을 인간안보로 확장했을 때, 기후변화와 안보 연계는 설득력을 더 가질 수 있는가? 남북한 문제에 있어, 기후변화는 남북한의 자연과 환경에 어떤 영향을 미치며, 이는 남북한 협력과 갈등에 어떤 영향을 미칠 것인가? 등의 경험적인 질문도 향후 연구과제이다.

2. 선진국과 개발도상국의 기후변화 대응책임과 역할

선진국과 개발도상국의 기후변화 책임에 대한 입장 차이는 국제협력
을 어렵게 만드는 요소이다. 선진국과 개발도상국들은 역사적으로 온
실가스 배출에 얼마만큼 책임이 있으며, 앞으로 이 책임을 어떻게 배
분할 것인가? 역사적인 책임은 적지만 온실가스 배출이 급격하게 늘
고 있는 개발도상국들의 기후변화 감축을 어떻게 가능하게 할 것인가,
국제 기후변화협상에서 선진국과 개발도상국의 책임은 어떻게 반영되
고 이행되는가와 같은 질문들에 답할 필요가 있다. 이는 이후 다룰 개
발협력의 문제와도 밀접하게 연관되어 있다.

오랜 기간 논의 후에 도출된 유엔기후변화협약의 '공동의, 하지만 차
등화된 책임(CBDR: Common But Differentiated Responsibilities)'
은 국제기후변화협상에서 당사국들의 의무범위를 정하는 핵심적 개념
이다. 인류 공동의 관심사인 기후변화로 인한 부정적인 영향 문제를
해결하고자 CBDR은 모든 국가들이 공동의 책임 부담을 지는 것을 강
조한다. 동시에 국가별 책임분담 측면에서는 선진국이 훨씬 큰 역사
적 책임이 있기 때문에 마땅히 더 높은 수준의 책임을 부담해야 함을
주장한다. 이 원칙은 기후변화협약 체제 형성에 영향을 미쳤다. 그래
서 1992년 교토의정서(Kyoto protocol) 체제는 선진국 38개국에게만
온실가스 감축 목표를 부과하였다. 교토의정서에서는 기후변화 감축
의 책임을 당사국 간의 차별적 책임으로 구체화했다. 즉 (i) 최종 목표

에 직접적인 연관성이 있는 배출 감축 등 '핵심적인 의무'에 있어서 부속서I(선진국)·비부속서I 국가들(개발도상국) 간의 차별화, (ii) 의무의 이행과 관련하여 의무의 엄격함이나 이행 시기의 차별화, (iii) 자금 및 기술지원 제공의 의무와 수혜조건의 차별화를 꾀한 것이다 (이재형, 이천기 2015).

그러나 의무감축을 달성하기로 약속한 선진국들은 미국을 필두로 교토의정서에서 탈퇴하였다. 탈퇴하지 않은 국가들도 감축 목표를 준수하지 못하는 경우도 많았다. 특히 소비 수준이 높은 국가일수록 교토의정서의 온실가스 감축 목표에 도달하지 못했다 (Harris and Lee 2017). 이와 같이 교토의정서가 잘 작동하지 못함과 더불어 급속하게 늘어나는 개발도상국들의 온실가스 배출로 인해, 모든 협정 당사국(196개국)에 온실가스 감축 의무를 부과하는 파리 기후변화협정으로 전환되었다. 여전히 선진국-개발도상국 간 책임 분담의 공평성 문제를 완전히 해소하지 못했지만, 기후위기(Climate Crisis)로 인해 '차별적'인 책임보다는 '공동'의 책임이 강조되는 협정체제가 등장한 것이다.

자연과학과 경제학 연구의 시뮬레이션 결과 1850년부터 2005년까지 CO_2 농도 증가에 대한 기여도(지구 기온 상승, 해양 온난화, 해빙 감소)는 선진국 61%, 개발도상국 39%로 추정된다. 반면 단순 탄소 주기 모델은 선진국과 개발도상국의 기여도를 각각 70%와 30%로 추정하였다. 그리고 20세기 후반 선진국들은 개발도상국들로부터 제조된 제품 수입을 통해 효과적으로 그들의 이산화탄소 배출량을 수출해온 것으로 나타났다 (Ting, et al. 2012). 이러한 역사적 책임이 어떻게 분배되어야 할지는 규범적인 문제인 동시에, 정책과 경제에 직접적으로 영향을 끼칠 수 있는 기후변화와 국가 대응이 주요한 논쟁점이다.

3. 기후변화와 개발협력

기후변화의 선진국과 개발도상국의 책임을 실질적으로 다룰 수 있는 분야가 국제개발협력이다. 관련하여 (1) 환경오염에 책임이 있는 선진국이 개발도상국에게 환경에 대한 경제적 원조를 통해 경제성장을 촉진할 수 있게끔 하는 녹색 ODA 개발협력의 개념 및 분류, (2) 기후변화 관련 ODA의 효과성에 대한 연구는 학자들뿐만 아니라 개발협력기관의 정책적 관심 사항이다.

기후변화 문제의 선진국-개발도상국 갈등을 줄이고, 개발도상국의 기후 대응 능력을 향상시키기 위해 다양한 개발협력 메커니즘이 작동되고 있다. 기후변화와 개발협력은 선진국이 개발도상국에게 가져야 하는 책임 및 경제적 원조를 명시함으로써, 불균형을 줄여나가고 제도를 통해 협력 효과를 향상시키려는 목적을 가지고 있다. 2015년 다양한 이해관계자들이 저탄소 경제성장을 달성하기 위한 목적으로 파리협약과 유엔 지속가능한 발전이 수립되었다. 특히 지속가능한 저탄소 성장을 지향하는 녹색 ODA는 경제성장과 환경과의 탈동조화(Decoupling)를 통한 개발협력 방안으로 제시되고 있다 (Ko & Lee 2022).

도표 3.1은 1996년부터 2014년까지 유럽국가들의 경제성장(실선)과 온실가스 배출(점선)의 (탈)동조화 경향을 보여준다. 경제성장과 동시에 온실가스가 배출되면 이를 동조화(decoupling)라고 칭한다. 이에 반해 경제는 성장하지만 온실가스 배출은 감소한다면, 탈동조화가 진행되고 있음을 의미한다. 예를 들어, 그리스나 터키는 동조화 경향을 보여주는 데 반해, 스웨덴과 네덜란드는 탈동조화 경향을 나타내고 있다. 탈동조화는 성장하면서도 에너지와 자원을 효율적으로 활용함

으로써 온실가스 저감을 할 수 있음을 의미한다. 유럽국가 간의 탈동조화 경향은 탄소가격제와 탄소거래제도의 활용에 기인하는 바가 크다. 그렇다면 개발도상국에서는 탈동조화 현상이 나타나고 있는가? 그렇다면 탈동조화를 이루는 개발도상국의 특징은 무엇인가? 녹색 ODA와 해외직접투자(FDI: Foreign Direct Investment) 등 금융 투자와 지원은 개발도상국의 탈동조화에 어떻게 영향을 끼치는가?

이는 개발도상국의 기후변화 대응에 대한 기술적 투자와 원조를 통해, 경제성장을 도모하게 하는 동시에 탄소배출을 감축시킨다는 전략이다. 녹색 ODA에 관하여 합의된 개념은 부재하나, OECD의 환경마커와 리오마커 기준을 충족하는 공적원조를 의미한다 (문승민 외 2018). 환경마커는 환경에 대한 원조, 리오마커는 생물다양성, 기후변화, 사막화 관련 원조를 포함한다.

도표 3.1 유럽국가들의 탈동조화 경향

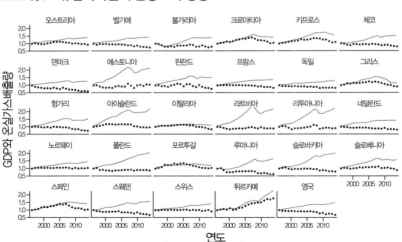

출처: Ko & Lee 2022.
참고: 실선은 GDP, 점선은 온실가스 배출.

한국은 지속가능성을 통해 경제성장과 개발협력을 촉진시키고자 하는 공적 개발원조를 녹색 ODA로 정의하고 있다. 녹색 ODA는 "1) 화석연료 사용 감축, 환경친화 기술과 산업 육성, 지속가능한 발전 도모, 친환경 에너지 개발협력, 2) 자원다소비형경제 사회구조에서 에너지와 자원 이용 효율성 향상, 자원순환 촉진 경제-사회 구조로의 전환과 관련된 개발협력"이라는 기준 및 분류로 수행된다 (강연화 2009).

녹색 ODA 사업은 주로 한국국제협력단(KOICA: Korea International Cooperation Agency)에 의해 수행된다. 여기에 42개 ODA 시행기관들(환경부, 기획재정부의 대외경제협력기금, 산림청, 수자원공사 등)이 유상 혹은 무상의 녹색 ODA를 시행하고 있다 (권율 외 2021). 타 선진국보다 녹색 ODA 비율이 낮은 한국은 녹색 ODA를 통해 개발도상국의 발전을 도모하고자 한다. 한국은 '2021 P4G 서울 녹색미래 정상회의'에서 녹색 ODA의 비중을 21%로 높이겠다 밝힌 바 있다. 선진국의 경제적 원조 및 지속가능성 촉진을 통해 개발도상국의 지속가능성을 발전시킬 뿐만 아니라, 궁극적으로 경제성장을 도움으로써 전반적인 탄소 감축에 기여하고 있다 (강연화 2009).

녹색 ODA의 효과성에 대한 한 연구는 녹색 ODA, 제도, 탄소배출과의 연관성을 보고자 2003~2014년 동안 86개 녹색 ODA 수혜국을 대상으로 분석하였다 (Li & Bae 2021). 통계분석 결과 녹색 ODA는 전반적으로 탄소배출 감소와 직접적인 관련은 없지만, 제도적 지수를 포함하면 제도가 녹색 ODA의 실효성에 미치는 영향이 상당하다는 것을 발견했다. 일반적으로 녹색 ODA는 제도가 열악한 국가에서 더 많은 탄소를 배출하는 경향이 있다. 녹색 ODA는 경제적 자유뿐만 아니라 부패로부터 자유로운 국가에서 탄소배출을 줄이는 데 효과적이라는 연구 결과이다. 잘 작동하는 제도가 있어야 녹색 ODA의 효과가 발현된다는 것이다.

다른 예로, 임소영 (2018)은 기후변화 문제에 대응하기 위한 원조 정책과 국내 정책 간의 일관성을 경험적으로 검증했다. OECD 국가들의 기후변화 관련 SDG 국내이행 지수와 ODA 간의 상관관계를 분석한 결과, 국내 정책과 원조 정책 간에 일관성이 약함을 발견하였다. 특히 OECD 국가 중 화석연료 수출과 기후변화 ODA 간의 양의 상관관계는 국제환경 피해를 보상하기 위한 지원의 성격이 강한 것으로 볼 수 있다.

이렇듯, 기후변화의 국가 대응을 살펴보기 위해 국내 정책, 국제정치경제, 그리고 개발 분야를 융합적으로 검토하는 연구가 필요하다. 기후변화와 개발에 관한 향후 연구 질문으로는, 국가별 녹색개발협력은 어떤 상황이고 왜 유사하거나 다른가? 국제개발협력 분야에서 왜 국가들은 기후변화 관련 공적 원조를 증가시키거나 감소시키는가? 기후변화 분야 개발협력과 다른 개발협력 분야와의 상충이나 호혜성은 어떤 면들이 있고 어떻게 변하고 있는가? 기후변화 관련 개발협력은 수여국의 탄소배출과 경제성장, 그리고 기술발전에 어떤 영향을 끼치는가? 수여국이 원하는 기후변화 관련 수요는 무엇이고, 이 수요가 어느 정도 충족되고 있는가? 수여국의 기후 개발협력 수요 충족에 영향을 미치는 요인은 무엇인가? 개발협력과 기후-환경의 넥서스 연구는 기후변화와 국제정치 분야에서 국제정치, 국내정치, 정책, 효과성 평가 등을 다룰 수 있는 매력적인 분야이다.

4. 기후변화 국가 대응 과제

기후변화와 국가안보의 문제는 극한 기후 현상이 증가할수록 학술적, 정책적 관심이 집중될 것이다. 기후변화로 인해 폭풍, 폭염, 가뭄, 홍수 등의 빈도와 강도가 강해지고, 이는 기존 사회-정치-경제와 재난관리 시스템에 부담을 준다. 이는 종국에 갈등이나 폭력적인 분쟁을 유발할 수 있다. 안보의 종속변수를 물리적 폭력, 분쟁, 전쟁으로 국한하지 않을 때, 기후변화는 인간과 삶과 시스템과 생태계에 직접적으로 영향을 줄 수 있는 위험 요소다. 기후변화의 인간안보 영향을 탐색하는 연구들은 안보와 기후변화의 관계를 체계적으로 밝혀줄 것으로 기대한다.

선진국과 개발도상국의 기후변화에 대한 대응과 책임은 정책적으로나, 이론적으로 심도 있게 연구되어야 할 분야이다. 특히 개발도상국의 경우, 지금까지 온실가스 배출 책임은 비교적 적은 편이었으나, 미래의 책임은 늘어날 수 있다. 동시에 저위도나 도서에 위치한 개발도상국들은 기후변화의 극한기상 현상에 가장 취약한 곳이기도 하다. 국제개발협력과 연계하여 실질적인 개발원조 지원을 통해, 지속가능한 경제성장과 기후 대응을 동시에 달성할 수 있는 이론적·정책적 대안을 제시할 필요가 있다.

국가의 정책은 도시의 기후변화 대응에 기반이 된다. 국가적 차원에서 감축과 적응정책을 지방정부와 협력할 때, 지방정부는 대응 방향을 설정하고 자원을 유용하게 활용할 수 있다. 중앙정부에서 기후변화의 위험을 새로운 안보 위협으로 인식하고 대응할 때, 기후 적응 계획은 효과적으로 이행될 수 있다. 이는 국가 전체적으로 기후 회복탄력성을 향상시킬 수 있을 뿐만 아니라 지방차원의 적응 능력을 향상시키는 방안이기도 하다. 국가적 차원의 기후변화 대응은 비슷한 유형의 기후 위험 요소에 영향을 받는 지방을 그룹화하여 공동으로 대응하고 학습할 수 있는 조정을 가능하게 한다. 또한, 중앙-지방의 기후변화정책 협력은 타 국가의 개발협력을 실질적으로 도울 수 있는 방편이다. 예를 들어, 스마트시티의 요소로 기후변화 위험을 감지하고 대응하는 도시 정책은 개발도상국 도시를 대상으로 적용할 때 더욱 효과적일 수 있다. 기후 관련 개발협력에 중앙-도시의 협력이 필요한 이유이다.

4장

기후변화가 도시에 미치는 영향

2022년에 발간된 IPCC AR(Assessment Report) 6 실무그룹(Working groups) 2 보고서에서는 기후위기를 시스템과 지역으로 구분하여 보여주고 있다. 여기서 기후 위험(risks)은 기후와 관련된 위해(climate-related hazards), 노출(exposure of human and ecological system), 취약성(vulnerability)의 함수이다. 예를 들어, 동식물종의 멸종이라는 기후 위험은 전 세계적인 범위에 걸쳐 종과 서식지가 수용하지 못할 강수량과 온도 변화(위해)에 동식물 대부분이 광범위하게 노출되어 있고, 대부분의 종들은 좁아진 서식지 안에서 진화하거나(가장 높은 온실가스 배출 시나리오에서는 약 54%) 멸종하게 된다 (IPCC 2022).

이 장은 도시가 겪는 기후변화 영향을 살펴보고, 이에 대응하기 위한 도시와 지방정부의 초지방 관계를 소개하고자 한다. 도시는 전 지구 표면적의 약 2%를 차지하지만 전체 인구의 50%가 거주하며, 약 70%의 온실가스를 배출한다는 점에서 도시는 기후변화 감축과 감축의 핵심 장소이다. 또한, 혁신과 정책 실험, 이행의 공간이다. 기후변화 대응은 한 도시만의 노력으로 이뤄질 수 없다. 도시는 국경을 넘어 다른 도시들과 네트워크를 만들고 서로의 기후변화정책을 학습하고 공조한다. 도시의 기후변화 대응이 중요한 이유이다.

1. 기후변화의 도시에의 영향

인구와 사회간접시설이 밀집해 있는 도시는 기후변화의 극한 기후 위험으로 인해 더 큰 피해를 볼 가능성이 높다. IPCC는 도시의 기후 위험을 크게 다섯 가지(홍수, 가뭄, 대기오염, 보건, 열)로 분류한다 (IPCC 2022). 우선, 도시 기반 시설은 기후변화로 인한 홍수와 폭풍의 위험에 취약하다. 이는 극한의 강수량 변화와 열대성 폭풍의 강도와 빈도를 더하는 위해(hazards)에 기인한다. 이러한 위해는 해수면 상승을 동반할 때 더 커진다. 해안이나 강가에는 예전부터 많은 도시가 몰려 있고, 특히 뛰어난 경관 등으로 인해 사람들의 주거나 업무 시설이 밀집되어 있는 경우가 많다. 저지대나 해안 지역의 인구 증가와 이에 따른 사회기반 시설의 증가로 폭풍이나 홍수 위해에 노출되기 쉬운 여건을 조성한다. 홍수차단벽(flood walls)이나 둑과 같은 홍수 방지 시설의 부족은 홍수 위해의 위험성을 높인다. 예방적 기반 시설, 하류 제방 시스템과 해안과 강 유역의 인구 집중, 배수 시스템에 대한 투자 미비는 취약성을 증가시킨다. 미국 뉴욕 등의 대도시, 일본 규슈 지방, 중국 장시와 안후이, 후베이 지역의 집중호우와 홍수는 자연의 힘 앞에 도시의 인구와 기반시설이 얼마나 취약한지 보여준다. 그에 따른 인명과 경제 피해도 해마다 기록을 경신하고 있다. 도시 홍수와 폭풍에 대응하기 위한 적응정책으로는 조기경보 시스템(early warning system)과 적응적 사회 보호(adaptive social protection) 등을 통해 도시 홍수를 사전에 통지함으로 취약한 지역의 사람들에게 신속히 정보를 제공하고 대피 명령을 내릴 수 있다. 녹색 사회기반 시설(green infrastructure)과 스펀지 도시(sponge cities)와 같이 자연을 기반으로 한 해결방안(nature-based solutions)도 콘크리트와 아스팔트로 덮여 불투수지역이 늘어난 도시에서 홍수 조절 기능과 동시에 어메니티를 향상시키는 방안으로 시행되고 있다.

두 번째 기후변화로 인한 도시의 위험은 가뭄이다. 도시는 상당한 양의 물을 필요로 한다. 물 부족과 물 자원에 대한 접근성 제한은 특히 저소득 인구에게 큰 위협으로 다가온다. 극심한 가뭄은 도시와 농촌 지역의 사람들의 삶에 영향을 끼치고, 지하수와 같은 대체 수자원이 오염 또는 고갈되었을 때 위험은 더 커진다. 기후변화는 가뭄을 더 자주 오래 지속되도록 만드는 요소이기도 하며, 이는 열파(heat wave)를 수반할 가능성 또한 있다. 이는 도시에서 취약계층(특히 거동이 불편한 노령층) 사망률을 높이는 위해요소로 작용한다. 수원지를 포함한 지역이 가뭄에 노출된다면 가뭄의 위험은 더욱 커진다. 다양한 수자원의 필요에 따른 경쟁은 부가가치가 낮다고 생각하는 산업이나 취약 계층에 더 큰 악영향을 끼친다. 2021년 대만에는 심각한 가뭄과 물 부족 현상이 발생하였다. 이로인해 반도체 산업은 필요한 물을 가까스로 수급하였지만, 농업 분야는 용수를 충분히 공급받지 못하는 사태가 발생하였다. 물부족과 가뭄에 대응하는 적응정책으로 통합적인 수자원 수요와 공급 관리 시스템이 있다. 물의 수요와 공급에 대한 면밀한 데이터 분석으로 변동성이 커진 물부족 현상에 대응하는 시스템이다. 특히 지하수와 수원에 대한 양과 질 관리는 공급 문제들을 줄이는 방안이다.

세 번째 기후변화로 인한 위험은 대기오염이다. 대기오염은 인간 활동으로 인한 오염물질 배출(교통, 발전, 산업, 빌딩 등)과 유기물(biogenic)에 의한 오염물질 배출(산불, 월경성 먼지, 바이오매스 연소)이 주된 위해 요인이다. 이러한 위해 요인이 기후변화로 인한 가뭄 및 산불과 동반될 때, 극심한 대기오염으로 인해 생태계 파괴, 재산 피해, 인명 피해를 가져온다. 도시 지역의 대규모 인구는 대기오염에 집중적으로 노출되어 있으며, 이는 오염에 대한 약한 규제와 결합되었을 때 그 취약성은 증폭된다. 이에 대한 적응대책으로 개발도상국가의 도시에서 대기질에 대한 향상된 모니터링 시스템, 엄격한 대기오염 규제, 교통 분야에서의 연료 전환, 도시 숲 조성을 통한 오염물질 감축 등의 방안이 존재한다.

기후변화는 도시 보건분야에도 영향을 끼친다. 기후변화로 인한 홍수, 가뭄, 수질 악화를 경험하는 도시일수록 위생 악화의 위험이 증가하고 있다. 강수량의 감소와 가뭄은 수질 악화를 불러올 수 있다. 도시로 흘러가는 물의 양이 감소하고 오염된다면, 오염물의 농도는 증가하고 병원체 확산을 발생시키게되어 그에 따른 질병 발생률도 높아진다. 이에 대응하기 위해 보건 시스템에 기후변화로 인한 영향을 종합하여 고려해야 한다. 보건 적응정책은 종합적으로 계획되고 실행될 필요가 있다. 생활용수 공급, 하수 처리, 가뭄과 홍수로 인한 보건 영향 평가 등을 통합하여 적용해야 한다.

열과 관련된 위험은 도시에서 증폭된다. 열을 흡수하는 자연 요소가 적고, 아스팔트와 콘크리트로 덮여 있는 도시에서 열섬(heat island) 현상이 발생하기 때문이다. 강도 높이 지속되는 열대야, 열파 등 열과 관련된 위험 요인이 증가할수록, 노령층과 아이들과 같은 취약 계층은 크게 영향을 받는다. 도시 지역뿐만 아니라 야외에서 장시간 노동을 하는 농업이 이루어지는 지역에서는 열에 노출된 인구가 증가하면서 열 관련 발병률과 사망률이 증가할 수도 있다. 그렇기에 이를 방지하기 위한 도시계획 설정, 건물 설계시 냉방 시스템 구축, 도시 숲 조성 및 바람길 조성 등을 통해 도시의 열섬 현상을 관리하는 적응정책들이 필요하다. 또한, 가장 취약한 인구(노령층, 기저질환자, 어린이 등)에게 열과 관련된 현상에 대한 조기 경보를 하는 것도 적응정책 중 하나이다. 표 4.1은 도시의 기후 위해와 적응정책의 예시들을 보여준다.

도시는 기후변화의 다양한 위험에 노출되어 있다. 3부에서 다룰 도시 적응정책과 정치에서는 이러한 기후 위험에 대응하기 위한 종합적인 적응정책, 감축과의 통합, 공정한 적응 등에 대해 논의하고자 한다.

2. 도시와 지방정부의 초지방 관계

초지방 관계(translocal relations)의 기본 분석 단위는 도시이다. 전 세계도시들은 국가 및 중앙정부의 하위 단위(sub-national entities)를 넘어서, 기후변화 국제정치와 정책에 있어 중요한 행위자가 되었다 (Lee 2015). 과학의 지역화(Localization of Science)는 기후변화의 영향이 지역마다 다르다는 것을 의미한다. 이에 도시별로 처한 상황에

표 4.1   도시의 기후 위해와 적응정책

도시의 기후 위해	도시기후 적응정책
심각해진 가뭄	대기질 개선
더 자주 발생하는 가뭄	공공 공간 그늘 설치
더운 날 수 증가	기반 시설 냉방
도시 열섬 현상 증가	녹색 공간, 식재
더운 여름	녹색 (식물) 지붕
더 자주 발생하는 열파	흰 지붕
더 강도가 강한 열파	취약층을 위한 사업
더운 수온	물 사용 절약 교육
더 강한 강수	폭우 저장 시스템
더 자주 발생하는 강수	물공급 다변화
연간 강수량/적설량 증가	홍수 지역 개발 제한
연간 강수량/적설량 감소	시설 누수 관리
강수의 계절성 변경	건물 내성 강화
폭풍 해일 증가	경고와 대피 체계
폭풍의 빈도 증가	질방예방 측정
풍속 증가	지역사회 참여
해수면 상승	에너지 소비 저감
기타 (도시 인접 지역 산불)	토지의 개발 제한

출처: Lee & Hughes 2017.

따라 유사하면서도 서로 다른 기후변화정책을 펼친다. 지방정부는 지역 과학자들의 조언을 고려하여, 기후정책 목표를 수립하고, 이행을 위한 거버넌스와 제도를 개발하여 도입한다. 결국, 리더십과 행정 기관, 이해관계자들, 과학자들과 함께 도시의 기후변화 감축과 감축정책이 만들어지며 시행되는 것이다 (Corburn 2009). 기후변화와 초지방 관계의 연구 질문은 다음과 같다. (1) 왜 어떤 도시들은 초지방 기후네 트워크에 참여하고, 다른 도시들은 참여하지 않는가? (2) 초지방 기후 네트워크에 참여한 도시들은 어떻게 상호작용 (학습, 사회화, 협력 등) 하는가? 어떤 요인이 도시 간의 상호작용에 영향을 끼치는가? (3) 도 시들의 초지방 기후 거버넌스 참여가 실제 어떤 효과를 가져오는가? 참여는 에너지 전환이나 탄소배출, 기후 적응과 회복탄력성에 기여하 는가? 만약 그렇다면, 초지방 기후 거버넌스의 역할과 한계는 무엇인 가? 등이다.

도시는 홀로 기후변화 문제에 대응하지 않는다. 초지방 관계는 도 시들이 국경을 넘어 다른 도시와 연계를 맺고 네트워크 및 거버넌스를 형성함으로써 더욱 효과적인 탄소 감축과 기후 적응을 할 수 있는가를 살핀다 (Lee 2015).

도시 네트워크는 지속가능성에 대한 새로운 실험을 실행하는 행위 자로 부상했다. 기후변화 적응과 감축정책을 향상시키기 위해, 도시들 은 C40 도시기후리더십그룹(C40 Cities Climate Leadership Group), 글로벌 시장 협약(the Global Covenant of Mayors), 지속가능성을 위 한 세계지방정부(ICLEI: International Council for Local Environ-mental Initiatives) 같은 협력적인 네트워크를 형성하였다. 이러한 도시들의 초지방 기후변화 네트워크에서의 도시 상호작용을 살펴본 이태동 (2017)의 연구결과에 따르면, 도시들의 학습과 사회화 네트워 크는 협동 네트워크와 밀접한 상관관계가 있다. 즉, 초지방 관계에서 도시 간의 정책 공유와 규범의 내재화는 기후변화 관련 정책 협력을 증가시킨다는 것이다.

헤이키넌(Heikkinen et al. 2020)은 전 세계 377개 도시의 초지방 네트워크 참여와 기후 적응 계획 사이의 관계를 통계적으로 검증했다. 연구 결과는 초지방 네트워크에 참여한 도시는 그렇지 않은 도시들에 비해, 기후 적응정책을 시행할 가능성이 높으며 두 개 이상의 네트워크에 참여하는 경우에 적응 계획이 더 높은 수준으로 실행되고 있음을 보여준다.

유겐(Nyugen et al. 2020)의 연구에 따르면 초지방 기후 거버넌스인 C40가 회원도시들의 기후관련 정책과 실험을 지원하는 등, 새롭고 혁신적인 기후 솔루션 생성을 장려한다는 것을 밝히고 있다. C40는 회원도시들이 기후정책을 실행하고 활용할 수 있는 제도적 지원을 제공하는 데 중요한 역할을 한다고 주장한다. C40를 통해 도시 간 학습이 활성화되고, 이는 도시 정책 환경 변화, 기후 리더십 향상과 새로운 시민참여 행태 발생, 기후 관련 인프라 변화 및 기술 발전에 영향을 끼친다는 것을 발견하였다.

하지만 이러한 초지방 관계의 영향이 모든 도시들에게 균등하게 미치는 것은 아니다. 같은 네트워크 조직이어도 경제적으로 앞선 국가의 부유한 도시들은 다른 도시들보다 적응 계획을 더 발전시켜서 시행할 가능성이 높기 때문에 네트워크 조직이 구성원 간의 적응 과정과 저소득 국가 도시의 참여 증가를 장려하는 방법을 마련해야 한다는 지적도 있다 (Heikkinen et al. 2020).

국가 중심의 국제정치에서, 기후변화 분야에서의 도시 역할이 강조되고 있다. 개별 도시는 실제 기후정책의 실행력이 있을 뿐만 아니라, 도시 간 국경을 초월한 네트워크를 통해 기후변화 대응에 새로운 행위자로서 역할을 수행하기 때문이다 (Acuto & Rayner 2016). 이태동

(Lee 2018)의 연구에서는 국가 및 국제적인 요인보다는 도시 에너지 기구의 존재 여부, 도시의 고용 및 재생에너지 수준이 도시의 초지방 기후네트워크 참여를 촉진 시킨다는 것을 발견했다.

현재 유엔 기후레짐에서 주로 국가 단위 또는 국제 기구 단위의 협력뿐만 아니라 도시와 지방정부 차원에서의 협력 또한 중요시되고 있는 추세이다. 향후 초지방 관계와 기후변화에 대한 연구는 다음과 같은 질문에 답할 것으로 기대한다. 국가와 도시/지방정부의 상호작용이 도시의 기후변화 적응과 감축정책에 어떤 영향을 끼칠 것인가? 도시의 기후정책 실험과 정책은 어떤 조건하에서 다른 도시로 확산되고, 국가 단위로 확장 되는가? 기존의 사회경제적 발전 단계 차이는 저개발 국가의 도시기후변화정책에 어떤 영향을 끼치는가? 초지방 기후네트워크는 어떤 메커니즘을 통해 도시 간 기후정책의 제도적 역량 차이를 극복하게 할 수 있을 것인가? 지방은 그린뉴딜과 같은 국제환경규범과 프로그램을 왜, 어떻게 적용하는가 (이재현 2021)? 국제정치와 기후변화 체제에서, 새로운 행위자의 등장은 기존의 국제정치뿐만 아니라, 도시 연구, 환경 연구와의 융합적 접근을 통해 더 잘 설명될 수 있을 것이다.

3. 기후변화와 도시 감축과 적응

도시는 기후변화 감축을 위한 핵심 장소이다. 기후변화의 부정적 영향을 가장 크게 받기 때문에, 적응정책의 첨병이기도 하다. 개별도시의 기후변화 감축과 적응정책은 유사한 면도 있지만, 다른 면도 있다. 지리적 위치에 따라 홍수, 가뭄, 대기오염, 보건, 열의 위험에 따른 취약성과 노출도가 상이한 편이다. 그렇기에 도시의 감축과 적응을 종합적으로 비교 분석해야 하는 이유이다. IPCC Work Group 3 보고서 13장에서도 도시의 기후변화 노력을 강조하고 있다. 지방정부는 관할권 내에서 토지 이용 정책을 활용하여 기후변화정책에 영향을 미칠 수 있는 중요한 행위자이기 때문이다. 약 250개 지역, 1만 500개 도시의 20억 명의 사람들이 자발적인 기후행동에 참여하고 있음을 밝힌다.

또한, 초지방 관계에서 보면, 도시는 개별적으로만 기후변화에 대응하는 것이 아니다. 다른 도시들과 국경을 초월해 네트워크를 만들고 서로 학습하며 협조하고 있다. 예를 들어, 삼각주 도시 네트워크(Connecting Delta cities)는 로테르담, 뉴올리언즈, 뭄바이, 뉴욕, 자카르타 등 바다와 접한 삼각주에 위치 도시들의 초지방 기구이다. 발전 정도는 모두 다르지만, 삼각주에 위치하여 홍수나 폭풍, 해수면 상승으로 인한 기후변화에 취약하다는 공통점을 가지고 있다. 각 참여 도시는 실현가능한 기후변화 적응 대책을 공동으로 모색한다. 전문가와 정책 결정가들이 모여서 서로의 적응정책을 학습하고 공유한다.

2부와 3부에서는 도시들의 감축과 적응정책을 초지방 관계의 시각에서 분석한다. 도시들의 차이점과 도시 간 네트워크의 영향이 주된 주제이다.

제2부

도시의
기후변화 감축

5장

도시의 초지방 기후네트워크 참여와 기후 감축정책

도시들은 지구적으로 늘어나는 소비와 생산에서 중추적인 역할을 한다. 때문에 전 세계적인 환경적 피해의 원인인 동시에 해결 방안이 될 수 있다. 도시 환경 피해에 대한 조치는 도시뿐만 아니라 전 세계적으로 환경적 피해를 줄이는 데 기여할 수 있다. 하지만, 이 조치의 효용성은 도시마다 단발적이고 통합적이지 않은 접근법을 취함으로써 저해될 수 있다 (Wellstead and Stedman 2011).

세계화된 문제들은 세계화된 대응을 불러 일으킨다. 다양한 행위자들 간의 소통 메커니즘을 제공하는 초국가적인 네트워크가 생성되는 것이다 (Happaerts and Van Den Brande 2011). '글로벌 도시'라는 개념은 특정한 명성과 규모를 지닌 도시들 간의 연결고리를 가속화한다 (Sassen 2009; Happaerts and Van Den Brande 2011). 이러한 연결고리들은 아이디어, 문제, 그리고 해결책을 통해 확산되는 공식적 및 비공식적 네트워크로 이어져 확산된다 (Taylor 2005; Lee and Van de Meene 2012).

초국가적인 네트워크는 전 세계적 환경 피해 해결에 기여할 수 있는 대도시들을 끌어들였다 (Keiner and Kim 2007). 이러한 네트워크는 당면한 공통의 환경문제를 발견하고, 공동 의제를 정하고, 도시들이 협력해서 환경문제를 해결할 수 있도록 하는 구체적인 절차를 수행할 수 있게끔 한다. 다시 말해서 초지방 네트워크는 도시 각 지역의 조건에 맞게 환경 정책을 실행할 수 있게 하는 플랫폼을 제공함과 동시에 글로벌 정책 논의에 도시들이 참여할 수 있는 장을 마련하고 있다.

이 장에서는 다음의 연구 질문을 던진다. 도시의 초국가적인 환경 네트워크의 참여가 기후변화 감축정책에 어떤 영향을 끼치는가? 이 장에서는 초지방 네트워크 참여가 도시 차원의 기후변화 감축정책에 중요한 동기부여가 될 수 있다고 주장한다. 네트워크에 의해서 만들어진 기후변화 감축정책이 참여 도시의 환경적 조치에 대한 관심도를 증진시킨다.

도시의 초지방 네트워크 참여는 다음과 같은 단계를 통해서 기후변화 감축 목표를 달성하게끔 할 수 있다.

1) 환경적 목표를 향한 구성원들의 실질적인 노력을 단계적으로 보여준다. 2) 도시가 기후변화 감축을 달성하게 하기 위해, 각 단계에서의 구체적인 전략을 제시한다. 3) 도시의 기후 감축정책이 초지방 네트워크의 공식 경로를 통해서 다른 도시 구성원들에게 모범 사례로 공유된다. 이는 동조 행위자 네트워크(network of like-minded actors)를 만드는 데 일조한다 (Andonova et al. 2009; Okereke

et al. 2009).

이 장에서는 기후변화와 관련된 초지방네트워크, 특히 기후보호도
시(CCP: Cities for Climate Protection) 프로그램에 초점을 맞추고
있다. 이 연구는 CCP 프로그램의 도시 회원들이 어떻게 기후변화 감
축 목표를 달성하는지 탐구한다. 또한, 세계화, 도시의 특징, 사회경
제적 요소들, 그리고 국가적 요소와 같이 도시기후변화 감축정책에 영
향을 끼칠 수 있는 다른 요소들도 살펴보았다. 결과적으로 기후변화
감축에 가장 긍정적인 변수는 CCP의 멤버십인 것으로 밝혀냈다. 이
결과는 도시 수준에서 기후변화 감축을 달성하고 전 세계적인 노력을
조정하는데 초지방 기후네트워크의 중요성을 일러준다.

1. 기후변화 문제의 원인으로서의 도시들

도시들이 만들어낸 환경 피해는 수 세기 동안 누적되어 온 문제이다
(Betsill and Bulkeley 2007). 도시들은 시간이 지남에 따라, 부를 축
적하였으며 이로 인해 자원의 소비가 증가하였고 결과적으로 환경 피
해를 야기한 것이다. 더 나아가서, 세계가 도시화가 됨에 따라서 더 좁
은 공간에 소비와 생산이 집중되었다. 도시들은 전 세계적 환경 발자
국을 증가시켰으며, 다수의 사람들이 도시에 살고 있다는 점을 감안해
보면 도시가 환경 오염의 주원인이라 할 수 있다. 동시에 도시들은 가
시적인 환경 피해를 발생시키기 때문에 환경문제에 대한 대응도 초기
에 시작했다 (Bulkeley and Moser 2007). 특히 기후변화를 다루는

역량 측면에서 많은 발전을 이룩했다 (Gustavsson et al. 2009). 세계적 그리고 국가적 차원에서 기후변화정책이 정체되어 있을 때, 환경 피해와 기후변화에 역사적 책임을 가진 도시들은 문제의 원인 제공자이자 해결의 주체라는 특수한 위치에 놓이게 되었다.

1) 초지방 기후네트워크의 역할: C40와 기후보호도시(CCP)

국가만이 기후변화정책을 만들고 시행하는 유일한 행위자가 아니다. 도시와 지방정부들 또한 기후변화의 해결책을 제시하고 변화를 가져올 수 있다. 도시의 환경 정책은 리우회담의 어젠다 21(LA21: Rio Conference's Local Agenda 21)을 시작으로, 국제적으로 확산되었다. 지방 어젠다 21은 환경문제 해결에 관심 있는 지방정부와 비정부기구가 협치하여, 글로벌 환경 이슈를 어떻게 다루는가에 대해서 논의하는 변화의 토대를 제공하였다 (Vasi 2007). 초지방 기후네트워크는 이러한 맥락에서 도시와 지방정부에게 그 지방과 지구상 모두에게 이득이 될 수 있는 정책적 해결책을 제공하기 위해 결성되었다. 초지방 기후네트워크는 비영리기구로 운영되는 사무국, 회원도시의 지방공무원, 각 분야 전문가들로 구성되어 있다 (Lee and Painter 2012).

도시는 지속가능성, 토지 이용도, 지역 수질과 관련된 정책을 통해서 부정적인 환경 영향을 감소시킨다. 여기에 더해 초지방 기후네트워크는 보다 광범위한 기후변화 감축과 적응 목표와 진행 상황을 측정하고, 참여도시들 간에 관련 정보를 공유할 수 있는 기회를 제공한다. 이 정보는 기후변화정책 학습의 핵심적인 요소이다. 초지방 기후네트워크는 새로운 도시기후정책을 개발하고, 관계자들에게 관련 정책 교육

과 논의의 장을 제공한다. 이러한 유형의 기구들은 환경정책에서의 전
문성을 창출하고 공유할 수 있도록 설계된 조직이라는 점에서 '지식 브
로커'라고 일컫는다 (Koski 2010). 이 네트워크가 지니는 또 다른 가치
중 하나는 도시의 특성에 맞게 적용할 수 있도록 기본 정책틀을 고안하
여 제시한다는 점이다. 이러한 초지방 기후네트워크가 제공하는 기본
틀은 회원도시들에게 가이드라인으로 활용되고, 도시 별로 기후정책
을 만들고 실행하여 공개하도록 요구함으로써 신뢰를 형성한다.

C40 도시기후리더십(C40: C40 Cities Climate Leadership) 그룹
은 지방정부 간 국제적 네트워크의 좋은 예시이다. 2005년 런던회의
를 기점으로 C40 도시들은 기후변화를 다루기 위해서 국제적 협력과
조치를 공동으로 모색하였다. 2년 주기로 열리는 시장 회담을 통해서
모범 사례들을 공유함으로써 59개 도시들은 세계 기후변화 이슈에 기
여할 수 있는 방안을 모색한다 (C40 Cities 2011). 공유 내용은 에너
지 전환, 기후 감축, 기후 적응, 폐기물 관리 등 도시들이 당면한 다양
한 기후-환경문제의 대응방안에 대한 성과들이다.

ICLEI의 기후보호도시(CCP: Cities for Climate Protection) 프로
그램은 지역 기후변화정책형성에 핵심적 역할을 한다. CCP 프로그램
은 1990년 뉴욕에서 유엔이 설립한 지역환경이니셔티브 국제위원회
(ICLEI: International Council for Local Environmental Initiative)
에 의해 시작되었다. 기후변화 지방리더회의(Municipal Leaders'
Summit on Climate Change)에서 고안된 CCP 프로그램은 지방정부
차원에서 기후변화 조치를 개발하고 강화할 수 있는 다양한 제도적 방
법들을 제공해왔다. CCP 프로그램은 도시의 기후 감축을 위한 5단계
전략(5 milestones)을 제시하고 있다. 도시의 기후변화감축은 (1) 온실

가스 배출량 측정, 2) 온실가스 감축 목표, (3) 도시기후정책 계획, (4) 이행, (5) 모니터링과 피드백으로 이루어진다.

2) 도시의 초지방 기후네트워크 참여의 영향

도시가 초지방 기후네트워크에 참여하는 것이 기후변화정책에 어떤 영향을 끼치는가? (Krause 2011; Lee and Koski 2012). 초지방 기후네트워크는 세계적 차원에서 도시의 기후 문제를 다룸으로써, 도시의 기후변화 조치를 돕는다 (Okeke et al. 2009). 초지방 기후네트워크의 회원도시들은 공유된 목표와 단계를 달성하기 위해 노력한다. 이는 네트워크 뿐만 아니라 도시의 기후정책에 정당성을 부여하는 데 일조하기 때문이다 (Zahran et al. 2008). 아울러, 초지방 네트워크 회원도시는 비회원도시에 비해, 도시 시민 및 다른 회원도시들에게 기후변화와 관련된 노력들을 하고 있다고 공개적으로 선언한다 (Brody et al. 2008).

　도시 간 네트워크의 회원도시들은 관련 정책 학습, 조정 및 신뢰 측면에서 분명한 이점을 보유하고 있다. 그러나 집단행동에 관한 선행연구에서는 네트워크 또는 특정 조직에 가입한다는 사실만으로는 필연적으로 어떠한 행동의 변화를 야기하는 것은 아니라고 주장한다. 고전 경제 이론에 따르면 어떤 형태로든지 이익이 없는 경우엔 무임승차로 얻을 수 있는 이득으로 인하여 그 기구에 참여하는 개인이나 조직조차도 집단적 목표를 수행하지 않을 수도 있다는 것이다 (Mintrom 1997; Mintrom and Vergari 1998; Valente and Davis 1999; Thompson et al. 2006). 예를 들어, 고어(Gore 2010)는 ICLEI에 참여한 캐나다 도시들의 노력에 대한 연구를 통해, 도시 간 네트워크가 도시 회원들의 행동 변화에 영향을 미치는 데 한계가 있다는 결과를 발표하였다. 따라서 조직의 회원 자격을 부여 받는 것만으로는 본질적으로 집단행동으로까지 이어지지 않는다고 주장하고 있다. 초지방 기후네트워크에의 참여가 도시의 기후정책 수립과 이행에 영향을 끼치는지에 대한 가설과 실증적 검증이 필요한 이유이다. 다층적 거버넌스 체제와 도시 간 네트워크를 연구한 학자들의 연구를 살펴본바, 이 연구에서는 다음과 같은 가설을 제시한다.

가설 1: 초지방 기후네트워크의 회원도시들은 그 기구의 환경적 목표를 도시 자체의 목표로 채택할 가능성이 더 높다.

이 가설은 일견 당연하게 보일 수 있다. 한 네트워크에 가입한 도시는 그 조직의 목표와 원칙에 따라서 행동할 가능성이 더 높다. 하지만, 도시들이 형식적으로 조직에 가입하는 경우도 존재한다. 일부 도시는 어떠한 노력 없이 그저 상징적인 측면을 고려하여 네트워크에 참가할 수 있으며, 어떤 도시는 회원이라는 결속력이 너무 부담스러울 수 있고, 어떤 도시는 소통, 조정 및 정책 아이디어를 위해서는 네트워크가 비효율적이라고 생각할 수도 있다. 그렇기에, 이 가설 검증을 통해 네트워크에 참여한 회원도시들이 실질적으로 기후정책을 실행했는지 확인할 수 있다.

(1) 도시 차원의 제도들

도시의 제도적 약속은 정책 결정에 영향을 미친다 (Compston 2009). 제도적 약속은 특정 정책 영역에서 도시가 이미 무엇을 하고 있는지, 앞으로 무엇을 할 것인지, 그리고 그러한 약속을 이행하기 위해 어떤 노

력을 하고 있는지를 의미한다. 예를 들어, 도시 환경 정책에서의 제도
적 약속은 도시가 추구하는 목표가 무엇인지, 그리고 그러한 목표를 달
성하기 위해 무엇이 필요한지 계획을 수립하고 달성하는 것이다. 여기
서 지방정부와 함께 거버넌스 즉, 지역 이익 단체, 전문가, 기업 및 지
역 협회와 같은 다양한 행위자들을 도시 정책 제정 및 시행 과정에 포함
시킴으로써 제도적 약속의 영향력을 확대할 수 있다 (Lee and Painter
2012). 이러한 거버넌스 구조가 의사 결정에 수용될 경우에 전반적으로
도시 차원의 약속을 준수하려는 환경 정책에 대한 투자로 이어질 가능
성이 있다. 따라서, 우리는 다음과 같은 가설을 세우게 되었다.

가설 2: 환경문제에 있어 제도적 약속을 하는 도시들이 기후변화 감
축정책을 발전시킬 가능성이 더 높다.

(2) 세계화

도시는 인적, 경제적, 정치적 세계화의 첨병이다. 한 도시의 세계화 정
도가 그 도시의 행위에 영향을 미칠 수 있다. 뿐만 아니라, 세계화가 더
진행된 도시들은 환경과 기후변화에 대한 아이디어를 포함하여 많은
정책적 아이디어를 제안하거나 수용하기도 쉽다. 세계화된 도시들은
그 도시가 속한 국가뿐만 아니라 전 세계에 있는 다른 도시들의 리더로
여겨진다 (이태동 2013). 세계화된 도시는 다양한 국제 심포지엄과 외
국 도시의 아이디어를 가진 시민들이 참여할 수 있는 광장의 역할을 제
공하여, 기후변화와 같은 세계적 문제에 적극적으로 대응하기도 한다.

가설 3: 더 세계화된 도시가 기후변화 감축정책을 발전시킬 가능성
이 더 높다.

가설3의 논리는 초지방 네트워크를 다루는 주요 연구 가설을 검증한다. 세계적 도시는 서로 연결된 정책 공간으로서, 지방에서 세계적 문제를 더 잘 볼 수 있게끔 하는 많은 공식 또는 비공식적인 통로로 상호 연결되어 있다 (Taylor 2005). 세계화된 도시들은 국가만의 국제적 문제로 간주될 수 있는 기후변화 문제를 지방과 도시의 문제로 프레임하고, 해결책을 제시한다.

(3) 국가적 차원에서의 노력들

도시기후 정책학자들은 정책의 중심지로서 도시의 중요성을 강조해왔다. 하지만 도시는 국가의 한 부분으로서 정책 변화를 이끌어내는 능력에 제한적인 편이다. 중앙정부 정책이 도시기후정책 수립과 시행에 있어서 어느 정도 영향을 미칠 수 있다. 예를 들어, 기후변화의 경우에 많은 유럽국가들이 다른 국내 환경 프로그램 이외에도 교토의정서 서명국으로서 기후변화정책을 적극적으로 시행한다 (Gustavsson et al. 2009). 이는 유럽의 교토의정서 서명국 도시기후변화정책에 영향을 미친다. 그러나 개발도상국들은 일반적으로 국가 차원의 기후변화를 비롯한 환경 규제에는 취약한 편이다. 개발도상국들은 교토의정서 상에서 온실가스 감축 목표를 강제적으로 준수할 필요가 없다. 여기서 도출된 가설은 국제 기후변화에 대한 국가 차원의 노력이 도시의 정책 우선순위에 미치는 영향에 관한 것이다.

가설 4: 국제기후협약에 서명한 국가들의 도시들은 비협약국보다 기후변화 감축정책을 제정할 가능성이 높다.

국가 수준의 다른 변수는 민주주의의 정도이다. 기후변화 대응에 대한 시민들의 요구가 한 나라의 민주화 수준에 따라 달라질 수 있다. 보다 민주적인 국가의 도시들은 선거를 통해 다양한 의견을 반영하게 된다. 누마이어(Neumayer 2002)가 발견한 바와 같이, 민주주의 국가들은 더 많은 국제 환경협정을 비준하고 국제 및 지역 환경문제에 관한 정부 간 조직에 참여할 가능성이 높다 (Roberts et al. 2004). 이 논리를 기반으로 다음과 같은 가설을 제기한다.

가설 5: 민주주의가 더 발달된 국가에 소재한 도시는 기후변화 감축 정책을 발전시킬 가능성이 더 크다.

2. 데이터와 분석

본 연구의 실증 분석 대상은 C40 회원도시들이다. 이론적으로 도출된 가설을 바탕으로 도시 수준에서 기후변화 감축정책을 강화하는 요인을 검토하고자 한다. C40 회원도시는 기후변화 감축에 대한 약속을 공개적으로 발표했지만, 도시마다 기후 감축 목표 달성 여부가 상이하다. 아울러 C40 도시는 지리적 위치, 정치 제도, 경제 개발 수준, 세계화 정도 및 국가적 맥락이 각기 다르다. 이러한 차이가 도시의 감축정책과 어떻게 연관되어 있는지 검증하고자 한다. 본 연구에서는, 59개 회원도시 중 최근 가입한 도시 2곳(칠레 데 산티아고, 밀라노)을 제외하고 분석 사례로 활용하였다. 기술적 통계(변수별 평균과 간략한 설명)는 표 5.1에서 설명하고 있다.

이 연구의 종속변수는 도시 정부의 기후변화 감축정책 과정이다. 도

표 5.1 데이터에 대한 기술 및 출처

	기술 및 조작화 (Sources)	평균 (표준편차)
기후보호도시 (CCP)	ICLEI 기후보호 도시 프로그램의 회원: 회원 (ICLEI CCP 홈페이지, 2009)	0.50 (.50)
정치 제도 환경계획	도시의 중·장기적 환경계획 설립유무/ 1: 중·장기적 환경계획 설립; 0: 중· 장기적 환경계획의 부재 (UN Habitat Global Urban Indicator, 2003)	0.87 (.33)
시민참여도	도시 정책결정과정에 시민참여계획 포 함여부/ 1: 시민참여계획 존재; 0 for 시민참여 관련 계획부재 (UN Habitat Global Urban Indicator, 2003)	0.85 (.35)
타 도시 네트워크 소속여부	타 도시간 네트워크 소속여부/ 1: 소속 있음 ; 0: 소속없음 (UN Habitat Global Urban Indicator, 2003)	0.82 (.38)
세계화 글로벌 도시	금융서비스 회사의 수를 포함한 도시의 경제적 세계화 지표: 4(가장 재정적으로 세계화된 도시)에서 0(금융 세계화의 증 거 없음) 사이의 서수 측정(세계화와 세 계도시 네트워크[GaWC])	1.70 (1.3)
국제학회	도시 내 국제학회(Yearbook of International Organizations)	39.1 (47.8)
공항 이용객 (ln)	해당 도시공항의 이용객 수(국제공항협 의회; ACI)	9.56 (1.52)
사회경제적 요인 수도	해당 도시의 수도여부/ 1: 수도; 0: 비수도 도시 (CIA 월드 팩트북)	0.49 (.50)

계속

표 5.1 계속

	기술 및 조작화 (Sources)	평균 (표준편차)
사회경제적 요인		
인구 (ln)	도시인구(1,000명 당)(세계은행)	8.0 (1.19)
GDP (ln)	도시 수준의 GDP (세계은행)	4.66 (1.0)
국가적 요인		
부속서 1 소속국가	교토의정서 부속서 1 소속국가 여부 / 1: 부속서 1 국가 ; 0: 비부속서 1 국가 (UNFCCC)	.54 (.50)
민주주의	시민 자유 및 정치제도를 고려한 민주 주의 지표/ 3: 자유; 2: 부분적 자유; 1: 비자유 (Freedom House)	2.54 (.70)

시의 기후변화 감축정책 발전 단계를 측정하기 위해 ICLEI가 고안한 도시기후변화 감축 단계를 활용하였다. 이는 온실가스 배출 감소 정책 목표 달성에 필요한 다섯 단계 절차로 (1) 온실가스 배출량 측정, (2) 온실가스 감축 목표 수립, (3) 기후 행동 계획 수립, (4) 계획 실행, 그리고 (5) 정책 결과 모니터링과 정책 결과 공개로 구성된다. 이 단계를 0(정책 없음)부터 5(5 단계 모두 수행)로 조작화하여 분석에 활용하였다.

이 연구의 핵심 독립변수는 ICLEI의 CCP 프로그램에 대한 도시의 참여이다. 이에 더해 도시 차원의 제도 변수로 세 가지를 활용하였다. 장기적인 환경계획, 시민참여와 시 정부를 연결하는 거버넌스 통로, 그리고 도시 수준에서의 연계이다. 세계화의 척도를 측정하기 위하여 1) 세계화와 세계도시 지수(Globalization and World City Index)를 이용한 도시의 세계화 정도, 2) 도시에서 개최된 국제회의 횟수, 3) 그리고 연간 도시공항 이용객 수, 이 세가지 요소를 추가적인 변수로 활용하였다 (Lee 2013). 이 변수들은 도시에서의 국제 지식 확산과 인적 자원 상호작용의 척도 역할을 한다.

　도시의 사회경제적 변수들을 분석에 포함시킨다. 인구가 많은 도시들은 환경적 피해가 더 클 가능성이 있기 때문에, 기후변화정책을 요구할 가능성 또한 높다. 아울러 더 부유한 도시들이 더 많은 자원을 가지고 있기 때문에 기후변화 문제에 대응할 여력이 더 클 것으로 예상된다. 주요 도시들, 경제적으로나 정치적으로 대표되는 도시들 또한 기후변화에 대해 더 적극적인 대응을 보여줄 수 있다. 마지막으로, 도시의 기후변화 결정에 영향을 미치는 국가 수준의 영향을 평가하기 위해 교토의정서에서의 부속서 1(Annex 1) 국가들과 국가의 민주화 정도라는 두 가지 변수를 분석에 포함시켰다.

1) 도시의 CCP 참여의 기후 감축정책 영향

표 5.2는 도시의 CCP 회원 참여와 기후 감축정책의 교차분석을 보여준다. C40 회원 57개 도시 중 29개 도시가 CCP 프로그램의 회원이며, 28개 도시는 CCP 프로그램의 회원이 아니다. 표 5.2는 감축정책과 관련하여 C40 도시 중 CCP 회원과 비CCP 회원 간의 명확한 차이를 보여준다 (30.99, p < 0.01). C40의 CCP 회원도시는 기후변화 감축정책을 진행한 반면, 12개 비CCP 도시(42.9%)는 감축정책을 전혀 발전시키지 않았다. 반면에, 11개 CCP 회원도시(37.9%)는 감축정책의 다섯 절차를 모두 완료했다. 비CCP 회원도시 중 어느 도시도 모든 단계를 달성하지 못했다. 기후 감축 조치 채택의 패턴은 비회원도시도

표 5.2 도시의 CCP 회원권별 기후변화 감축정책

	CPP 회원도시	CCP 비회원도시	합계
감축정책 부재	0 (0%)	12 (42.9%)	12 (21.1%)
배출량 측정	2 (6.9%)	9 (32.1%)	11 (19.3%)
목표	5 (17.2%)	2 (7.1%)	7 (12.3%)
행동계획	7 (24.1%)	3 (10.7%)	10 (17.5%)
계획실행	4 (13.8%)	2 (7.1%)	6 (10.5%)
정보공개	11 (37.9%)	0 (0%)	11 (19.3%)
합계	29 (100%)	28 (100%)	57 (100%)

카이제곱검정 =30.99 (p<.01); 스피어만 상관계수=0.703 (p<.01)

기후변화에 대한 조치를 취하였지만, 회원도시들이 더 적극적으로 감축정책을 발전시킨다는 것을 보여준다.

2) 통계 분석: 순서형 이항 회귀 분석

이 연구의 종속변수는 도시의 기후변화 감축정책 단계이다. 온실가스 측정(1단계), 감축 목표 설정(2단계), 계획(3단계), 정책 시행(4단계), 모니터링(5단계)은 각각 이전 단계를 수행하지 않고 진행할 수가 없다. 순서형 종속변수를 분석하기 위해, 순서형 이항 회귀 분석(ordinal logistic analysis)을 활용하였다. 앞서 이론 부분에서 밝힌 도시 감축 정책의 요인(제도적 능력, 도시 세계화 정도, 사회경제적 요인 및 국가 수준 요인)을 검토하기 위해 도시기후변화정책 관련 문헌에서 사용된 변수를 이용한다. 분석 결과는 표 5.3에서 볼 수 있다.

　도시가 초지방 기후네트워크에 가입하는 것은, 기후변화 감축정책

의 발전에 중요한 동인으로 나타났다. 특히, CCP 프로그램에 참여한
도시는 기후 감축정책을 단계별로 달성할 가능성이 높다 (p 〈0.01).
그러나, 시민참여 제도의 긍정적이고 유의미한 연관성을 제외하고는
대부분 제도적 변수로서 기후 감축정책에 영향을 미치는 것으로 보이
지는 않는다. 여기에는 많은 도시들이 이미 장기적인 환경계획을 수립
하고 다양한 단체에 가입했다는 점이 작용했을 가능성이 있다.

세계화와 관련된 변수 중, 도시에서 국제회의가 개최되는 횟수와
국제공항 이용객 변수는 통계적으로 유의미하며 긍정적인 상관관계를
보여준다. 즉, 도시 수준의 국제적 사회화가 기후변화 감축정책에 영
향을 끼칠 가능성이 크다는 것이다.

사회경제적 요인은 도시의 인구 크기 그리고 기후 감축 사이 부정
적인 연관성 이외에는 거의 영향을 미치지 않는다. 인구 대도시, 특히
개발도상국의 인구 대도시는 역량, 동기, 의식 또한 부족할 수 있어서
추가적으로 감축정책을 발전시키지 못할 수 있다.

흥미로운 점은 교토의정서에 명시되어 있는 온실가스 감축 의무와
민주주의 척도를 포함하여 국가 수준에 있는 변수들이 도시의 기후변
화 감축정책의 중요한 예측 변수가 아닌 것으로 나타난 것이다. 전반
적으로 국가 수준이 아니라 도시 수준의 변수들이 도시들이 기후변화
관련하여 내리는 의사 결정에 더 큰 영향을 미치는 지표라는 것을 보
여준다.

표 5.3의 계수는 순서 종속변수의 특성으로 인해 그에 대한 방향과
의미를 부여하는 것 외에는 해석이 어렵다. 즉 독립변수의 한 단위가
증감하는 것은 선형적으로 종속변수의 한 단위 증감과 관련이 없다. 독
립변수로서 각 카테고리의 확률적 예측치를 시각화하였다 (Cameron

표 5.3 기후변화 감축에 대한 서열 로짓 모형

	서열 로짓 모형
기후보호도시(CCP) 프로그램	2.08 (.84)**
제도	
환경계획	−1.91 (1.63)
시민참여	3.97 (1.69)*
타 도시 네트워크 소속	−1.42 (1.00)
세계화	
글로벌 도시 지표	−.87 (.36)*
국제 컨퍼런스	.02 (.008)**
국제 공항 이용자(ln)	.74 (.24)**
사회경제적 요인	
국가수도인 도시	−.53 (.70)
인구(ln)	−1.58 (.42)**
GDP(ln)	.93 (.61)
국가별 요인	
부속서 1 국가	−.99 (.94)
민주주의	.69 (.57)

표본 수: 57
유사결정계수(Pseudo R2): .36
비고: i) 괄호 안의 숫자는 표준오류
ii) 통계적 유의성 수준을 나누는 기준은 다음과 같음: *p<.05, **p<.01 (양측검정)

and Trivedi 2010). 도표 5.1에서 전체 인구(x 축)에서 CCP의 회원도시(왼쪽)와 비회원도시(오른쪽)의 감축정책 진행 확률(y 축)을 비교한다. CCP 회원도시는 비회원인 도시(0.4)보다 기후 감축 가장 마지막 단계인 모니터링 절차(0.8)를 실행할 가능성이 훨씬 높다.

이러한 확률은 인구가 증가함에 따라 감소한다. 도시에 기후변화

도표 5.1 CCP 도시와 비CCP 도시간의 기후변화 감축정책 진행 확률 차이

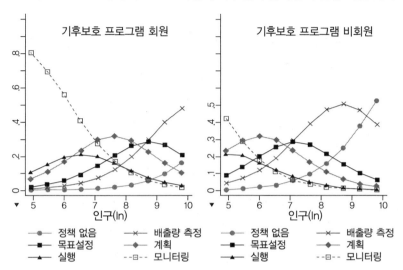

출처: Lee & Koski 2014.

감축정책이 없는 확률은 비회원도시에서는 0.6까지 빠르게 증가하지만, 회원도시에서는 느리게 증가한다. 인구가 40만 명(1000k x axis의 6)인 CCP 회원도시와 비회원도시를 비교하면 감축정책의 모니터링까지 끝낼 확률은 CCP 회원도시에서 55%, 비회원도시에서 각 20%인 것으로 나타난다. 정책 시행까지 완료할 확률(4번째 단계) 또한 비회원도시(0.17)보다 회원도시(0.20)에서 상대적으로 더 높다. 이 그림은 표 5.3에서도 확인할 수 있는데 CCP 구성원이 기후변화 감축 조치를 발전시킬 가능성이 더 높다는 사실을 보여준다.

3. 초지방 네트워크 참여의 감축정책 효과

도시들은 기후변화정책을 통해 지구 환경문제를 해결하는 역할을 할 수 있다. 이를 위해, 도시들은 초지방 기후네트워크에 참여한다. 이 장은 도시의 기후 네트워크 참여가 도시의 기후 감축정책 발전에 효과적이라는 것을 보여준다. 즉, 초지방 기후네트워크 회원이라는 사실 자체가 도시가 기후변화 감축에 실질적으로 상당히 기여한다는 사실을 발견했다. C40 회원도시 중에서 CCP 프로그램의 회원인 도시는 비회원도시와 비교했을 때 비용과 노력이 요구되는 감축정책 시행과 모니터링 단계를 달성함으로써 기후변화에 부지런히 대응하고 있다. 즉, 도시를 비롯한 지방 행위자들이 네트워크를 활용하여 다층적 거버넌스의 실효성을 향상시키고 있다 (Bierman 2007; Gore 2010).

이 연구분석을 통해서 도시의 기후변화정책과 국제 관계에 대한 함의와 향후 연구과제를 제시한다. 우선, 도시기후변화정책에 있어서, 국가는 어떤 영향을 어떻게 끼치는가? 다층적 거버넌스 구조에서 도시는 국가의 관할권 하에 있다. 도시 수준에서 내리는 결정이 기후변화의 최전선에 있다는 점을 미루어 볼 때, 국가의 도시기후정책 형성에의 역할과 영향에 대한 연구가 필요하다 (Andonova et al. 2009; Okereke et al. 2009).

이 연구의 두 번째 결론은 초지방 기후네트워크에 대한 도시 참여가 감축정책 목표 도달에 있어서 중요한 파급 효과를 가져온다는 사실이다. 도시 네트워크는 참여자들이 목표를 달성할 수 있도록 동기를 부여하며, 도시들의 기후변화정책 행동을 촉진시키는 역할을 한다. ICLEI 나 C40는 참여 도시가 목표에 도달할 수 있도록 CCP 프로그램과 가이드라인 등을 지원한다. 초지방 기후네트워크이 구체적으로 도시의 기후변화 감축정책에 어떻게 영향을 끼치는 가에 대한 메커니즘을 질적 연구 방법을 통해 파악할 필요가 있다.

세 번째 결론은 시민참여가 기후 감축정책을 촉진하는 데 일조한다는 점이다. 시민들의 기후정책 참여는 도시의 노력에 정당성과 행동력을 부여할 수 있다. 기후변화 감축에는 다양한 이해 관계자들의 적극적인 동참이 필요하다. 하향식 규제나 정책적 노력 뿐만 아니라, 시민들이 참여하고 함께 행동할 수 있는 거버넌스 구조야말로 도시의 기후 감축을 추동하는 요소이다. 시민들의 기후 감축을 촉진하기 위한 다양한 프로그램과 홍보, 교육에 대한 노력이 요구된다.

6장

도시 녹색건축물을 통한 기후변화 감축:
정치적 리더십의 역할

온실가스(GHGs) 배출은 본질적으로 공유재의 비극 문제이다. 즉, 화석연료 기반의 경제에서 경제발전을 위해 화석연료를 더 사용함으로써 발생하는 이익으로 인해, 비배제성(다른 행위자들의 온실가스 배출 감축을 강제하기 어려움)과 경합성(경쟁적인 온실가스 배출은 기후변화를 야기)의 성격을 띤다. 특히 기후변화 행위자에게 협력적인 환경보다는 경쟁을 양산하는 다원주의적인 체계와 기후변화의 국제적 협약을 방해하는 의회 시스템으로 인해 국제적 기후변화 협력에 한계가 있다 (Harrison 2010). 하지만, 시민들의 기후변화에 대한 관심과 조치에 대한 요구는 여전히 존재한다. 미국인 28%는 지구 온난화를 '최우선 과제'로 여기며 (Bodansky & Diringer 2010), 58%는 적어도 '심각한 문제'로 생각한다 (Rasmussen Reports 2011).

　이러한 맥락에서 미국에서 기후변화 논의에 있어서 가장 활발하게 참여하는 행위자들은 도시와 주정부들이다 (Bang, Froyn, Hovi, & Menz 2007; Engel 2006). 미국 도시들은 지속가능성을 위한 세계 지방정부(ICLEI: International Council for Local Environmental Initiatives)의 도시기후보호(CCP: Cities for Climate Protection) 캠페인과 최근에는 기후보호협약에 관한 미국시장연맹(MCPA: U.S. Conference of Mayors Climate Protection Agreement, 이하 도시기후보호협약)에 참여하고 있다. 시장들(mayors)의 도시기후보호협약은 실질적인 변화를 이끌어내는가? (Lutsey & Sperling 2008; Wheeler 2008) 시장들의 정치적이고 상징적인 행위(도시기후보호협약에의 선언적 참여)의 의미는 무엇인가? 온실가스 배출을 줄이겠다고 합의한 도시들에게 어떠한 변화를 기대할 수 있을까?

　지역 수준에서 기후변화를 다루는 주도적인 정책 행위자들은 협약에 서명한 시장들(mayors)이다. 이 장은 '녹색건축(green building)'이라고 일컬어지는 도시 관할구역 내 건물들의 친환경적인 특성과 디자인 확산에 시장들의 기후변화협약 참여가 얼마나 영향력이 있는지를 탐구한다. 미국의 친환경 건축물 인증제인 LEED(에너지 및 환경 설계 리더십, Leadership in Energy and Environmental Design) 기준은 정부의 규제가 아니기 때문에 규제 위주 정책보다는 저항이 훨씬 덜한 면이 있다. 덧붙여서, 사기업/협회에서 만들어지고 실행된 친환경 건축물인증제는 기후변화 이슈와 건축물 온실가스 배출을 다룰 행정적 능력이 부족한 도시들이 조금 더 쉽게 태책할 가능성이 있다 (Betsill 2001).

　이 글은 미국 도시에서 녹색건축을 장려하는 요인들 중에서도 특히

도시기후보호협약 같은 기후변화협약들에 서명한 시장들의 정치적 리
더십 영향을 다룬다. 하지만, 미국은 연방정부이기 때문에 추가적으
로 고려해야할 사항들이 존재한다. 미국 주정부 중 일부는 기후변화협
약에서 매우 적극적인 자세를 취해왔다 (Carley 2011; Deyle, Meo,
& James 1994; Keeler 2007; Rabe 2004, 2008). 더 나아가서 특히
녹색건축에 적극적이다 (May & Koski 2007). 헌법상 도시정부 보다
높은 지위의 주정부는 도시의 녹색건축을 추진하는 데 있어서 중요한
행위자가 될 수 있다.

따라서, 정치적 리더십에 더해 도시의 특성과 도시가 위치한 주정
부의 특성이 녹색건축물 확산에 미치는 영향을 고려하였다 (Krause
2011b). 이 연구는 시장의 정치적 리더십이 인구, 교육여건과 더불어
녹색건축물 수용에 있어서 중요한 요소라는 것을 발견했다. 이는 정
치적 리더십이 지방 차원의 기후변화와 친환경 건축물 확산 정책에 영
향을 끼친다는 점을 시사하는 다른 연구를 뒷받침한다는 점에서 의의
가 있다 (Gustavsson, Elander, & Lundmark 2009; Bang et al.
2007; Selin & VanDeveer 2007).

1. 도시들, 기후변화, 그리고 감축정책

도시는 다양한 환경문제에 대한 토지 이용, 폐기물 관리와 같은 정책
적 논의의 시작점이다. 또한, 도시는 기후변화의 근본적인 원인이기
도 하다 (Bai 2007; Mills 2007). 대부분의 국가에서 많은 사람들이
도시로 이주하고 있다. 집중된 오염과 늘어나는 자원 소비로 인해 도

시의 시민들은 환경에 막대한 영향을 끼치고 있다. 도시가 기후변화에 미치는 영향의 실질적 추정치는 학술 논문에 따라 다르지만 약 70% (Betsill 2001; Rosenzweig, Solecki, Hammer, & Mehretra 2010) 정도로 추산되고 있다. 도시가 온실가스 배출에 주요한 원인이라는 점에는 학자들 사이에서도 이견이 없는 편이다. 도시 온실가스는 교통, 생산, 건축물과 같은 내적 요인들과 원거리에서 생성된 에너지나 생산품과 같은 외적 요인들로부터 발생한다.

　도시들은 환경 보호를 위한 토지 이용 정책과 건축 법규 부분에 있어 제도적 강점을 지니고 있다. 동시에 도시는 환경 피해를 즉각적으로 체감하기 때문에 환경문제에 대해 깊은 관심을 가지고 있다. 대다수의 도시들은 해안이나 수변에 집중적으로 위치하고 있기 때문에 (Rappaport & Sachs 2003) 도시거주자의 대다수는 지구 온난화로 인해 상승하는 해수면이나 기상 재해에 쉽게 위협을 받을 수 있는 곳에 거주하고 있다 (Zahran, Brody, Vedlitz, Grover, & Miller 2008).

　도시의 환경피해에 대한 선행연구 대부분 스모그, 열섬, 그리고 대기오염에서 기인한 질병 같은 가시적인 영향을 다루고 있다. 반면 온실가스의 경우 도시 수준에서는 직접적인 영향을 경험하지 않는다는 측면에서, 주로 국제적인 수준에서 논의되어 왔다 (Betsill & Bulkeley 2004). 도시 수준에서 온실가스를 감소시키기 위한 노력은 고질적인 집단행동의 문제를 보여준다. 즉, 무임승차를 하기 쉬운 구조이다. 개별적인 혜택과 기여할 수 있는 바가 적은 기후변화 문제를 다루기 위해 도시들이 왜 번거로운 제도적 변화를 약속할까? 도시들이 무임승차를 하거나 공동 자원 문제를 해결하겠다는 약속을 어기는 것을 어떻게 방지할 수 있을까?

1) 세계에서 지방으로: 제도적 접근

도시들은 마치 서로 떨어져 있는 섬들(군도: 群島)과 같은 형식으로 이루어졌다는 측면에서 집단행동 문제를 내포하고 있다. 미국의 경우에는 도시가 공식적으로 연방 헌법적인 권한이 없을 뿐만이 아니라, 주 헌법이나 조례에 의해 조직과 행위가 제한된다는 점에서 국가-도시, 도시 간 관계가 더 복잡하다. 따라서 전형적인 죄수의 딜레마에 더해, 세계적인 범주에서만이 아니라 심지어 국가적인 차원에서의 국가-도시, 도시 간 조정이 쉽지 않다.

이 고전적인 집단행동 문제는 고전적인 해결책인 제도를 통해서 다뤄질 수 있다. 제도는 환경문제와(Lubell & Vedlitz 2006) 관련된 공유지의 비극을 피하기 위한 규정과 인센티브를 제공함으로써 문제를 해결하는 데 도움을 준다 (Ostrom 1990 2007; Urpelainen 2009). 그러나 도시의 경우 기후변화의 세계적 도전에 대한 제도를 만들기 위한 공식적인 메커니즘이 도시의 관할권 밖에 있다는 점에서 또 다른 도전에 직면하게된다 (e.g., Young 2010). 그럼에도 불구하고, 도시의 기후변화 대응은 국제적, 국가적 환경 거버넌스 프레임은 다층적 프레임 안에서 다루어질 필요가 있다 (Gore 2010; Krause 2011b; Betsill & Bulkeley 2004, 2006; Bulkeley & Moser 2007; Kern & Bulkeley 2009; Toly 2008).

한편, 도시가 기후변화 대응을 위해 도시기후협약에 참여하는 것은 정치적 수사로 여겨질 수 있다. 이러한 정치적 수사가 기후변화 대응 목표에 도달하는 데 얼마나 효과적일까? 이 연구는 도시의 협약 참여가 협약 준수 동기를 부여하여 시 정부의 고위 공무원들, 특히 시장이

탄소 감축에 있어서 정책결정자 역할을 할 수 있도록 돕는다고 주장한
다 (Feiock & Bae 2011).

　도시의 기후변화 노력을 정당화시켜, 행동을 변화시키려면 효과적
인 기후변화 해결 방안을 고안해낼 필요가 있다. 이러한 정책은 다른
정책 분야에도 이익이 되는 호혜적인(co-benefits) 정책 연계를 통해
가능하다 (Betsill & Bulkeley 2004; Krause 2011a; Lee & van de
Meene 2014).

2) 기후변화에 대한 시장의 리더십과 녹색건축

도시들이 기후변화에 대응하기 위한 방법은 도시의 온실가스 배출 요
소를 줄이는 것이다. 예를 들어, 교통분야에서 온실가스 감축을 위한 다
양한 정책들로 시애틀의 통근세, 댈러스 공항의 압축 천연가스(CNG)
이용 택시에게 우선권 부여, 그리고 하이브리드나 CNG 버스들을 구
입하는 정책 등이 있다. 그러나 도시 차원에서 '녹색건축'을 장려하고
요구하는 정책은 드물다. 미국에서 온실가스 배출의 40%가 건물에서
나온다는 연구 결과가 발표된 (U.S. Climate Change Science Program
and the Subcommittee on Global Change Research 2007) 이후 건
물의 효율성 향상이 주된 목표가 되었다. 기후변화 대응 차원에서, 녹
색건축은 건축자재를 적게 사용하며, 건축 관련 에너지를 생산하고,
에너지와 자원 소비를 더욱 효율적으로 사용함으로써 온실가스 배출
을 감소시킬 수 있게끔 디자인되었다. 녹색건축은 미국 시장들의 도시
기후보호협약에서 온실가스 배출을 줄일 수 있는 메커니즘으로서 구
체적으로 명시되어 있다. 녹색건축 활성화는 도시기후변화 감축을 위

한 방안이다. 그러나 녹색건축을 장려하는 정책을 채택하는 것은, 지방정부들에게 있어서 부담스러운 일이다. 첫째, 녹색건축에 관한 법을 만드는 것은 막대한 투자가 요구된다. 둘째, 대부분의 경우 도시는 건축법에 있어 통제권을 쥐고 있지만, 지역에 녹색건축법 실행을 강제하는 것은 개발 기업들의 반발을 야기할 위험이 있다.

미국 녹색건축위원회(USGBC: U.S. Green Building Council)에 의해 고안된 LEED 표준은 녹색건축을 통해 기후변화 목표에 도달하려는 도시들이 직면할 수 있는 과제들에 대한 해결책을 제시하고 있다. LEED 표준은 건물들이 친환경적인 결과를 제공하는 여부를 확인하기 위해 고안되었으며 설계와 건축 항목의 체크리스트 형태에 기반한 등급 시스템이다. LEED 표준은 시간이 지나감에 따라 인기가 높아져 신축건물들만이 아닌 기존의 건축물과 기타 특수 건물들 또한 포함하게 되었다. LEED 표준은 도시 관할권 안에서 건축물들의 친환경성을 평가할 수 있는 메커니즘이다. LEED 표준은 많은 도시와 대규모의 정부 소유 건물에서 요구되고 있다 (May & Koski 2007). 하지만, 친환경 건축물 인증을 도시의 법 조항으로 채택하여 강제적으로 요구하는 경우는 드물다.

기후변화정책은 추상적인 부분이 있어 시행하기 힘든 부분이 있다. 이를 구체화하기 위해 도시의 주요 온실가스 배출원인 건축물 분야에서 녹색건물을 장려함으로써 기후변화정책을 효과적으로 뿌리내리게 할 수 있다고 본다. 시장은 더 포괄적인 정책 목표를 달성하기 위하여 여러정책적 요소를 통합시키는 역할을 할 수 있다 (Feiock & Bae 2011). 녹색건물은 도시 시민들, 건축 개발자들, 건물의 세입자들에게 부가적인 이익을 제공한다. 전반적으로 녹색건축들은 설계 부분에서 매우 아름답기 때문에 시간이 지남에 따라 그 가치를 인정받는 경향이 있다. 그리고 직원들의 신체적, 정신적 건강 함양에도 도움이 되는 편이다 (Singh, Syal, Grady & Korkmaz 2010). 더 나아가서 녹색건축을 장려함으로써 폐기물을 덜 발생시키고, 교통량을 줄이고, 전반적으로 도시의 무질서한 확장 현상을 감소 시킬 수 있다. 본드(Bond 2009)는 이러한 부수적인 효과가 기후변화 보호 노력을 지역화시키는 데 중요하다는 것을 보여주었다.

시애틀의 사례는 정치적 리더십이 도시 관할권 내에서 녹색건축 확산에 어떤 영향을 주는지 보여준다. 2005년에 시장 닉클(Greg Nickel)이 교토의정서의 목표인 온실가스 배출감축을 위해 시애틀 기후보호 계획(the Seattle Climate Protection Initiative)에 착수했다. 닉클 시장은 건축 부문에서 상당한 양의 온실가스 배출을 막을 수 있을 것을 인지하고 있었으며 2008년 시정 연설을 통해 시애틀을 녹색건축의 중심지로 만들 것이라는 야심 찬 계획을 발표했다. 기존 건물과 새로운 건물들의 에너지 효율을 높이기 위해 닉클 시장은 관련 부서의 전문가들을 소집하여 녹색건축 전담반(Green Building Task Force)을 구축하였다. 이 팀에는 도시 계획개발부(Department of Planning and Development), 시애틀 도시 조명(Seattle City Light), 시애틀 공공 유틸리티(Seattle Public Utilities), 지속가능성과 환경 사무소(Office of Sustainability and the Environment), 기타 50개의 이해관계자들이 포함되어 있다. 정치적 노력과 더불어 기관의 참여를 통해서 시장은 시애틀을 미국에서 LEED 인증을 받은 녹색건축물이 3번째로 많은 도시로 만들었다 (City of Seattle 2009, 2010).

도시기후보호협약에 서명한 시장들은 의사 결정을 통해 기후변화 대응이라는 국제적인 목표에 도달하는 데에 있어서 자율적이며 강력한 무기를 가지게 된다. 이는 다음과 같은 연구 가설로 나타난다.

가설 1: 시장이 기후보호협약에 서명한 도시에 더 많은 녹색건축물이 있을 가능성이 크다.

3) 다층적 정부 구조를 고려한 녹색건축 확산

법적으로 도시는 상위행정 체계인 주(州)에 종속되어 있다. 연방법에 의해 주정부는 지방정부가 준수해야 할 법을 제정하고 강제할 수 있다. 미국에서 주정부의 지방정부에 대한 영향력은 연방정부의 주정부에 대한 영향보다 강력하다. 그렇다고 지방정부가 환경정책을 수립하지 못한다는 것은 아니다. 주정부의 법 규정을 어기지 않는다면 상급정부의 정책 범위를 넘어설 수 있다 (Teske 2004). 주정부의 환경법은 상당히 정교하며 온실가스 배출을 다루기 위하여 신재생에너지 발전할당제, 배출기준, 그리고 청정에너지 발전에 대한 세금 혜택과 같은 방법들을 활용하고 있다 (Rabe 2004). 더 나아가서, 주정부는 연방 환경 규제, 특히 대기질과 수질에 관련된 정책을 이행하는 책임이 있다 (Rabe 2004; Whitford 2007; Woods 2006).

녹색건축과 관련하여 주정부들은 정부 소유 건물을 녹색건축으로 바꿈과 동시에 민간의 녹색건축을 장려하고 있다. LEED 표준에 맞게 주정부 소유 건물들을 건축하도록 의무화하는 정책은 주지사의 행정명령을 통해 제정되는 경우가 더 많다 (May & Koski 2007). 도시(시장의 리더십)와 주정부의 정책을 두 가지 가설로 동시에 검증함으로써 다층적 정부 구조 속에서 건축 정책을 통해 온실가스 감축에 어떤 영향을 미칠 수 있는지 알아볼 수 있다.

가설 2: 입법/행정 명령에 의해 녹색건축 정책을 시행하는 주정부에 속한 도시들에 더 많은 녹색건물들이 있을 것이다.

2. 녹색건축물 데이터와 분석

녹색건축물 확산에 대한 정부 정책의 다층적 영향을 살펴보기 위해 다층분석(multilevel analysis)을 실행하였다. 분석 대상은 미국의 인구 5만 명 이상의 591개 도시(level 1 관측)와 50개 주(level 2 관측)의 종적 분석을 통해 정치적 리더십과 녹색건축물 수의 관계를 검증한다.

종속변수는 USGBC의 LEED 인증을 받은 녹색건축물 수이다. 2010년 기준 LEED 인증을 받은 건물의 수에 관한 데이터를 사용했다(지도 6.1 참조). USGBC LEED 인증 데이터는 프로젝트의 이름, 위치(시, 주, 국가), 소유권, 그리고 인증 수준(플래티넘, 골드, 실버, 그리고 인증)을 포함한다. LEED 프로젝트의 수는 지역 건설 산업이 에너지 효율 향상을 위해 녹색 기술을 채택하는지를 측정하는 지표이다.

지도 6.1은 미국 녹색건물 수와 정책을 시각적으로 나타낸다. 해당 지도를 통해서 3가지 데이터를 확인할 수 있다. 첫째, 녹색건축 프로젝트가 확산되었으며 이는 거의 모든 주에서 나타난다. 두 번째, '녹색건축'이 널리 퍼졌음에도 불구하고 LEED 인증을 받은 건축 프로젝트는 불균형적으로 분포되어 있다. 대부분의 LEED 프로젝트는 캘리

지도 6.1   녹색건축물 인증제 건물 분포

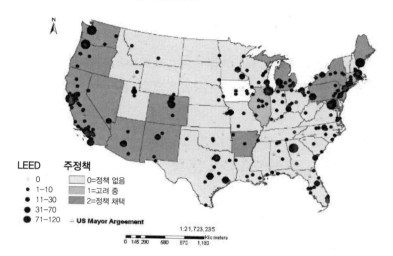

출처: Lee & Koski 2014.

참고: 원의 크기(녹색건축물 수); 주정부의 녹색건축물 정책 적용; 세모: 도시기후보호협약

포니아, 워싱턴, 뉴욕, 일리노이 같은 해안 주나 도시에 위치한다. 우리 연구는 5만 명 이상의 인구가 있는 도시들을 대상으로 연구를 실시했는데, 인구가 더 많이 주거하는 동부지역에 비해 인구가 상대적으로 적은 서부지역에서 LEED 프로젝트 수가 더 많았다. 중요한 세 번째 요점은 미국 기후변화협약에 서명한 시장이 있는 도시들은 LEED 프로젝트를 진행했을 가능성이 더 높다는 점이다.

1) 도시 수준의 변수들

시장이 도시기후보호협약(MCPA)에 서명했는지에 따라서 우리의 주요 독립변수인 '정치적 리더십'을 측정하였다 (서명한 경우에는 1, 그

렇지 않은 경우 0). 이 협약에 대한 서명은 시 관할 내에서 온실가스를 감소시키려는 시장과 도시의 노력을 상징한다. 협약 변수로 2008년 12월자 시장기후보호센터(Mayors Climate Protection Center) 웹사이트에 있는 데이터를 이용하였다.

잠재적으로 일어날 수 있는 역인과관계의 문제를 피하기 위해서, 녹색건축의 해당 년도 전의 독립변수를 모두 이용하였다. 기후변화 감축에 관한 몇 가지 연구들은 온실가스 배출에 대한 해결책을 개발하고 환경에 관한 의식을 높이기 위한 교육의 중요성에 대해 지적하였다 (Krause 2011b; Zahran, Brody et al. 2008). 전반적으로 교육 수준이 높은 사람들이 인간의 행동과 기후변화의 연결고리를 더 잘 이해하고 있으며 또한 환경적 폐해 감축의 필요성 인식도 높은 편이다. 더 나아가서, 교육 수준이 높은 사람들은 '시민적 역량'이 더 높다 (Zahran, Brody et al. 2008; Zahran Grover, Brody, & Vedlitz 2008). 교육 수준 변수는 2000년 미국 인구 조사 데이터를 이용했으며 대학 학부 이상의 교육 수준을 가진 인구를 대상으로 측정하였다.

전반적으로, 개인 소득은 환경정책의 원인과 결과로서 이중적 효과를 가지는 것으로 여겨진다. 소득이 높을수록 소비가 늘고 이는 환경에 부정적인 영향을 끼친다. 한편 칸(Kahn 2006)의 연구에 따르면, 소득이 일정 수준 이상일수록 더 혁신적인 해결 방안을 생각해내며 친환경적인 소비를 하는 것으로 나타났다. 2005년 미국의 통계 초록 (Statistical Abstract) 데이터를 이용했으며, 도시 수준에서의 일 인당 소득의 자연로그를 이용하였다.

마찬가지로, 친환경적인 그룹은 도시들이 환경정책에 그들의 가치와 이해를 반영하려고 노력한다. 따라서 더 많은 친환경그룹을 가진 도

시들이 더 많은 녹색건축물을 가지고 있을 것이라는 가설 설정이 가능
하다. 도시 내에 환경 비정부기구(NGOs)의 수 데이터는 국립 자선 통
계 센터(National Center for Charitable Statistics)에서 가져왔다.

조직된 이해관계는 특히 녹색건축에 있어서 지속가능성 정책을 촉
진시키거나 혹은 장벽을 만들어낼 수도 있다. 기후변화 거버넌스에 대
한 기존 문헌에 따르면 제조업 부문의 조직된 이해관계는 온실가스 감
축정책을 채택할 때 방해 요소가 될 수 있다 (Krause 2011b). 하지만,
산업 부분에서 LEED 인증을 받은 건물을 소유할 수 있다는 점에서 녹
색건축에 도움이 될 수도 있다. 산업적 이해관계의 측정은 미국 인구
조사국(2002년 데이터)의 각 도시 제조업 부문($1,000 단위) 가치를
자연 로그한 것이다.

당파성 또한 녹색건축에 영향을 미칠 수 있다. 민주당 지지자들은
환경 정책을 옹호하는 경향이 있다 (May & Koski 2007). 녹색건축에
대한 당파성 영향을 측정하기 위해 아틀라스에서 실시한 2004년 대선
에서 민주당 후보의 각 도시에서의 총투표의 비율을 통제하였다. 시정
부 형태는 시장-의회 형태의 시 정부 외에도 정책의 정치화와 정책 수
립에 있어서 시장이 참여할 수 있는 기회가 늘어남에 따라서 기후변
화정책이 더욱 촉진될 가능성이 있다 (Clingermayer 1990; Krause
2011b). 이 연구에서는 시 정부의 다른 유형을 탐구함으로써 정치제
도의 영향을 살펴본다. 시장-의회 정부 유형은 1, 다른 형태는 0으로
조작했다 (County Management Associations 2002 Yearbook).

미국 도시기후보호협약(MCPA: Mayor's Climate Protection Agree-
ment)이 도시의 유일한 기후변화협약은 아니다. 다른 기후변화협약
들은 도시들의 기후변화 감축에 있어서 보완적이거나 경쟁적인 영향

을 끼칠 수 있다. 많은 미국의 도시들은 지역 차원에 있는 기후변화 계획을 강화하도록 하는 주요 기관으로서 기후보호도시(CCP)에 서명했다. CCP 캠페인은 회원도시들이 기후 감축정책의 중요한 5단계(온실가스측정, 감축목표 설정, 기후변화 계획, 실행, 그리고 모니터링 및 정책 결과 공개)를 제정하고 단계별로 실행하게끔 하는 자발적 프로그램이다 (Zahran, Grover, et al. 2008). 따라서, CCP 멤버십은 지역 수준에서 녹색건축을 추진하게끔 하는 역할을 한다. CCP 회원도시 데이터는 2008년 ICLEI의 웹사이트를 참고하였다.

주정부의 수도(state capital)에서 LEED 인증을 받은 건물의 수가 증가할 수 있다. 미국 주정부의 거의 절반이 주 소유 건물들을 LEED 인증을 받게 하거나 같은 기준을 지닌 건물로 전환할 것을 권장하고 있다. 주 정책들은 대부분의 주정부 건물들이 위치한 주도에서 녹색건축을 건설하는 정도에 대해 영향을 미칠 수 있다. 주도인 경우 1로, 주도가 아닌 경우 0으로 조작화했다.

마지막으로, 비교적 더 인구가 많은 곳에서 사회적 문제를 다룰 수 있는 자원과 아이디어가 더 많다는 워커(Walker 1969)의 주장을 고려하여, 크라우스(Krause 2011b)는 인구 수 또한 기후변화협약 채택에 있어 영향력 있는 요소라고 주장했다. 인구를 고려하기 위해 2000년 미국 인구 조사 데이터를 이용하여 도시 인구 수를 로그하였다.

표 6.1은 도시 수준에서의 주요 변수의 기술 통계량을 보여준다. 모델링 단계의 선택 편향 문제를 다루기 위해 도시기후보호협약 도시와 비협약 도시 사이에 속성을 비교하였다. 기술 통계량은 인구, 교육 수준, 소득 수준, 환경 단체의 힘, 그리고 제조업의 속성이 비슷하다는 것을 나타낸다. 이 도시의 두 가지 유형의 차이점은 CCP 멤버십, 정부

표 6.1 주요 변수의 기술 통계 (도시기후보호협약[MCPA] 도시들과
비참여 도시들의 구분)

	모든 도시 (n=591)	MCPA (n=299)	비MCPA (n=292)
도시기후보호협약	0.50 (0.50)		
인구	11.55 (0.72)	11.72 (0.83)	11.38 (0.53)
고등 교육	0.26 (0.12)	0.28 (0.13)	0.24 (0.11)
수입	10.64 (0.28)	10.61 (0.28)	10.66 (0.29)
환경 NGO	3.99 (1.23)	4.04 (1.08)	3.94 (1.36)
CCP 멤버쉽	0.12 (0.33)	0.22 (0.41)	0.02 (0.16)
정부 유형	0.32 (0.46)	0.39 (0.48)	0.25 (0.43)
당파성	50.84 (12.59)	53.93 (11.85)	47.68 (12.56)
제조업	13.85 (1.25)	13.98 (1.31)	13.72 (1.17)
주도(State capital)	0.06 (0.23)	0.09 (0.29)	0.02 (0.16)

참고: 평균 (표준 편차).

유형, 당파성, 그리고 주도의 지위에서 나타난다.

2) 주 수준에서의 변수들

주정부의 녹색건축물 정책 이외에도 주 수준의 사회경제적 변수와 정
치적 변수 또한 도시 녹색건축물 수에 영향을 미칠 수 있다. 우선, 주
정부 수준에서의 녹색건축 정책 채택은 도시 차원의 녹색건축 부분에
있어 영향력을 미치는 요소이다. USGBC는 주 녹색건축 채택을 2006
년을 기준으로 비채택은 0, 채택 고려인 경우 1, 그리고 채택한 경우
는 2로 조작화했다.

또한, 녹색건축에 영향을 끼치는 변수로 주 차원의 에너지 수요를 고려하였다. 1인당 소비 에너지량이 높은 주는 이론적으로 온실가스를 감축하기 위해서 녹색건축물들이 필요하다. 에너지 수요를 알아내기 위해 1인당 에너지 소비량(2001년 데이터 BTU)을 분석에 사용하였다 (May & Koski 2007).

도시화 수준은 도시에 건물이 많을 수 있음을 의미한다. 도시화율이 높은 지역에서는 더 많은 녹색건축물들을 지을 수 있기 때문에 녹색건축물 수에 영향을 줄 수도 있다. 이에 미국 주 차원에서(미국 인구조사에서) 도시 지역의 비율을 통제하였다. 마지막으로 많은 녹색건축 정책이 주지사의 행정적·정치적 조치라는 맥락에서, 주지사의 정치적 성향이 녹색건축 결정에 있어서 잠재적인 영향이 있을 수 있다. 전국 주의회 회의의 2001~2005년 데이터를 이용하여 주지사의 당파성을 조작화하여 분석에 사용하였다.

3) 방법과 분석

녹색건축의 다층적 거버넌스에 대한 가설을 검증하기 위해, 다층 분석(multilevel modeling)을 활용하였다. 도시 수준에서의 데이터는 주 데이터와 중첩되어 있기 때문에 하위 단위(도시)와 상위 단위(주)가 독립적이지는 않다. 단층 회귀 분석(OLS)으로는 주 안에 속해 있는 도시들의 공통된 속성들을 알아내기 힘들기 때문에 도시가 녹색건축에 미치는 영향을 모형화하기 힘들 수 있다. 그렇기에, 다층적인 분석을 통해 상위 레벨의 분석(주) 정보를 고려하여 하위 레벨의 분석(도시)에서의 변화를 설명하는 것에 목적을 둔다 (Steenbergen & Jones 2002). 다층적 모델은 각기 다른 수준에서 중첩되어 있는 지표들을 포함시키기에 적합한 방법이다. 이 모델을 통해서 서로 다른 수준에 있는 변수들의 독립성을 가정하는 회귀 분석 접근 방식을 적용한다 (Gelman & Hill 2007). 다층 분석 모델은 도시 수준 방정식(level 1)과 주 수준 방정식(level 2)으로 구성되어 있다. 종속변수는 가산 자료(셀 수 있는 변수)이기 때문에 우리는 음 이항(negative binomial) 분포모델을 사용한다.

도시 수준에서(level 1), 절편이 바뀌는 다층적 선형 모형은 다음과 같은 형태를 취한다.

$$Y_{ij} = \alpha_{j[i]} + \beta_i X_i + r_{ij}$$

Y_i는 $j(j=1, 2, 3 \cdots 50)$ 주로 591개 도시의 LEED 인증 건물 수를 나타낸다. $\alpha_{j[i]}$는 j번째 나라의 절편이다. 수준 1(도시 수준) 방정식의 절편은 수준 2(나라 수준) 속성의 함수와 주 수준 오차 항으로서(방정식 2 참조) 계수는 LEED 인증[j 주]과 관련된 독립변수의 차이의 정도를 나타낸다. r_{ij}는 오차항이다.

수준 2 모델은 방정식 2의 주 수준 효과가 j 주에 따라 어떻게 달라지는지 구체화한다. 주 수준 변수에서 우리는 도시의 녹색건축의 변화를 설명하기 위해 소득 수준, 도시화, 녹색건축 정책, 그리고 그룹 수준 예측 변수로서 에너지 소비를 통제한다. 국가 수준 예측 변수를 포함하는 방정식 2를 사용하여 모델 2는 주 수준 그리고 도시 수준에서 녹색건축에 미치는 영향을 분석한다.

$$\alpha_{j[i]} = \gamma_0 + \gamma_1(\text{소득}) + \gamma_2(\text{도시화}) + \gamma_3(\text{녹색건축 정책}) +$$
$$\gamma_4(\text{에너지 소비}) + u_j$$

여기서 감마(γ)0은 주 수준 절편, γ1은 소득의 주요 효과, γ2와 γ3는 도시화와 주 수준 녹색건축 정책, γ4는 주 수준에서 에너지 소비를 나타낸다. 그리고 u_j는 j 주와 연관된 절편의 증가를 나타낸다.

표 6.2를 통해서 녹색건축의 다층적 모델링의 결과를 알 수 있다. 모델 1은 도시 수준 예측 변수를 도입하며, 모델 2는 도시 수준과 주 수준 변수를 도입한다.

모델 1은 예상한대로 녹색건축 수가 인구 수와 교육 수준과 더불어 정치적 리더십의 결과라는 것을 보여주었다. 이 발견은 도시기후보호 협약에 서명한 시장이 있는 도시들은 그들의 관할권 내에서 더 많은 녹색건축물을 가지고 있을 가능성이 있다는 가설을 뒷받침한다 (가설 1). 협약에서 언급된 바와 같이 녹색건축은 기후변화 대응을 보편화 시킬 수 있는 효과적인 방법이다. 특히 LEED 같은 비영리 단체가 운영하면서 특정한 기준이 있는 인증 프로그램은 지방정부에 실질적이며 가시적인 해결책이 될 수 있다.

연구결과는 교육 수준이 녹색건축물의 수의 긍정적이고 유의미한 예측 변수라는 점에서 최근 연구와 일치한다 (Krause 2011b; Zahran, Brody et al. 2008; Zahran, Grover et al. 2008). 물론 도시에 있는 고학력 인구는 단순히 자신이 녹색건물을 사용한다는 사실 외에도 자신의 행동이 환경에 어떠한 영향을 미치는지 더 잘 인식하고 있다. 인구 수 또한 우리가 예측한 바와 같이 통계학적으로 유의미했다. 인구가 많은 도시는 지속가능성 있는 건축 환경을 요구할 뿐만 아니라 그 요구를 뒷받침해줄 수 있는 자원을 더 많이 가지고 있을 가능성이 존재한다. 덧붙여서, 제조업 산업의 규모가 녹색건축물의 수와 긍정적인 연관성이 있었다. 환경 NGO의 수 또한 녹색건축과 연관성이 존재한다. 환

표 6.2 녹색건축의 다층 모델

	모델 1 (도시 수준)	모델 2 (도시와 주 수준)
도시 수준		
절편	−5.33 (2.73)	−7.40 (5.11)
도시기후보호협약	0.48 (0.13)**	0.48 (0.13)**
인구(기록된)	0.75 (0.08)**	0.74 (0.08)**
고등 교육	4.14 (0.46)**	4.14 (0.46)**
환경 비정부 기관	0.16 (0.07)*	0.16 (0.07)*
CCP 멤버십	0.16 (0.13)	0.18 (0.13)
정부 유형	0.03 (0.12)	0.04 (0.03)
당파성	0.00 (0.01)	0.00 (0.01)
제조업	0.22 (0.06)**	0.23 (0.06)**
주도(State capital)	0.13 (0.14)	0.13 (0.14)
수입(기록된)	−0.74 (0.25)**	−0.75 (0.25)**
주 수준		
녹색건축 채택		0.15 (0.28)
1인당 에너지 소비		0.43 (1.47)
주지사 당(1 = Dem)		0.12 (0.44)
도시화율 2003		0.01 (0.02)
아카이케 기준	2,085	2,079
변이 요소		
Level 1(도시) 오류	1.46	1.22
Level 2(주) 오류	1.99	1.99

주: 괄호 안 숫자들은 표준 오차이다.

*p < .05; **p < .01 (양측 검정).

경에 대한 인식을 바꾸고 환경 보전에 중추적인 역할을 해왔기 때문에 세계자연기금(WWF: World Wildlife Fund) 같은 환경 비영리 단체들은 녹색건축물의 수를 늘리는 데 주력하고 있다.

흥미롭게도 CCP 프로그램의 멤버십은 우리 모델에서 녹색건축의 중요한 예측 변수가 아닌 것으로 나타났다. CCP 프로그램의 멤버십은 시 정부에게 기후변화 감축을 계획하고 시행하게끔 하는 다섯 개의 중요한 환경적 절차를 제공한다. 하지만, CCP 프로그램에서 녹색건축은 주요 정책이 아니다. 통계적으로, CCP 프로그램의 멤버십과 U.S. 도시기후보호협약의 상관계수는 다중공선성을 야기할 만큼 높지는 않았다 (0.36). 또한, 이 모델에서 주지사의 정치색이나 시 정부 유형과 같은 정치적 변수는 통계적으로 유의미하지 않았다. 주정부 수도 또한 녹색건축의 수와 연관이 없었다.

모델 2는 주 수준 속성이 도시 수준에서 녹색건축에 미치는 영향을 검증하였다. 주 수준 예측 변수 중 그 어느 것도 도시 수준에서 녹색건축에 중요한 영향을 끼치지 않는 것으로 나타났다. 지도 6.1에서 보여지듯이 캘리포니아, 워싱턴, 뉴욕, 일리노이와 같이 녹색건축 정책을 채택하고 있는 주정부의 도시들은 많은 LEED 프로젝트를 진행하였다. 하지만, 텍사스, 플로리다, 오하이오 같이 주 수준에서 녹색건축 정책을 채택하지 않은 주의 도시들 또한 LEED 인증을 받은 건물들이 많다. 주 수준 예측 변수를 포함했음에도 불구하고, 도시에서 정치적 리더십 변수는 여전히 통계적으로 유의미하게 나타났다.

3. 정치적 리더십의 녹색건물 증가 영향

이 글은 정치적 리더십의 도시기후/건축 정책에 실질적인 함의에 관한 것이다. 도시의 정치적 리더로서 시장(市長)의 약속과 참여는 기후변화정책을 도시에서 현실화하는 데 중요한 요소이다. 특히 교통과 건축물 분야에서 시장의 리더십은 도시기후변화 대응에 핵심적 요소이다. 녹색건물을 장려하는 정치적 리더십은 매우 중요하다. 시장(市長)은 도시기후보호협약에 서명을 함으로써, 협약에 명시된 기후변화를 해결하는데 실질적인 조치를 취하려는 리더십을 보여준다.

녹색건축 정책은 기후변화와 건축 자재 등 사용에 환경적·물리적으로 광범위한 영향을 미친다. 에너지 소비(사실상 생산)에서 오는 혜택 외에도 녹색건축은 물 소비 그리고 건축 자재 소비를 감소시킨다. 도시들은 다양한 정치적·경제적 이유로 녹색건축을 장려하고 의무화하였다. 지속가능성 있게 지어지고 에너지 효율적인 건물들의 증가는 정책과 시장에 의해 좌우되는 국제적인 현상으로 보여진다.

본 연구는 다층적 기후변화 거버넌스의 연구에 기여하고자 한다. 특히 도시기후보호협약의 효과를 살펴본다는 데 의미를 두고 있다. 5장에서는 도시기후보호협약 혹은 CCP 프로그램에 서명하게 된 요인을 조사했다. 6장의 연구 결과는 정치적 리더십을 통해 건축물을 통한 도시기후변화 감축이 가능하다는 점을 보여준다. CCP 협약의 500번째 서명 도시인 틸사 시(Tulsa city) 사례는 작은 규모의 도시도 기후변화 감축 정책을 적용할 수 있음을 보여준다. 시장 케시 테일러(Kathy Taylor)는 협약에 서명하면서 2007년 틸사 시의 첫 번째 에너지 계획을 통해서 도시의 지속가능성에 대한 의지를 표명하였다 (City of Tulsa 2007). 틸사 시 에너지 계획의 주안점은 기존 사무실들을 LEED 실버 또는 더 나은 녹색건축물로 전환시킨다는 것이다 (City of Tulsa 2007).

이 예시를 통해서, 1) 기후변화 논의에 참여하려는 시장의 리더십, 2) 녹색건축을 기후변화 대응 방안으로 고려하는 것, 3) 도시 에너지와 기후변화 계획에 건축 부분을 포함하는 것의 중요성을 알 수 있다. 특히, 정치적 리더십은 기후변화 대응을 위하여 에너지 지속가능성을 향상시키려는 도시를 선도하는 부분에 있어 매우 중요하다. 이 연구는 도시의 크기와 상관없이 시의 지도자가 기후변화 이슈를 정책적으로 다루려는 의지가 있을 경우에 녹색건축이 더 많다는 사실을 밝혀냈다.

녹색건물과 지역 수준에서의 기후변화정책에 관한 정책 방안은 다음과 같다. 우선 도시에서 녹색건축 프로젝트를 도입함으로써 얻을 수 있는 혜택이 증진되려면 시장과 시 지도자들이 관할 지역에서 녹색건축을 지시하고 시행할 수 있도록 하는 권한을 줄 필요가 있다. 시장과 시 지도자들의 조치는 환경 정책의 최전방이다. 도시의 정치 지도자들은 녹색 일자리를 만들어내고, 에너지를 절약하고, 지속가능한 건축 실천을 장려할 수 있다.

향후 연구를 위해 몇 가지 주목해야 할 한계점들이 있다. 첫째, 이 연구는 종적 분석을 사용하였는데, 향후 연구에는 시간에 따른 패널 데이터 분석을 사용해야 한다. 둘째, 우리는 녹색건축을 비교적 단순하게 조작화하였다. 녹색건물이라고 해서 다 같은 것은 아니다. LEED를 포함해 다양한 등급이 존재한다. 덧붙여 LEED 인증이 국가 수준에서 녹색건축 채택을 측정하기 위한 방식 중 하나라면, 캘리포니아 등에서는 녹색건축화(Build It Green)를 포함하여 많은 도시, 혹은 지역 위주 녹색건축 표준들이 존재한다는 점을 간과해서는 안된다. 향후 연구에서는 시장 리더십이 다양한 녹색건물 기준에 미치는 영향을 고려해야 한다. 세 번째, 이 연구는 녹색건축을 장려하기 위해 고안된 정책들을 변수로 활용하지 않았다. 시장과 시의회가 녹색건물을 촉진시키기 위해 쓸 수 있는 도구들은 교육, 인센티브 같은 유화책과 동시에 이를 의무화하는 강경책도 있다. 이러한 직접적인 녹색건축물 증진 방안의 영향을 연구하는 것 또한 향후 흥미로운 연구 주제가 될 것이다.

7장

자급자족적 분산형 에너지 전환:
하와이 사례

2015년 프랑스 파리에서 열린 기후변화협약 제21차 당사국총회에서는 전 세계 195개국이 참여하여 2020년 이후의 온실가스 감축에 관한 국제협정을 체결하였다 (UNFCCC 2015).[1] 파리협정(Paris Agreement)은 선진국과 개발도상국에게 차별적인 의무(CBDR)를 부과했던 교토의정서와 달리 모든 참여국이 감축목표를 제시하여 이를 이행하기로 약속한 국제조약이다. 그동안 교토의정서에 따른 수량적 감축의무가 없었던 우리나라도 2030년까지 BAU 대비 37%를 감축하는 내용의 자발적국가결정기여(Intended Nationally Determined Contributions, 이하 INDC)를 제출하였다.[2] 이미 우리나라는 저탄소녹색성장기본법, 배출권거래제법 등의 온실가스 감축법정책을 시행해 오고 있었지만, 신기후체제가 출범하면서 기후변화에 관한 국제법적 틀이 완성되어

보다 적극적으로 기후변화와 에너지 법정책을 추진할 필요가 생겼다. 국내외 규제환경이 이같이 변하고 있는 현시점에서 기후변화라는 시대적 난제를 극복하기 위해 국가 차원에서 지혜를 모아야 하며 여기에는 중앙정부, 지방자치단체, 산업체, 시민사회 등 다각도의 노력과 지원이 필요하다.

에너지 분야에서의 탄소배출량이 총 탄소배출량에서 막대한 비중을 차지하고 있기 때문에 INDC를 달성하고 이를 통해 전 지구적 감축목표를 실현하기 위해서는 과감한 에너지 법정책 목표의 패러다임 전환이 필요하다. 우리나라의 INDC 중 산업부문의 감축률은 12%로 제한하고 있기 때문에 특히 에너지 효율성 증대, 청정에너지로의 전환 등 에너지 분야에서의 혁신적인 감축수단이 절실하다.

기후변화와 에너지 문제의 해결을 위해서 현재 국제, 국가, 지방 차원의 거버넌스 체제가 나타나고 있다. 여기에는 국가 및 국제기구를 포함하여 다양한 민간부문 구성원들과 지방자치단체들이 연결되어 있다. 통상 국가 주도로 이루어져 온 기후변화 문제 대응에서 가장 중요한 역할을 수행할 핵심지역으로 도시가 부상하고 있다.[3] 실제로 파리 기후변화회의에서는 주요 대도시연합체와 지방정부의 네트워크가 참여하는 등 국가(중앙정부) 이외 주체들의 움직임이 매우 두드러지고 있다 (Time Magazine December 8, 2015).

위의 상황을 고려할 때, 해외에서의 모범사례를 분석하여 이를 통해 우리나라에서 실행가능한 법정책적 시사점을 도출하는 것은 매우 시의적절한 일이다. 특히 청정에너지 체제로의 전환을 선도하고 있는 곳의 사례연구는 우리나라가 효과적이고 체계적으로 에너지 전환을 달성하는데 유용한 지침을 줄 수 있을 것이다. 지금까지 기후변화 법정책과 관련한 국내 선행연구들은 국가차원에서의 비교분석을 중심으로 이루어져 왔다. 실제 그러한 국가차원에서의 법정책이 지역 차원에서 어떻게 실천되고 있는지에 대한 연구는 상대적으로 부족했다. 특히 미국과 같이 연방제 국가의 경우 주차원 또는 지방 정부차원에서의 논의는 거의 이루어 지지 않았다. 연방정부 차원의 온실가스 규제 입법화 추진은 없었고, 주로 주정부 차원에서 의미 있는 진전이 이루어졌던 미국의 사례는 주(State)단위의 사례 분석이 더더욱 중요한 의미를 지닌다 할 수 있다.

특히 하와이 주정부 사례는 여러 가지 의미에서 우리나라의 에너지 법정책에 시사해 주는 바가 크다. 하와이는 세계에서 가장 고립된 도서 지역 중 하나이고, 2013년에 석유 수입에 45억 달러를 지불하였다. 에너지 수요의 대부분을 해외 수입에 의존하고 있고, 에너지 산업의 관점에서 볼때 실질적으로 대륙과 고립되어 있는 우리나라의 상황과 하와이의 상황이 크게 다르지 않다고 보여진다. 물론 하와이의 경제구조, 이산화탄소 배출량, 에너지 수급 현황 등에 있어 우리나라와 차이가 큰 편이지만, 하와이 사례는 우리나라의 도서 지역의 에너지 전환에 좋은 참고 사례가 될 수 있다.

2008년에 하와이주와 미국 연방정부가 합작한 '하와이 청정에너지 이니셔티브(Hawaii Clean Energy Initiative, 이하 HCEI)'는 미국에서 가장 화석연료에 의존적인 주를 직업 창출, 산업 변환, 환경, 기술 혁신을 위한 국가적인 모델로 변환시키기 위한 목적에 따라 입안되었다. 하와이의 사례는 에너지 법정책 형성에 있어서의 분권화, 그리고 중앙정부와 지방정부 간의 의미 있는 협력의 사례이기도 하다. 재생에너지와 에너지 다변화에 대한 요청과 수요가 실질적으로 절실한 하와이에서의 에너지 전환에 관한 사례는 역설적으로 석유의존도가 극에 달한 현대 사회에서 석유패러다임의 종말을 모색하는 실험 모델로서 최적의 적합성을 갖추고 있는 것이다.

이 글은 먼저 1절에서 미국의 연방정부와 주정부 차원에서 이루어지고 있는 재생에너지 및 에너지 전환에 관한 법정책을 개관한다. 연방정부 차원에서 이루어지고 있는 세제 지원 위주의 법정책과 특히 오바마 행정부 하에서의 핵심 법정책인 기후행동계획 및 청정발전계획에 관해 연방정부와 주정부 간의 법적 논쟁을 중심으로 기술한다. 2절에서는 하와이주 재생에너지 법정책을 중점적으로 분석한다. 하와이주 청정에너지 이니셔티브의 연혁, 주요 제도 및 관련법령, 특히 전력 부문에서의 정책수단과 이행과정에서 나타난 여러 가지 논점들을 살펴본다. 또한, 청정에너지 법정책을 입안하고 이행하는 과정에서 나타난 연방정부, 주정부, 주 공익사업위원회 간의 역할과 거버넌스 구조에 관해 설명한다. 마지막으로 3절에서는 이러한 분석을 통해 도출한 결론을 제시하고 그것이 우리나라의 재생에너지 법정책에 시사하는 바가 무엇인지에 대해 논의한다.

1. 미국의 재생에너지/에너지 전환법 정책: 연방과 주

미국 주정부의 재생에너지정책과 법제를 이해하기 위해서, 미국 연방정부 차원의 재생에너지 법정책에 대한 이해가 선행될 필요가 있다. 분권화된 정치 구조 속에서 미국의 기후변화와 관련된 에너지 관련 법정책은 연방정부 차원과 주정부 차원으로 분리되어 있지만, 이 둘은 상호 영향을 끼치기 때문이다.

1) 연방 차원의 재생에너지 법정책

미국의 재생에너지정책에 대한 논의는 비교적 오랜 역사를 가지고 있다. 미국 연방정부는 1970년대 1차와 2차 오일쇼크, 2000년대 이라크전쟁을 겪으면서, 수입에너지의 안정적 확보와 다변화, 국내 생산 가능한 에너지원 확보라는 에너지정책의 두 가지 큰 틀을 유지하고 있다. 특히 2000년대에 들어서 셰일 가스 생산과 재생에너지원의 사용 확대는 미국 내에서 생산될 수 있는 에너지원의 확보라는 측면에서 이루어져 왔다 (윤경호 2008).

재생에너지에 대한 법정책은 에너지원의 확보와 동시에 전 세계적인 기후변화를 위한 감축 노력의 일환으로 여겨져 왔다. 온실가스 감축은 기존 석탄, 석유, 천연가스 등의 기존 화석 연료에서 태양광, 풍력, 지열 등의 재생에너지원으로의 전환이 가능하기 때문이다. 재생에너지 관련 법안 또는 정책 입안 및 시행은 주로 연방정부 내 에너지부 (Department of Energy)에서 담당하고 있다 (최봉석 2013). 연방정부 차원의 재생에너지정책은 주로 세액 공제를 통한 인센티브를 통해 이루어져 왔다. 그 예로, 1992년 에너지정책법(Energy Policy Act)과 2005년 개정법은 생산세액공제(Renewable Electricity Production Tax Credit, 이하 PTC)[4]와 재생에너지 생산 인센티브(Renewable Energy Production Incentive, 이하 REPI) 등 규제보다는 지원제도를 중심으로 시행되고 있다. 미국 기후변화와 신재생에너지정책은 클린턴, 부시, 오바마 행정부 하에서도 주로 에너지 안보와 경제 발전의

맥락에서 결정되어 왔다. 즉 미국 연방정부는 신재생에너지정책과 개
발을 통해서 경제성장과 고용 창출이라는 연속성을 추구하고 있었다
(이재협 2011).

표 7.1은 2002년부터 현재까지 연방정부 차원에서 진행되고 있는
재생에너지와 에너지 효율화 관련 법-정책 목록이다. 주정부 재생에너
지와 에너지 효율을 위한 데이터베이스(Database of State Incentives
for Renewables & Efficiency, 이하 DSIRE)에서 관련 정책을 데이터
베이스화하여 제공한 것으로, 연방정부 차원의 정책은 대부분 지원정
정책 유형임을 알 수 있다. DSIRE의 분류에 따르면, 28개의 관련 정책
중 24개 정책이 지원정책이고 4개의 정책이 규제정책이다. 주로 세제에
대한 지원이 많기 때문에, 정책 주관부서도 국세청(Internal Revenue
Service, 이하 IRS)이 대부분의 정책(12개)를 차지하고 있다. IRS의 지
원정책들은 개인과 기업의 에너지 절약, 재생에너지 채택에 대한 세금
혜택, 에너지 효율화 및 재생에너지설비 설치 주택에 대한 세제 혜택이
주를 이룬다. 그 뒤를 이어 미국 농무부(Department of Agriculture)
에서도 농업 생산, 농촌 지역 에너지, 농업을 통한 바이오 에너지 생산
에 대한 여섯 가지 프로그램을 지원하고 있다. 미국 에너지부의 경우,
규제정책(연방정부 가전제품 기준)과 재생에너지/에너지 효율화 설비
에 대한 보증 등의 지원정책을 병행하고 있다. 한 가지 눈에 띄는 사실
은 연방정부 자체의 에너지 기준은 대통령령으로 설정해 놓고 있지만,
미국 전체를 아우르는 재생에너지 채택에 대한 기준(예를 들어, 재생에
너지 공급의무화제도)은 존재하지 않는다는 점이다 (Lincoln 2014). 이
러한 공백을 주정부 차원에서 다양하고 엄격한 법-정책을 통해 보충하
고 있다.

표 7.1 미국 연방 차원의 재생에너지 관련 정책

정책명	주관부서	정책분류	정책 종류	개시시기
주택 에너지절약 보조금(개인)	국세청(IRS)	지원정책	개인 세제면제	2002.3
주택 에너지절약 보조금(기업)	국세청(IRS)	지원정책	기업 세제면제	2002.3
재생에너지생산 세제 혜택	국세청(IRS)	지원정책	기업 장려세제	2002.3
비용회수 시스템	국세청(IRS)	지원정책	녹색에너지구매	2002.3
기업 에너지투자 세제 혜택	국세청(IRS)	지원정책	기업 장려세제	2002.3
에너지 효율화 대출	국세청(IRS)	지원정책	융자 프로그램	2002.3
농무부 – 농촌 에너지 보조금 프로그램, 융자 보증	농무부(DoA)	지원정책	융자 프로그램	2003.4
농무부 – 농촌 에너지 보조금 프로그램, 보조금	농무부(DoA)	지원정책	보조금 프로그램	2003.4
원주민 에너지 보조 프로그램	에너지부(DoE)	지원정책	보조금 프로그램	2003.5
연방정부 녹색에너지 구매 목표	에너지부(DoE)	규제정책	그린파워 구매 / 녹색에너지 구매	2004.2
재생에너지 주택 세제 혜택	국세청(IRS)	지원정책	개인 장려세제	2005.8
효율성 에너지 주택 세제 혜택	국세청(IRS)	지원정책	개인 장려세제	2006.1
효율성 에너지 신축주택 건축주 세제 혜택	국세청(IRS)	지원정책	기업 장려세제	2006.1
상업건축물 효율성 에너지 세금 공제	국세청(IRS)	지원정책	기업 세금공제	2006.1
청정 재생에너지 자금	국세청(IRS)	지원정책	융자 프로그램	2006.5

계속

표 7.1 계속

정책명	주관부서	정책분류	정책 종류	개시시기
연방정부 에너지 목표와 기준	환경청, 대통령령	규제정책	공공건축물 에너지 기준	2006.6
연방정부 가전 제품 기준	에너지부(DoE)	규제정책	가전 기기 에너지효율 기준	2006.6
소형발전기 제품연계 기준	연방에너지규제위원회(FERC)	규제정책	협력, 상호연결, 계통연계	2007.1
에너지부 – 융자 보증 프로그램	에너지부(DoE)	지원정책	융자 프로그램	2008.9
에너지절약 인증 자금	국세청(IRS)	지원정책	융자 프로그램	2008.1
농무부 – 고효율 에너지 유지비용 보조 프로그램	농무부(DoA)	지원정책	보조금 프로그램	2010.9
농무부 – 바이오정유소 지원 프로그램	농무부(DoA)	지원정책	융자 프로그램	2012.1
농무부 – 바이오정유소 재발전 지원 프로그램	농무부(DoA)	지원정책	보조금 프로그램	2012.1
연방 주택 관리청 에너지절약기 지원 프로그램, 무인절전 시스템 프로그램	연방주택관리청(FHA)	지원정책	융자 프로그램	2014.12
농무부 – 농촌 에너지 보조금 프로그램, 효율성 에너지와 재생에너지 개발 지원 프로그램	농무부(DoA)	지원정책	보조금 프로그램	2015.2
저소득층 주택에너지 프로그램	보건복지부(DHHS)	지원정책	보조금 프로그램	2015.3
주택에너지효율화 지원프로그램	에너지부(DoE)	지원정책	보조금 프로그램	2015.3
Fannie Mae 녹색 에너지 계획 – 융자 프로그램	FannieMae	지원정책	융자 프로그램	2015.5

다음 장에서는 오바마 행정부의 재생에너지 법정책을 살펴보도록 하겠다. 이는 이번 장에서 연방정부 차원의 재생에너지정책이 세제 지원 위주로 형성되어 있으며, 또한 정부내 행위를 규제하는 데 중점을 두고 있다는 것을 전반적으로 기술하고 있다. 덧붙여, 행정부의 근시 일내의 재생에너지 법정책 변화를 살펴 보기 위함이다. 특히 파리협정 체제 내에서의 핵심 법정책과 청정발전계획에 대한 연방정부와 주정부 간의 법적 논쟁에 초점을 맞추어 설명하고자 한다.

2) 오바마 행정부의 재생에너지 법정책

(1) 파리협정체제 내에서의 핵심 법정책

오바마정부에서 재생에너지정책은 기후변화에 대한 대응 방안으로 고려되어 왔다. 오바마 대통령은 2015년 파리에서 개최된 기후변화협약 제21차 당사국총회 연설에서 청정에너지 기술을 발전, 확대시킴으로써 기후변화 문제에 대처할 수 있을 뿐만 아니라, 새로운 일자리와 비즈니스를 창출할 수 있음을 강조하였다. 이를 위해서 지속적인 투자와 기술 개발을 통한 재생에너지 분야의 혁신이 필요함과 재생에너지 생산 가격을 화석에너지보다 낮춤으로써 온실가스 감축 달성이 가능하다고 주장하고 있다.[5]

파리협정 이전의 재생에너지 법정책 트렌드를 살펴보면, 오바마 행정부는 2009년 2월 경기부양법(American Recovery and Reinvestment Act)을 통해 에너지 효율과 재생에너지 프로젝트에 대한 지원 방안을 제시하였다. 특히 전기 스마트 그리드(smart grid) 기금, 재생에너지 세제 지원, 저소득층 가정주택의 에너지 효율 개선(weatheri-zation) 등을 대표로 하는 에너지 효율 산업 발전과 재생에너지 지원 사업에 집중적으로 투자를 단행하였다.

2013년 6월에 발표한 기후행동계획(Climate Action Plan)에서 오바마 2기 행정부의 재생에너지 관련 법정책 핵심을 설명하고 있다. 재생에너지 확대 문제를 기후변화 해결을 위한 방안으로 삼을 것임을 밝히고 있는 기후행동계획은 2020년까지 2005년 이산화탄소 배출량의 17%를 감축 목표를 설정하였고, 기후변화 영향에 대한 준비강화와 국제 사회에서의 기후변화 대응 주도 등의 방침이 제시되었다. 이러한 오바마 정부의 기후변화 에너지정책은 대통령령(Executive order) 제13514호를 통해 연방정부의 온실가스 감축 목표 설정, 온실가스 규제 근거법으로서 청정대기법 활용, 자동차 온실가스 배출기준 및 연비 기준 강화, 온실가스 의무 보고 제도, 고정오염원의 온실가스 규제, 에너지 효율 및 재생에너지 지원정책, 비탄소분야 감축정책 등을 시행해 왔다 (박시원 2015). 연방환경보호청(Environmental Protection Agency, 이하 EPA)은 기후행동계획의 후속 세부 프로그램으로 탄소 배출량 규제안(Carbon Pollution Standard)을 발표하였다. 해당 규제안은 의회의 동의가 필요 없는 행정명령으로, 2015년 미국 역사상 최초로 연방 차원에서 신규 발전소에서 발생하는 탄소배출량을 제한하는 시행조치를 단행한 것이라 할 수 있다.

(2) 청정발전계획

EPA는 2014년 6월, 기후행동계획의 후속 전략으로 청정발전계획(Clean Power Plan: Carbon Pollution Emission Guideline for Existing

Stationary Sources-Electricity Utility Generating Units, 이하 CPP) 을 발표했다. 해당 계획의 주요 내용은 석탄 발전 의존도를 경감시킴과 동시에, 온실가스 배출량이 적은 에너지 비중을 높여 지속가능하고 안 정적인 전력 공급 체제로 전환하는 것을 목표로 하고 있으며, 추가적으로 해당 계획을 통해 2030년까지 기존 발전소의 온실가스 배출량 30% 를 감축한다는 목표가 제시되었다. 청정발전계획의 세부 내용으로는 수요 차원의 에너지 효율 개선, 재생에너지 확대, 천연가스의 사용 확대, 에너지 저장 기술 개발 등이 포함되어 있다. 이 계획에서 주목할 점은 재생에너지에 대한 투자와 설비를 확대하여 온실가스 배출을 감소시킴과 동시에 일자리 확대와 기술 혁신을 꾀하였으며, 각 주의 정책 환경과 에너지 믹스를 고려한 차별적인 감축 목표를 설정하고, 감축 계획안을 제출하도록 규정했다는 점들은 높이 살만하다.[6]

오바마정부의 청정발전계획은 전력 분야에서 탄소배출을 감축하기 위한 구체적 수단으로 대규모 발전시설이 위치한 47개의 주[7]에 개별적인 배출감량 목표를 제시하고 있다. 이에 대하여 27개의 주정부를 비롯하여 산업계의 주체들로 구성된 총 157명의 원고들은 39건의 소송 사건에서 EPA의 권한 남용을 다투어 왔다. 일련의 사건들은 곧 워싱턴 D.C. 연방항소법원(D.C. Circuit)으로 병합되었고, 연방대법원은 2016년 2월 11일 5대 4의 의견으로 CPP를 잠정 중단할 것을 결정하였다.[8]

2007년 Massachusetts vs. EPA 사건에서 보여주듯이 EPA는 이산화탄소 감축에 대하여 폭넓은 권한을 가지고 있음이 인정되었지만, 주정부가 운영해온 정책과 규제와의 관계에서 EPA와 주정부 사이의 권한 범위가 문제되고 있다 (Clean Air Act 111[d] EDF 보고서). 주

된 법적 쟁점은 지방정부의 권한 범위와 EPA의 감독 권한에 대한 부분이다.[9]

구체적으로 살펴보자면, 1970년 개정으로 대기관리체계를 규정하고 있는 청정대기법(Clean Air Act) 111조은 법률 개정 이후에 신규 고정배출원(Stationary Sources)을 규율하는 (b)항과 기존 고정배출원에 대한 관리 방안을 규정한 (d)항을 중심으로 운용되고 있다. CPP와 관련된 일련의 소송들에서 지속적으로 문제가 제기된 조항은 (d)항으로, EPA가 직접적으로 구체적인 기준을 제시하도록 하고 있는 (b)항과는 달리, (d)항은 EPA가 다섯 가지 오염배출원에 대한 기본사항을 설정하고, 각 주정부가 기준을 구체화할 것을 규정하고 있다. 주정부들은 이 조항에 대해 2015년 오바마 정부의 의료보험정책(Obama's Health Care)을 비롯한 일련의 사건들에서 연방항소법원은 이미 "경제적으로 중요한 의미를 갖는 제재에 대하여 특정기관에 대한 예외를 인정하지 않는다"고 보고 있으므로, 111조 (d)항의 해석에 대해서도 특례를 인정할 수 없기 때문에 주정부가 구체적 감독을 주도하여야 한다고 주장하고 있다.[10]

111조(d)의 적용 범위 또한 법적 논쟁의 주요 요소이다. 청정대기법 111조(d)가 제정될 당시 상원과 하원은 EPA의 권한 범위를 각기 다르게 해석하였고 이는 112조에서 규정하고 있는 '유해대기오염물질(Hazardous Air Pollutant)'에 대한 구체적 조항들과의 관계에서 문제되었다. 상·하원 모두 '중복적 규제'를 방지하기 위해 EPA의 추가적인 개입을 허용하지 않는다고 보았다는 점은 모두 동의하였으나, 상원은 구체적으로 발전소 자체가 112조상의 시설에 해당하므로 111조(d)의 적용이 배제된다는 해석을 하였다. 이에 대해 EPA는 111조(d)

을 근거로 법률의 흠결을 보충하는 개입을 허용할 수 있다고 보고 있다.[11] 이러한 EPA의 의견이 반영될 경우 EPA는 결국 전력발전시설에 대한 전반적인 감독이 가능한 것으로 해석될 여지가 존재한다.

아울러, 그동안 논의의 중점이 되었던 EPA의 권한 문제와 관련하여 새로운 쟁점이 제기되고 있다. 청정대기법 111조(a)는 '성과기준(standard of performance)'에 대한 정의에서 "오염물질 배출감축을 위한 '최선의 배출감소 시스템' 운용에 있어 배출자에게 일련의 제한을 가하는 것"을 의미한다고 정의하고 있다. 하지만 이러한 '최선의 시스템'을 EPA가 선정하는 방법에 대한 논의가 제기되고 있으며, 더 근원적으로는 주정부의 의사에 반하는 연방정부의 정책 추진과 관계된 논의가 이루어지고 있다.

최근 대표적인 보수주의자인 스칼리아(Antonin Scalia) 대법관이 사망함으로 인해 후임 대법관 후보 선정 논의에서 오바마 정부의 CPP 운명이 관심을 받게 되었다.[12] 2015년 12월 기후변화협약 제21차 당사국총회에서 미국과 중국을 포함하는 국제적 합의에 도달하는 데에 오바마 정부의 적극적인 정책추진이 공헌한 바가 컸던 만큼, CCP의 적법성을 검토하는 재판부를 구성하는데 직접적으로 영향을 미치는 대법관 후임결정 문제는 향후 진행될 대통령 선거와도 연계되어 큰 정치적 이슈가 된 것이다. 이러한 상황 속에서 지난 3월 16일 오바마 대통령이 갈란드(Merrick Garland) 판사를 대법관 후보로 지명함에 따라 그동안 환경 분쟁에서 주로 EPA의 정책집행을 지지하는 의견을 개진하거나, EPA의 규제가 불충분하다는 판결을 내려 온 갈란드 판사의 성향[13]에 비추어 CPP의 미래를 긍정적으로 전망하기도 하였다.[14]

물론, 미국의 연방제도와 법체계가 한국과는 다른 측면이 존재하지만, CPP를 둘러싼 미국 EPA와 주정부의 권한 다툼의 문제는, 에너지 법정책의 계획과 이행에 있어 중앙정부와 지방정부 간의 갈등으로 심화될 수 있으며, 결국 이런 갈등을 법적 절차를 통해 해결할 수 있음을 알 수 있다.

3) 주 차원의 기후변화/에너지 법정책 지형

앞서 살펴본 바대로, 최근 들어 연방정부의 재생에너지정책 범위를 확대해 가고 있지만, 재생에너지정책에 대한 다양한 실험과 실질적 변화는 미국 주정부 차원에서도 이루어지고 있다 (Rabe 2004). 역사적으로 미국의 정책적 실험이 주정부에서 설계, 시행되었고 성공적인 정책의 경우 다른 주나 연방정부로 확산되는 점에 기인한다. 그래서 주정부는 연방정부에서의 정책의 정책적 실험실(Policy Laboratory)로 여겨져 왔다 (Volden 2006).

재생에너지와 관련한 정책에 있어서도, 주정부의 정책 선도와 확산 현상이 나타나고 있다. 그 이유로 담수 수력발전, 풍력, 태양광 등 신재생에너지의 생산, 유통과 송전 및 배전은 주정부의 관리 범위에 속하는 것이라는 법-제도적 요인도 작용한다. 또한, 연방정부에 비해 수가 많고, 규모는 작기 때문에 다양한 정책 실험이 가능하다는 점도 작용한다.

주정부에서 시행되는 재생에너지정책은 연방정부 차원의 에너지정책보다 훨씬 다양하고 그 수도 많다. 주로 많이 활용되는 정책은 전력 생산 중 재생에너지의 생산비율을 정하는 재생에너지 공급의무화(Renewable Portfolio Standard, 이하 RPS), 건물 에너지 규제

(Building Energy Code) 등의 규제 정책과 더불어 소비자가 재생에너지를 생산하고 남은 부분을 판매하는 순소비전력량 또는 상계거래제(net metering), 재생에너지의 생산비용의 차액을 보전해주는 고정가격구매제도(Feed-in-tariff, 이하 FIT) 등의 지원정책이 있다 (Carley 2009). 그중에 가장 널리 쓰이는 제도는 리베이트(Rebate) 지원정책으로 미국 전 주에서 약 1200여 재생에너지/에너지 효율화 기기 사용에 대한 프로그램이 진행되고 있다 (이수진 2011).

지도 7.1은 미국 주정부별 재생에너지 관련 정책과 인센티브의 수를 나타낸 지형도이다. 현재 캘리포니아 주에 재생에너지/에너지 효율화 관련 190개의 정책/인센티브가 존재하며, 가장 진한 색으로 표시되어

지도 7.1 미국 주정부의 재생에너지 관련 정책 및 인센티브 지형도 (2016년 2월)

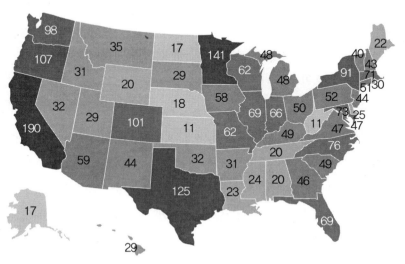

출처: DSIRE 홈페이지의 자료를 수정. http://www.dsireusa.org/
주: 주의 색이 진할수록 재생에너지/에너지효율 관련 정책 인센티브가 많음을 나타냄.

있다. 이는 주정부 차원뿐만 아니라 시와 카운티(county) 정부와 공공
전력(public utilities) 차원의 재생에너지 관련 정책이 활발히 진행되
고 있음을 나타낸다. 한 예로, 캘리포니아주는 2002년 재생에너지 공
급의무화 제도를 도입하여, 전력에너지원 중 2030년까지 50%를 증가
시키려는 목표를 가지고 있다. 2015년 기후변화와 에너지 문제를 다
룬 SB350 개정을 통해, 이전 RPS 목표(2030년까지 33%)보다 강화하
였고, 목표 달성을 위해 중기목표들(2020년 33%, 2027년 45%)을 세
우고, 민영전기사업자(investor-own utility)와 에너지 서비스 제공자
(energy service provider)들이 풍력, 태양열, 태양광, 바이오매스, 소
규모 수력발전원으로부터 생산된 전력을 의무적으로 할당된 양만큼 구
입해야 한다. 여기서 캘리포니아 공익사업위원회(California Public
Utilities Commission)는 의무할당량과 준수 수단을 결정하고, 민영전
기사업자의 준수 여부를 모니터링하며, 재생에너지 조달의 비용을 계
산하고 관리하는 역할을 한다.[15]

주정부의 재생에너지 법-정책은 한 주 만의 노력뿐만 아니라 주정부
간 협력과 네트워크 형태로 나타나고 있다. 2016년 2월 미국 17개 주
의 주지사들은 청정에너지협약(clean energy accord)에 동의했다.[16]
"우리 주들은 에너지 전환을 계획하고 실행한다(Our states will plan
for this energy transition)"가 주된 내용인 협정은 독일(Energiewende)
과 프랑스(Transition Energetique)의 에너지 전환 개념을 협정에 사
용하였다.[17] 이 협약(accord)은 더 다양한 재생에너지원을 전력망에
연결할 것과 에너지 효율을 늘리는 것을 목표로 한다. 그리고 전력망
의 현대화를 통해 소비자들이 자신들의 에너지 생산과 소비를 관리할
수 있게 한다. 이 협정의 실행을 위해서 회원 주들은 다른 주의 성공적

인 사례를 벤치마크하고 기술적인 전문성을 공유함으로써 주 에너지
정책을 구체화하는데 협력함에 합의하였다.[18]

2. 하와이주 재생에너지 법정책: 재생에너지 100%를 향하여

하와이주는 지리적 특성으로 인하여 사용하는 에너지의 100%를 화석
연료의 수입에 의존하고 있어 석유에너지의 가격변동에 민감하고 에
너지 가격이 매우 높은 경제구조를 지니고 있다. 주 전체의 77% 이상
의 전기에너지와 95%에 육박하는 교통 연료를 수입 석유에 의존하고
있으며 미국 내에서 가장 전기료가 높은 주이다.[19] 이러한 취약성으로
인하여 하와이주는 지속적으로 재생에너지 사용과 에너지 효율성을
위해 노력해 왔다.

1) 하와이주 청정에너지 이니셔티브의 태동

하와이주의 청정에너지 이니셔티브는 2007년에 Act 234(H.B.226)가
제정되었고, 이 법에 따라 2020년 1월까지 온실가스 배출량을 1990
년대 수준으로 감축하도록 하면서 구체화되었다. 하와이 주정부는 해
당 목표를 달성하기 위해 4가지 단계별 핵심 과제를 의무화하였다.
첫째, 하와이 경제개발관광부(Department of Business, Economic
Development & Tourism, 이하 DBEDT)와 보건부(Department of
Health)는 2008년 12월 31일까지 하와이의 모든 온실가스 시설에 대

한 정보를 업데이트하도록 하였다. 둘째, 2009년 12월 31일까지 온실가스 감축 태스크 포스팀(TF)을 구성하도록 하였다. 셋째, 보건부로 하여금 2011년 12월 31일까지 (i) 온실가스 배출기준을 설정하고, (ii) 하와이 자체 온실가스 배출에 대한 보고 및 검증(report & verification) 시스템을 갖추며, (iii) 모니터링과 이행준수를 강제하도록 하였다. 넷째, 보건부가 벌금 부과 등에 대해 청정대기 특별 기금에 적립할 수 있도록 허용하였다. 위 TF팀에서 제안한 결과로 사회 구조 전반에 대한 구조조정 정책이라 할 수 있는 HCEI가 탄생하게 되었다.[20]

하와이주와 미국 연방에너지부는 2008년 1월 31일 위 HCEI 이행을 위하여 협력 양해각서(MOU: Memorandum of Understanding)를 체결하였다. HCEI는 '근본적이고 지속가능한 전환(fundamental and sustained transformation)'이라는 모토 하에 하와이주의 완전한 에너지 독립을 궁극적인 목표로 하고 있다. 출범 당시 HCEI는 하와이주의 전기 및 교통 분야에서 사용되는 에너지의 70%를 2030년까지 청정에너지로 대체할 것을 천명하였는 데,[21] 이를 위해 청정에너지 모델 개발, 관련 기술 및 경제 정책 수립(전기에너지, 에너지 전달, 교통, 기술융합, 규제 메커니즘)이 지속적으로 진행되었다.

상기한 초기목표를 달성하기 위해 하와이 주정부는 하와이 전력회사들과의 협력을 통해 RPS 제도를 마련하여 2030년까지 발전량의 40%를 태양열에너지, 풍력에너지, 지열에너지 등의 청정에너지로 대체하도록 이행의무를 부과하였고, 이를 위하여 하와이주 공익사업위원회(Hawaii Public Utilities Commission, 이하 HPUC)에서 저비용 고효율의 에너지 프로그램과 기술 극대화를 달성하기 위한 에너지효율성 의무할당제(Energy-efficiency portfolio standards, 이하 EEPS)를 마련하여 30%의 에너지 효율 제고를 꾀하였다.

또한, 2009년에 하와이주 링글(Lingle) 주지사는 HCEI의 구체적 목표를 천명함과 동시에, 여러 관련기관들 — 하와이 전력회사(HECO), 하와이 소비자 권익위원회, 경제개발관광부 등 — 과 '에너지협약(Energy Agreement)'을 체결하여 위 목표를 달성하기 위하여 실질적인 정책 목표 변경과 법률 개정에 협력할 것을 합의하였다. 그 후 2013년에 애버크롬비(Neil Abercrombie) 주지사는 하와이주의 청정에너지 목표 달성을 위한 에너지정책 지침을 마련하였는데, 그것은 아래에서 제시하고 있는 다섯개 요소들을 포함하고 있다.[22]

① 하와이의 에너지 포트폴리오를 다양화하는 것
② 하와이의 섬들을 통합되고 현대화된 전력망으로 연결하는 것
③ 기술적, 경제적, 환경적 그리고 문화적인 고려 사항들의 균형을 조절하는 것
④ 테스트베드로서의 하와이의 위치를 활용하여 에너지 혁신 클러스터를 발족하는 것
⑤ 시장친화적인(market-friendly) 결정을 할 수 있도록 하는 것

하와이 주정부가 연방정부와 지역사회 공동체 구성원의 공조관계 속에서 보다 실효적인 정책 목표를 설정하고 이것을 입법으로 완성하는 과정은 전통적으로 수직적 관계를 기반으로 운용되어온 연방주의와 사뭇 다른 혼합적 거버넌스의 성격을 갖는다.[23] 미국의 에너지정책 거버넌스 구조는 각 주의 경계를 넘어서는 문제나 보상책임의 문제에 있어서는 연방의회나 연방에너지규제위원회(FERC: Federal Energy Regulatory Commission)에서 국가적 차원의 거버넌스를 채택하지만

이들 기관의 개입과 우위는 법률로 엄격하게 제한하고 있고, 그 외의 사항에 대하여는 각 주의 전력계통소(independent system operator), 광역송전기관(regional transmission organization), 주의 공익사업 위원회 등 다양한 주체가 참여할 수 있는 방식의 유연화된 체제로 나아가고 있다 (Lincoln Davies et. al. 2014: 74).

하와이주의 전기에너지 시장 내 활동은 HPUC에 의해 조율된다. 해당 위원회는 행정규제기관인 동시에 청문회를 열고 명령을 내리는 등 행정사법적 기능도 수행하는 역할을 담당하고 있다.[24] RPS를 지원하는 법률에서는 HPUC를 직접적으로 언급하여 다양한 권한을 부여하고 있다. 대표적으로 2007년에 제정된 법 117(ACT 177)은 HPUC가 재생에너지 확대와 관련된 기본적인 결정을 내릴 수 있는 권한을 부여하고 있다. 또한, RPS를 법제화한 HRS 269의 91조와 95조에서도 HPUC를 언급하고 있는데, 91조는 HPUC가 개별기업에 정당한 범위의 제재를 부과하도록 하고 있으며,[25] 95조 제3항은 HPUC가 하와이자연에너지연구소(HNEI: Hawaii Natural Energy Institute)와 계약을 체결하여 하와이 소재의 전력회사들이 RPS 목표를 효율적으로 달성하는 방안을 별도로 조사하고, 이와 관련하여 전기료 책정문제와 안정된 시스템의 구축, 각종허가와 균형적 제도 유지와 관계되는 사항 등을 조율할 수 있는 권한을 부여하고 있다.

아울러 재계와 시민단체들도 재생에너지 관련 법제 및 규제의 발전을 이끌고 있음을 지적할 수 있다. 재생에너지기술 및 정화기술 사업체들, 무역협회들, 계약당사자들, 신규 시장진입업체들에서부터 '푸른 행성 재단'(Blue Planet Foundation)이나 시에라 클럽 하와이 지부(the Hawaii Chapter of the Sierra Club) 같은 전통적인 환경운동가

단체들에 이르기까지 수많은 이해관계자들이 주요한 역할을 수행하고
있다.

2) 청정에너지 이니셔티브의 주요 내용

HCEI 자체는 엄밀히 말해 법적 구속력은 없는 이니셔티브이다. 그러
나 이를 달성하기 위해 필연적으로 법률의 제정 및 개정이 수반되므로
결과적으로는 구속력을 가지는 규범이 되었다. HCEI의 운용을 지원
하는 주요 정책수단과 관련법령들은 아래와 같다.

(1) 재생에너지 공급의무화제도

재생에너지 공급의무화제도(Hawaii Renewable Portfolio Standards)
는 각 전력회사가 재생에너지를 통한 전력생산비율을 2010년까지 10%,
2015년까지 15%, 2020년까지 25%, 2030년까지 40%로 단계적으로
달성하도록 요구하고 있다. 이를 달성하지 못하는 전력회사에 대해 각
메가와트/시간 당 20달러의 벌금을 부과하도록 하였다. 그 후 2030년
도를 목표로 한 RPS와 EEPS의 목표치가 지나치게 보수적이었다는 판
단 하에 2015년에 하와이주 의회는 법개정(Act 97)을 통해 재생에너
지 비율을 2040년까지 70%, 그리고 2045년까지 100%로 상향 설정하
였다. 이에 따라 하와이주는 미국에서 100%의 재생에너지 사용 목표를
명시한 첫 번째 주가 되었고, 이후 후속 제정된 법률(2015 ACT 100)은
전력사업자(Electric Utilities)가 지역 재생에너지 자원 활성 프로그램
을 마련하도록 요구하여 목표달성을 위한 정책이 다각적으로 실행되도
록 하고 있다.[26]

(2) 재생에너지 발전 시설의 부지 선정 절차

하와이주가 설정한 높은 목표치를 달성하기 위해 재생에너지 개발 등을 위한 토지이용/수용에 관련된 허가제(Permit Plan)가 '재생에너지 부지 선정 절차(Renewable Energy Siting Process)'의 일환으로 제정되었다.[27] 이 법률의 골자는 하와이주의 높은 화석연료의존도를 탈피하기 위하여 주 정부의 재량하에 재생에너지 관련 시설 부지 승인 절차를 구상할 수 있도록 하고 있다 (Codiga 2013). 주 법[28]에 따라 하와이주 경제개발관광부 장관은 에너지자원 조정자(Energy Resource Coordinator)가 되어 허가신청서 내용을 마련하고, 허가신청자의 계획을 검토해야 하며, 모든 지역에서 허가 시 검토에 필요한 사항이 준수되고 있는지를 감독해야 한다 (HRS 201N-3 [1]-[3]). 또한, 경제개발관광부 장관은 재생에너지 관련시설 지정 허가 검토과정에서 종합적인 검토가 가능하므로 시설 마련에 필요한 기술적 지원도 제안할 수 있으며, 허가 전에 신청자들과의 자리를 마련하여 허가에 미비한 사항을 미리 수정 보완을 함께 검토해야 한다 (HRS 201N-4 [b]). 이와 더불어 공동체의 의견수렴을 위해 시설이 유치되는 지역사회 주민이 참여하는 회의를 개최하고, 시설유치에 관련된 공중의 이해를 제고하고 있다 (HRS 201N-3 [4]-[6]). 이렇듯, 하와이 주정부는 재생에너지 시설의 확보를 위해 법률이 부여한 재량권을 적극 수행할 수 있지만, 당 허가는 하와이주법에서 예정하고 있는 환경영향평가 (HRS 343) 이전에 승인될 수 없다 (HRS 201N-8).

(3) 에너지효율성 의무할당제

2008년, 하와이 주의회는 RPS 제도를 통해 에너지 구조를 전환하는 정책과 더불어 에너지 효율성 의무할당제(Energy Efficiency Portfolio Standard, 이하 EEPS)를 채택하였으며, 이는 2030년까지 2007년 전력 사용량의 약 30%의 삭감에 해당하는, 4,300GWh의 전력 사용량을 감소하도록 규정하고 있으며, 또한 2013년을 기점으로 5년 단위로 평가하며 전력회사에게 혜택과 제재를 가할 수 있도록 하고 있다 (HRS 296-96).

이러한 감축목표는 부동산 규정[29]에도 영향을 주어 주택 매도인이 매도시점을 기준으로 3월간의 전기료에 대해 고지하여야 할 신의칙상 의무를 부과하고, 2010년 1월 이후 태양열 온수 급탕시설이 설치되지 않은 단독가구 건축물에 대하여는 건축허가를 승인하지 않으며,[30] 전기를 이용하는 빨래 건조기의 이용을 자제하기 위하여 단독가구 주택의 빨래줄 설치를 제재하는 어떠한 규제도 불가능하다는 규정[31]을 두기도 하였다 (Codiga 2009; 11).

(4) 교통 분야에 있어 화석연료 사용 감축

하와이 주의회의 적극적인 에너지 전환 시도는 교통 분야에서의 화석연료의 사용을 감축하기 위해 DBEDT가 감독하는 '에너지 전환기금 프로그램(Energy Transformation Grant Fund Program)'을 통해 전기자동차 구매자를 지원하고, 전기자동차 운행을 위한 인프라 구축과 관련된 법안을 마련함으로써 일단락되었다 (Codiga 2009; 12). 관련 법률(Act 156 §1, 2009)은 대형 주차시설의 경우 차량 100대당 1대의 전기자동차 주차구역을 마련하고, 충전시설을 설치할 것을 요구하고 있다. 또한, 주정부에 등록된 전기자동차 수가 증가할 경우 주차구역수를 늘릴 것을 계획하고 있고, 일반 차량이 해당 구역에 주차할

경우 형사처벌하거나 과태료를 부과하는 것을 규정하고 있다.[32]

2012년도 법안은 전기자동차에 대한 혜택을 확대하여 주차비를 면제하고, 다인승차량전용차선진입조건에 예외를 두어 일상 통행이 가능하도록 하며, 2015년 10월 Act 164에 대한 다가구거주지 워킹그룹(Multi-Unit Dwelling Working Group)이 마련되어 전기자동차 충전시설에 대한 구체적 정책을 모색하였다.[33]

(5) 배럴세

에너지 계획과 보급을 위한 지원 시스템의 중요한 부분은 하와이주의 '배럴세(barrel tax)'로부터 나온다. 배럴세란 제품에 함유된 석유 각 배럴당 15센트를 부과하여 모인 자금으로 규제 조치, 효율성의 향상, 시스템 및 인프라 분석, 그리고 에너지 보장 계획을 수립하는 데 사용하는 제도이다. 2014년 하와이 주의회는 하와이 청정에너지 계획 조항의 정책 목표와 추진 일정에 맞추기 위해 배럴세를 통한 자금지원의 만료일(sunset date)을 2030년까지 연장하였고 (SB2512), 2015년도에는 미국 내 처음으로 석유제품뿐 아니라 천연가스, 변형된 형태의 화력발전인 신에너지발전사업(New Coal Generator)에도 부담을 지우는 법률을 제정하였다 (Act 185, 2015). 배럴세를 통한 자금은 전체 에너지 전환 계획을 집행하기 위해 사용될 뿐만 아니라, 재생에너지를 이용한 전력수급의 효율성 제고 프로그램에 대한 투자를 촉진하기 위해서도 사용된다. 또한, 이 자금은 개발자, 투자자, 정책입안자에게 청정에너지 프로젝트 허가, 인터액티브 리소스 데이터, GIS 지도 제작에 대한 지원을 제공하는 온라인 도구들의 조합을 제공하는 것에도 활용되어 왔다.

(6) 하와이공익사업위원회의 최근 주요 에너지규제조정절차[34]

하와이주 공익사업위원회(HPUC)의 에너지규제조정절차, 혹은 '도켓 (docket)'은 하와이주 HCEI 관련 법제에 대한 주요 유권해석이자 법제 조율기제로 기능하고 있다. 일련의 규제조정절차들은 위원회가 하와이 주를 구성하는 각 도서에 대한 전기에너지 공급을 담당하는 전기사업 체들과 소통하는 핵심 터전이다.[35] 몇 가지 예를 들면 다음과 같다.

보다 적극적인 정책 실현을 위한 개별 계획의 제출 요구

HRS 269를 통하여 당초 설정되었던 RPS 목표(2015년까지 15%)는 2012년에 이미 14%에 도달하여 그 실현가능성이 검증되었기에 하 와이주는 보다 적극적인 행동목표를 논의할 수 있게 되었다. 따라서 2012년 HPUC는 통합자원계획(IRP: Integrated Resource Planning) 절차의 일환으로 하와이주 대표 전력회사인 HECO, HELCO, MECO 등의 전력회사로부터 보고서를 제출받아 하와이주의 에너지정책 목표 를 달성하기 위한 자원 활용 계획(Resource Action Plan)을 점검하였 다 (HPUC Docket 2012-0036). 2013년 6월 HPUC는 HECO 등의 기 업이 제출한 보고서에 대하여 각기 개별적 결정(Orders)을 통해 부적 합 의견을 내렸고 여러 병행 절차를 통해 당해 기업들의 운용·활동·투 자를 감독하고자 하였으며(유관회사 합병까지 직접적으로 감독하거나, 전기료 가격결정에 개입), 최종적으로 해당 기업에게 전력공급향상계 획(PSIP: Power Supply Improvement Plan)을 제출하도록 하였다.

개별계획에 대한 적극적 수정 요구

2014년 8월 HPUC는 기업에서 제출한 PSIP에 대하여 사건을 병합

하여 심사하기로 하고 이 과정에 참여할 이해관계자들을 공개적으로
모집하는 결정(Order No.32257)을 내린다 (HPUC Docket 2014-
0183). 한 달 정도의 신청기간동안 전력회사를 비롯하여 소비자권익
위원회(CA: Consumer Advocate)등 20여개[36]의 유관 기관과 개별
이해당사자가 신청서를 제출하였고, 2014년 9월 제32294호 결정에
의해 사건당사자를 비롯한 참가 신청자는 그 승인 판정을 받기 이전에
사건대상 기업이 제출한 PSIP를 검토한 내용을 문서의 형식으로 제출
할 것을 결정하여 이 절차를 통해 획득한 내용은 위원회 심사의 기초
로 활용되었다. 이 단계에서 심사 대상 정보는 접수 순서대로 웹사이
트를 통해 일반공개(2015년 10월 6일)하였고 총 300여건의 의견서가
접수되었다. 9월 26일부터 2015년 1월 12일까지 위원회와 사건당사
자 기업들 사이에서 질의응답 절차가 진행되었고, HPUC는 개별기업
의 PSIP의 수정 사항을 확정하였다.

3) HCEI 목표달성을 위한 전력 부문의 사업과 정책수단

HCEI의 궁극적인 목표는 단순한 온실가스 감축 또는 석유 의존도 감
소가 아닌 1) 신재생에너지 설비 확충, 전기그리드(electric grid)와 교
통 인프라 개발, 청정에너지 기술 수출, 청정에너지 경제인구 창출 등
을 통해 경제구조 자체를 다변화하고, 2) 에너지안보를 제고하며, 3)
기후변화에 대응하는 근본적이고 총체적인 구조로의 전환에 있다.

도표 7.1은 하와이의 전력 수요의 대부분이 오아후섬에 있는 한편,
대부분의 재생에너지 공급원은 주변 섬들에 있다는 것을 보여준다. 전
력 수요가 가장 높은 곳은 호놀룰루시가 소재한 오아후섬이다. 재생

도표 7.1 하와이주의 전력 수요와 재생에너지 가능성

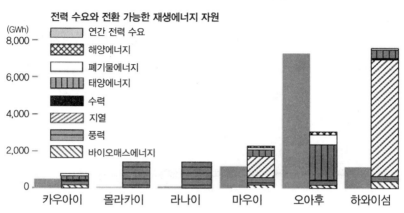

출처: 하와이주 경제개발관광부(DBEDT) 2015.

에너지원이 가장 풍부한 곳은 면적이 가장 큰 하와이섬이지만 그 전력 수요는 하와이섬의 면적의 1/5에 불과한 마우이섬과 비슷한 수준이다. 하와이섬에서는 지열이 풍부하고, 오아후섬은 태양광, 몰로카이섬과 라나이섬은 풍력, 카우아이섬에서는 수력발전의 가능성이 상대적으로 높다. 마지막으로 오아후섬은 자체적으로 단 30%의 재생에너지를 생산할 수 있다.

이러한 수요와 공급의 불균형은 각 섬 간의 에너지 정의(energy justice) 문제를 일으키고 있으며, 이러한 조건적 상황아래서 HCEI의 통합된 목표를 실현하기 위해서 다양한 사업들이 진행되고 있고, 그중 주요 사업은 다음과 같다.

(1) 풍력에너지

풍력에너지는 하와이 재생에너지 개발 분야에 있어 태양에너지 다음

으로 큰 비중을 차지하고 있다. 지난 2014년 하와이주의 재생에너지 생산비율 중 29%는 풍력에 의해 충당되었고 (Hawaii State Energy Office), 지리적으로 적합한 환경을 갖추었다고 판단되는 하와이의 몰로카이섬 및 라나이섬에 중점적으로 관련 프로젝트가 실행되고 있다.

하와이 주정부는 해당 지역주민들과 기업들이 포함된 이해관계자들과 '풍력발전협약(Big Wind Agreement)'을 체결하여 몰로카이섬과 라나이섬으로부터 발생한 풍력에너지를 전기에너지 수요가 높은 호놀룰루시로 전달하는 프로젝트 실행계획을 수립하였다. 섬들을 연결하는 송전 케이블 개발에 필요한 규제 및 자금 조달 제도를 마련한 SB 2785는 2012년에 통과되었다. 현재 대형 해저 케이블 건설계획에 관한 환경영향평가가 진행 중이나, 풍력 발전 터빈의 설치 부지와 관련된 지역주민들 간 여러 이해관계와 더불어, 송전비용이 추가될 경우 HECO가 전기요금을 어떻게 책정할 것인지에 관련하여 의견 조율에 난항을 겪고 있다 (Slavin, Codiga and Zeller 2011).

(2) 태양광 에너지

하와이주에서의 대표적인 청정에너지는 바로 태양에너지이다. 태양에너지 중에서도 태양광(PV: Photo-voltaic) 에너지는 그 저렴한 비용과 높은 접근성으로 주요 재생에너지로서 각광을 받고 있다. 하와이는 2013년도 미국 내 일 인당 PV 설비 수에서 1위, 총발전량에서 전체 5위를 차지하였다 (Codiga 2009; 3).

법 제196-7절은 '태양에너지 기기'와 관련하여 "누구도 어떠한 규약, 선언, 금지, 행위, 규정, 조건, 계약 등을 통해 태양열에너지 기기를 1인 가구나 개인이 소유하고 있는 주택에 설치하는 것을 금할 수 없다"고 규정하고 있다. 이에 반하는 계약이나 규정은 무효이며 강제될 수 없다.[37] 다시말해 거주지 외에도 이러한 태양열 기기들은 건물 지붕, 주차장 또는 특정 공공장소에도 설치가 가능하며 이 경우, 기기의 형태 및 설치, 관리, 보험 등과 관련하여 승인 절차를 밟아야 한다. 이러한 기기들은 임대가 가능하며, 다만 공익에 직접적인 침해를 가하지 않아야 한다고 규정하고 있다.[38]

태양광 패널을 설치하게 되면 세제 혜택을 받을 수 있는데, 하와이 주 에너지세금공제법 제235장 12.5조는 '재생에너지 기술; 소득세 공제' 규정을 두어 개인 및 법인으로 하여금 기준에 부합하는 재생에너지 시스템 설치 및 서비스 제공에 대하여 소득세를 공제하여 주고 있다.[39] 공제되는 세금은 그 시스템 비용의 35% 또는 제235장 12.5조에서 규정하는 상한선 중 더 적은 금액으로 공제된다. 또한, 위 12.5조 (b)항에서 상한선은 주거용 PV의 경우 시스템당 5,000달러이며 상업용 PV의 경우 50만 달러이다.[40] 2009년에 하와이 주의회는 법 제235장 12.5조을 개정하여 태양에너지 시스템의 경우 개인이 스스로 발전한 에너지가 공제되는 세금인 30%를 초과하면 그만큼의 비용을 환급해 줄 수 있도록 하였다. 이는 태양에너지 산업이 급성장하게 된 주된 원인으로 꼽히고 있다.[41]

하와이의 태양에너지에 대한 세금 혜택, 저비용 PV 패널의 등장, 높은 전기 가격 등의 요소들로 인하여 다양한 사인 간의 전력구매계약 (Power Purchase Agreement, 이하 PPA)이 활성화되고 있다 (Codiga 2009: 6). 이러한 PPA의 종류는 상대적으로 소규모인 개인 거주지의 지붕에 설치된 PV 발전 계약으로부터 대규모의 독립적인 태양에너지 생산자와의 계약까지 그 형태가 다양하다. 개별 사업자와 전기회사 간의 이러한 계약들은 각각의 계약서에 따라 시스템의 크기, 에너지 비용, 운용 기간, 관리, 계약 종료 및 해제 등의 내용이 계약법으로 규율된다. 그러나 대형 독립전력생산자와 전력회사 간의 대규모 전력구매계약은 PUC의 승인이 필요하다. 태양광 PV 시스템에 의해 발전된 에너지는 궁극적으로 전기회사의 시스템에 편입되어야 하기 때문에 PPA 프로젝트와 전력회사 간의 계약관계는 상계거래제(NEM: Net Metering)나 고정가격구매제(FIT) 프로그램 등을 통해 분산지원정책이 이루어진다.

NEM은 개인이 주거지 또는 개인사업장에서 초과 생산한 발전량을 전력회사가 의무적으로 구매하도록 하는 제도이며, 분산전원의 자가발전·소비 시 RPS를 인정하도록 하고 있다.[42] 동법에서는 '적법한 주거 전력생산자'를 정의하고 있으며 주거 또는 상업적 전기 소비자로서 태양, 풍력, 바이오매스 또는 수력 설비들을 사용하여 자신이 소비하는 전력량의 일부 또는 전부를 충당할 수 있는 개인이 '월 과세 기간 동안 전력 소비자가 개별적으로 발전한 전력량과 전기회사를 통해 공급받은 전력량의 차이를 상계'할 수 있도록 규정하고 있다 (Codiga 2009: 13). 따라서 소비자들은 상계 후 남은 부분에 대해서만 비용을 부담하게 되는 것이다. 이 정책의 핵심은 공급받는 전력과 생산하는 전력을 한 번에 계산할 수 있는 계량기(single meter)의 설정에 있고, NEM 규정하에서 현재 개별 생산자가 발전할 수 있는 전력량의 한계는 50킬로와트다.

하지만 2014년 10월 12일 HPUC는 분산전원정책에 대한 검토를 하는 과정에서 NEM정책을 중단하는 결정을 내린다.[43] 동 결정에서 HPUC는 이러한 중단 조치가 분산전원 정책을 '시장 중심적'으로 재편

하기 위한 것으로 설명하고 있지만, 이 결정이 내려진 시점에 이미 혜택을 받고 있던 가구와 2015년 10월 12일까지 가입하는 가구에는 영향이 없도록 하여 정책을 신뢰해 온 집단의 이익 또한 고려하고 있다.

하와이주의 태양광 패널 설치 비율은 12%로 미국 내에서 가장 높은데 비하여 NEM의 기본구조는 이러한 급격한 성장을 예정하고 있지 않았으므로 HPUC는 기존의 정책을 유지하는 것이 지속적인 정책 운용과 새로운 참가자 유입에 부적합하다고 판단 하였고, 하와이 전력회사(HECO)에 새로운 계획 제출을 요구하였다.[44] 여러 관계자들의 서면 의견서를 검토한 결과 HPUC가 최종적으로 선택한 안은 분산발전을 통해 얻은 전력을 자가조달용(Self Supply)과 그리드조달용(Grid Supply)으로 분리하는 것이었다. 전자에 대하여는 태양광 패널 설치 수량을 제한하지 않고 생산된 전력의 저장에 관한 시설을 지원하는 내용을 담고 있으며, 후자는 기존의 NEM과 유사하지만, 전력회사의 구매비용을 하향조정하고, 태양광 패널 수를 제한하는 내용을 골자로 하고 있다.[45] 또한, HPUC는 HECO에게 시간대별 전기료를 다르게 책정하도록 하여 분산전원을 통해 공급되는 전력이 최대치인 동안에 수요가 몰릴 수 있도록 하는 방안을 결정하여 재생에너지로의 전환에 새로운 유인을 제공하였다.

고정가격구매제는 가정, 소규모 사업자, 기업 그 누구라도 태양광발전판이나 풍력 등의 재생에너지를 통해 전기에너지를 생산, 즉 자가발전으로 초과 발전량을 생산할 경우 자가발전한 초과 전기에 대해 전기회사와 정부에서 책정한 높은 재생에너지 가격에서 소매 가격을 뺀 차액을 환급받게 해 주는 정책이다.[46] 위 프로그램은 전기회사가 그리드에 재생에너지를 공급하는 공급자들에게 지불해야 할 비용 등을 표준

화하고 공시하도록 하였으며 여기에는 거래의 내용 및 조건 등이 포함
되어 있다.[47] FIT 정책은 여타 그 어느 조달정책보다도 효과적으로 재
생에너지 기술 발전 및 사용을 촉진하였다는 평가를 받고 있다.[48] 하와
이 FIT 프로그램은 2012년도에 8메가와트에 이르는 태양광 에너지를
공급한 것으로 추산된다.[49] 다만 태양광 자가발전의 규모가 크게 확대
되면서 가격 책정 논쟁과 기술적인 문제뿐 아니라 법적 분쟁이 점차적
으로 증가하고 있으며, 공급의 안정성과 다양한 재생에너지의 경제적
가치 평가 및 통합 문제는 새로운 국면의 해결방법과 정책방향을 요구
하게 될 것으로 전망하고 있다.

(3) 스마트그리드

스마트그리드는 '전기 및 정보통신 기술을 활용하여 전력망을 지능
화·고도화함으로써 고품질의 전력서비스를 제공하고 에너지 이용효
율을 극대화하는 전력망'을 의미한다.[50] 이는 개별적인 프로젝트들의
집합체 및 총체적인 하나의 시스템이라는 점에서 위에서 언급한 기타
프로젝트나 사업들과는 다소 다른 차원에 논의되어야 하는 문제라고
도 볼 수 있다. 스마트그리드 사업은 전력 공급과 수요의 기존 상호관
계를 새롭게 정의하고 재생에너지의 사용과 에너지 효율 극대화를 위
한 다양한 정책들을 동시에 진행시킬 수 있다. 이러한 패러다임 전환
적 성격을 가지고 있는 스마트그리드 사업의 성공은 따라서 직접적으
로 청정에너지 이니셔티브의 실질적인 성공으로 이어질 뿐 아니라 청
정에너지 이니셔티브의 명분을 확립해 준다.

하와이주는 스마트 그리드 체제에 매우 적합한 환경을 갖추고 있다.
이미 하와이주는 스마트그리드의 국제적 시범지역으로서 그 역할을 수

행하고 있으며 특히 최근의 마우이 스마트그리드 프로젝트를 통해 하와이와 미국뿐 아니라 전 세계가 향후 스마트그리드 패러다임을 도입하는 데 있어 인큐베이터 역할을 톡톡히 해내고 있다.[51] 2006년에 오아후섬에서는 약 500개의 스마트 계량기를 설치하는 시험 프로젝트가 실시된 바 있으며 2008년에는 선진 인프라 구조 계측 시스템이 시험 사업으로 제안되었으나 결국 PUC에 의해 그 승인이 거부되었다.[52] 이후 2010년 8월 31일에는 HECO와 MECO가 2년간 진행하는 수요응답체계(demand response) 시험 프로그램 (Docket No. 2010-0165)에 대한 지원 및 승인이 이루어졌다. 이 프로그램은 '시스템 시작속행(quick start)'반응을 도입하여 자원활용가능성(resource availability)을 향상시켜 다양한 재생에너지의 활용도를 높이고자 하는 사업이었다.

하와이주 2013년도 제34호법(Act 34)은 '하와이주가 발전된 현대 그리드 기술의 활용을 촉진하는 것을 목표로 하는 정책'을 개발하는 데 적용되는 법으로 하와이의 스마트그리드 정책을 총괄하는 법률이라고 할 수 있다.[53] 또한, 2012년에 제정된 HRS 제269장(Chapter 269)의 9절(Part 9)은 PUC로 하여금 법률 또는 명령에 따라 전력신뢰성관련 지표기준 및 상호연결요건을 채택할 수 있도록 하여 구체적으로 스마트그리드 사업을 원활하고 일관적으로 진행하는 데 있어 HPUC가 채택한 신뢰성 기준들이 전기사업체와 하와이주의 모든 전기 시스템 사용자, 소유자, 운영자에게 적용되도록 규정하고 있다.[54]

위 제269장이 명시하는 '발전된 현대 그리드 기술'이란 '하와이주 전기 시스템의 신뢰성, 탄력성, 유연성, 효율성'을 증진하기 위한 '장비, 시설, 관련절차'들로 광범위하게 정의된다.[55] 위 법률은 따라서 독자적인 기술발전 뿐 아니라 상호간의 기술 융합, 이전 등을 독려한다.

다만 시설이나 장비 등에 대한 관리, 동력 불안시 자동수복 및 지역주
민들 간의 관계, 운영효율성 등은 향후 추가적으로 법제화에 있어 고
민을 해 보아야 할 영역이다.[56]

4) HCEI의 성과와 전망

HCEI의 현재까지 행보는 상당히 야심만만하다고 할 수 있으며, 특히
소기의 성과를 거둔 것으로 보인다. 2008년 출범 당시 HCEI는 청정
에너지, 즉 재생에너지의 활용과 효율성 구조를 근본적으로 개선하여
온실가스 배출량을 감소시키고 화석연료 사용을 점진적으로 억제하는
지속가능한 방향으로 전환시키기 위한 장기적인 계획을 수립하는 데
에 초점을 두었다. 단순한 목표 설정에 그치는 것이 아니라 각 분야의
협력체계를 구축하고 이행의무를 강제하는 법제화를 통해 실질적인
목표 달성 가능성이 실현되었다는 데에 큰 의의가 있다고 하겠다.

실제로 HCEI의 출범 이후 500 메가와트의 에너지 생산이 풍력, 태
양열, 바이오매스를 통해 이루어지도록 인프라 구축이 이루어지고 있
으며 2015년도까지의 RPS 단계별 목표 달성에 있어 태양광 PV가 실
질적인 기여를 한 바 있다. 그 결과 하와이주는 HCEI 1기가 마무리되
는 시점에 RPS 및 EEPS 목표량을 초과 달성하였다.[57] 하와이의 전력
회사들은 2013년 12월 31일 기준으로 하와이섬, 마우이섬, 오아후섬
에 있는 그들의 발전소가 18.2%의 RPS를 달성하였다고 보고하였으
며, 이는 2015년의 중간 목표치를 2년 일찍 초과하였음을 의미한다
(도표 7.2 참조).

또한, EEPS에 관한 HPUC의 2013년도 보고서(Public Utilities

도표 7.2 하와이주의 RPS 달성정도와 향후 목표

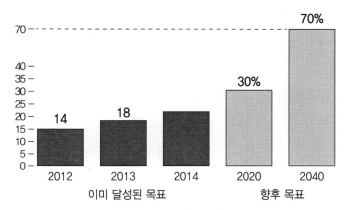

출처: 2013 Clean Energy Update Report, 3면에 최근자료 추가.

Commission State of Hawaii 2013)[58]에 따르면 2009년 EEPS 제도
가 시행된 이후로 794 기가와트 정도가 감축되었으며 2015년까지는
1,550 기가와트가 감축될 것으로 예상하여 당해년도 목표치인 1375
기가와트를 충분히 달성할 수 있을 것으로 분석하고 있으며 (Hawaii
State Energy Office: 25) 최근 분석에 따르면 2030년까지 50% 감축
이 가능한 것으로 보인다 (Hawaii State Energy Office: 25).

　1기의 성공과 함께 2014년도에 이르러 DOE와 하와이주는 2008년
의 협약을 재확인하는 동시에 HCEI의 정책 모델을 하와이주뿐 아니
라 향후 미국의 나머지 주들을 포함, 연방 정책으로까지 확장 적용할
수 있는 실험 모델로 확정하는 HCEI 2기를 출범시켰다.[59]

　HCEI가 이러한 성과를 비교적 단시간 내 거둘 수 있었던 것은 HCEI
가 기본적으로 하향식(Top-down approach) 성격을 띠고 있기 때문
이라고 본다. 그러나 HCEI는 주요 정책 목표 중 하나로 '에너지 분야

의 다양한 행위자들과의 사이에서 그 이해관계를 조정하고 청정에너지 공급이 이루어지는 과정에서 발생할 수 있는 이해관계의 충돌 및 발생 가능한 개개인의 피해를 최소화하고 궁극적으로 모두에게 최대한의 이익이 되는 전략을 수립하는 것'을 분명히 명시하고 이러한 차원에서 이해관계자들은 작업반(working group)을 구성하여, 중첩되는 영역에서의 청정에너지 사용 효과를 미리 분석한 바 있다. 이는 상향식 방식(bottom-up approach) 역시 소홀히 해서는 안 될 것임을 충분히 인식한 조치라고 할 것이다.

HPUC에서도 제도를 운영함에 있어 다양한 구성원의 참여를 허용하고 심사과정에 논의되는 구체적 의견을 적극 공개함으로써 HCEI가 효과적으로 시행될 수 있는 규제환경을 조성하였다. HPUC는 사안의 본격적인 검토절차에 앞서 충분한 기간을 두어 적극적으로 절차에 참여하고자 하는 당사자의 신청을 접수하였으며,[60] 그 외에도 하와이 지역 내·외를 불문한 일반 대중의 의견을 청취함을 공개하여 누구나 자유롭게 참여할 수 있도록 제도가 설계되어있다. 제출된 의견서는 시간적 순서에 따라 홈페이지에 그대로 공개되었다.

예컨대 2014-0183 사건의 PSIP에 대한 심사의 경우 위원회가 제시한 쟁점은 (1) 전기 소매 가격의 감축, (2) 제반 재생에너지 포트폴리오 프로젝트의 비용 효율적인 통합, (3) 각 섬 간의 그리드 운용방법, (4) 정교한 분석에 근거한 각 섬의 목표 달성 방안이었다. 2014년 8월 초에 시작된 당해 사건에서는 9월 12일부터 10월 6일까지의 의견 제출 기간 동안 넥스트에라(NextEra Energy) 사를 필두로 관련 발전 회사들을 비롯하여 하와이 태양에너지(Hawaii Solar Energy)사를 비롯한 태양광발전 관련 기업과 하와이 가스(Hawaii Gas)와 같은 유관 산업 기업

등이 참여하였고 시민단체는 물론 '마우이의 내일(Maui Tomorrow)' 재단과 같은 사설재단과 루이스앤드클라크 로스쿨(Lewis and Clark Law School)의 그린에너지연구소(The Green Energy Institute)와 같은 연구기관도 의견을 제출하였다. 의견서의 대부분은 소매가격 인하와 소비자의 선택을 확대하는 방법을 통해 재생에너지 활용을 확대하는 방안을 제안하였고, 심사대상 기업의 PSIP에 관하여는 목표달성을 위한 전략의 실행가능성과 단계적 기한의 명확성, 그리고 가능한 상황(예산의 확보)에 대한 예측의 불명확성의 문제가 있으며 의사결정구조가 마련되지 않았음을 지적하였다.

하지만 HCEI에 대한 평가가 항상 긍정적인 것은 아니다. 최근 미국의 셰일가스 혁명과 전 세계적으로 유례없는 석유 가격 하락이 지속됨으로 근본적인 재생에너지 효용성에 대하여 의구심이 발생하고 있는 상황이다. 또한, 일방적인 HCEI의 목표 설정과 그 당위적인 효과 예측에 대한 비판 역시 제기되고 있다. 목표에 경도되어 실질적인 공익 달성에는 실패하고 있다는 목소리도 나온다 (Endress 2013). 급변하는 글로벌 에너지 시장에서 HCEI가 궁극적인 목표에 도달하기 위해서는 이러한 비판에도 귀기울일 필요가 있다고 하겠다.

구체적으로 HCEI가 설정한 목표에 대하여 재생에너지에 대한 지원금 및 하와이의 전기 독점 체제를 고려할 때 오히려 경제 위축을 가져올 것이라는 비판도 있다. 또한, 에너지 안보를 제고하기보다는 셰일가스와 석유 가격 하락으로 국제 에너지 시장이 변화하고 있고 지역적 에너지 헤게모니가 변동하고 있어 앞으로 중동으로부터 수입하는 석유의 가격이 급격하게 추락할 것이며, 재생에너지는 정부의 지원금 없이는 상용화가 불가능할 것인데 따라서 에너지 안보가 달성될 것이라고 보기 어렵다는 의견도 있다. 결국, HCEI의 야심은 에너지 다변화 정도 이상의 의미는 갖지 못할 위험성도 있다. 또한, 에너지 독립의 모델 제시를 목표로 삼았으나 경제적으로 에너지 수입량이 많다는 사실이 전적으로 모든 사회에 부정적인 함의를 가지지 않을 수도 있다. 결국, 에너지 독립은 경제적 고립을 가져오고 지나친 복지 추구로 경제 위축을 초래할 수 있다는 지적도 있다. 무엇보다 지속가능한 환경을 조성하는지에 대해서 부정적인 의견이 있다.

즉 HCEI는 단일 프로그램으로 하와이의 다양한 경제적-생태적 체계를 무시하고, 정부의 지원금과 규제는 필연적으로 비효율을 초래한다는 것이다. 대표적인 예로 태양에너지 세금 감면은 정부의 수입을 감소시키고 이는 직접적인 재정 부담으로 이어진다. 결과적으로 이러한 보조금 정책이 시장의 비용과 가격을 왜곡시키고 재생에너지 분야를 위해 다른 분야들로부터 자원을 비효율적으로 희생시키는 결과를 초래할 수 있다. 또한, 지나치게 짧은 시간에 과도한 목표 제시로 인하여 자연스럽게 기술개발이 미래에 이루어지도록 하는 것이 아니라 현재의 제한된 기술로 목표를 달성하고자 무리하게 투자를 하고 있다는 지적도 있다. 이는 결국 미래의 자원을 현재로 끌어다 쓰는 과오를 범하고 있다는 것이다.

이러한 비판의 논지는 결국 HCEI의 목표 달성과 실질적인 지속 개발가능성은 별개라는 입장을 취하고 있는 것으로 보인다. HCEI의 사업들이 주정부가 설정한 재생에너지 사용 목표 달성에는 유효할지 모르나 궁극적인 공익을 달성하지는 못하고 있다는 것이다. 따라서 HCEI에 대한 대안으로 (1) 탄소세 적용, (2) 더욱 발전된 재생에너지 기술 개발을 위한 R&D 투자 확대, (3) 재생에너지 기술이 무르익을 때까지는 천연가스를 대체제로 사용을 주장하기도 한다 (Endress 2013: 12).

HCEI는 여러 비판에 직면해 있기도 하나 현재 전 세계에서 독보적으로 기후변화의 적극적 대응과 재생에너지 상용화에 앞장서는 혁신적인 정책이기도 하다. 하와이의 지리적, 경제학적 특성을 차치하고서라도 이는 녹색성장을 국가의 기치로 내 건 우리에게도 시사하는 바가 크다. HCEI의 성공적인 완수는 미국뿐 아니라 전 세계의 환경정책과 법제에 대표적인 모델로서 하나의 표준이 될 가능성이 크다. HCEI가 실패할 경우에도 이는 각국의 환경정책 및 법제에 많은 영향을 줄 것이다. 그동안 기후변화 대응을 위한 많은 국제협약과 논의가 구속력 없는 토론에 그침에 따라 피로가 누적되었다면 HCEI는 실질적이고 총체적인 사회 전반의 구조 변화를 추구하고 있기 때문에, 계속하여 그 추이를 면밀히 살펴야 할 것이다.

3. 법, 제도, 기술 거버넌스로 가능한 100% 재생에너지 전환

석유 시대의 종말에 대한 담론은 상당 기간 존재해왔다. 유한한 석유자원에 지나치게 의존하는 것은 한계에 봉착할 수밖에 없다는 우려가 수십 년 동안 현대문명을 따라다녔다. 그러나 석유에너지의 한계 리스크보다 예상치 못했던 기후변화의 리스크가 근래에 압도적으로 국제사회 아젠다가 되면서 오히려 기후변화에 대응하기 위한, 즉 온실가스 배출을 최소화하기 위한 하나의 묘안으로 에너지 효율 제고와 재생에너지 개발에 박차가 가해지게 되었다.

기후변화와 에너지 위기에 대응하기 위한 재생에너지 사용은 이미 세계의 곳곳에서 벌어지고 있다. 문제는 누가(어떤 주체) 어떻게 재생에너지 법정책을 만들고 집행할 것인가이다. 본 논문에서 밝히고자 한 것으로는 첫째, 연방(중앙) 정부의 재생에너지정책뿐만 아니라 하위 지방정부, 미국의 경우, 주정부의 재생에너지법 정책이 중요하고 실효성이 있다는 것이다. 연방정부에서 다양한 지원 법정책, 특히 재생에너지 사용에 대한 경제적 인센티브와 세금 우대 정책을 편다면, 이에 상응하여 주정부는 보다 다양한 규제와 지원정책을 제정하고 시행할 수 있다. 연방정부에 비해 규모가 작기 때문에 다양한 정책 실험이 가능하고, 재생에너지를 생산하고 소비하는 주체들과 좀 더 긴밀한 관계를 맺고 있기 때문이다. 그 결과 주의 관할권 내에서 재생에너지 생산과 활용을 활성화할 수 있는 규제 정책(예를 들어, RPS)이나 지원정책(예를 들어, 리베이트나 FIT) 등을 주의 상황에 맞게 시행할 수 있다. 즉, 재생에너지 관련 법정책의 효과적 계획과 시행을 위해서는, 연방정부와 주정부의 정책 보조가 필요하다. 최근 재생에너지 확산을 위한 정책적 노력들이 주정부와 그 관할권 내에서만 이뤄지는 것이 아닌, 주들 간의 협력을 위한 협정들이 만들어지고 있다는 점에서 주정부 재생에너지정책에 대한 영향력은 더욱 커진다고 하겠다.

하와이의 재생에너지 법정책 사례는 어떤 정책적 목표를 가지고, 조직적 구성을 통해 어떤 방식으로 재생에너지 규제정책을 계획하고 시행할 수 있는가를 보여준다. 전국에서 가장 높은 수준의 전기료, 석유 가격과 섬지역의 풍부한 재생에너지원(주로 태양과 풍력)은 하와이 주정부로 하여금 2045년까지 전력 생산의 100%를 재생에너지로부터 얻겠다는 야심 찬 하와이 청정에너지 이니시어티브(HCEI)를 추진하게 하는 조건이 되었다. 여기에 주정부 리더십과 하와이 에너지부의 전문성이 결합하여, 종합적인 재생에너지 확대 정책이 계획, 실행되고 있다. HCEI는 태양에너지, 풍력에너지의 확대를 꾀하고 있으며, 전기차 사용의 활성화와 조달에 있어 재생에너지 구매를 증대시키는 정책을 펴고 있다. 한 가지 더 주목할 점은 HCEI가 하향식 정책 결정처럼 보이지만, HPUC를 통해 상향식(Bottom-up) 접근을 취하고 있다는 것이다. HPUC는 다양한 이해관계자들이 참여할 수 있는 제도를 만들고 운영하여, RPS 정책 결정과정에 적극적으로 의견을 수렴하고 반영하고 있다. 이는 생산자와 소비자의 참여가 필수적인 분산형 재생에너지정책에서 갈등을 줄이고 합의된 정책 결정을 위해 필요한 조치라고 보여진다.

에너지 가격의 변화에 민감한 재생에너지정책이 하와이주에서 어떻게 정착될 수 있는지는 비판적으로 고찰해봐야 할 문제이지만, 섬의 에너지 전환은 섬과 같은 에너지 체계를 가진 한국에도 시사하는 바가 크다. 물론, 한국의 에너지 공급과 사용 상황은 하와이와는 다르다. 특히 서비스업과 관광업이 주가 되는 하와이와 제조업의 비중이 높고 그에 따른 에너지 수급과 온실가스의 배출이 주가 되는 한국 전역과 비교하는 것에는 무리가 따를 것이다. 그럼에도 불구하고, 하와이의 사례는 한국의 중앙정부-지방자치단체 에너지 수급구조에 몇 가지 시사점을 제시하고 있다.

첫째, 지역적 상황을 반영한 지역 재생에너지 계획이 지방정부(주정부)를 통해 계획되고 실행되었다는 점에 주목할 필요가 있다. 한국에서도 시-도 차원의 재생에너지 전환 계획을 지역의 사정과 능력을 고려하여 분권화된 체계로 진행할 수 있다. 여기에는 주정부 뿐만 아니라 연방정부의 정책적, 재정적 지원이 필요하다는 점도 한국의 지방-중앙정부가 눈여겨 봐야할 점이다.

둘째, 직접적으로 하와이의 재생에너지 전환 모델은 제주도와 같은 섬의 에너지 전환에 활용될 수 있다. 섬의 에너지 전환은 섬 지역에서 화석연료 중심의 에너지 공급 체계에서 재생에너지 중심으로 기술적으로 전환함과 더불어 이를 위한 상향식 의사 결정과 민관협력 관계의 발달을 의미한다 (강지윤·이태동 2016). 특히, HCEI의 정책 활용에 있어, 풍력과 태양광 등 재생에너지를 주된 에너지원으로 활용하고, 이를 스마트 그리드를 활용하여 전력망을 연결하겠다는 계획은 450여개의 도서(島嶼)가 존재하는 한국에게 법정책적 시사점을 준다. 예를 들어, 제주도는 섬의 에너지 전환을 위해 2030년까지 탄소없는 섬 (Carbon Free Island)이 되겠다는 야심찬 선언을 발표하였다 (제주도 2013). 하지만, 섬의 에너지 전환이 계획대로 진행되는 것만은 아니다. 2015년 뉴스 보도에 따르면 탄소없는 섬의 상징인 가파도 풍력발전소는 운영 주체와 전력 변환 장치의 문제로 건설 후 오랜기간 동안 가동이 멈춰있는 상태였다. 탄소없는 섬 프로젝트 자체로도 관련 이해 당사자들의 갈등, 예산, 추진 주체 등의 문제점을 드러내고 있다는 지적도 있다 (최용철 2015). 한국 섬 에너지 전환을 위해 앞으로 하와이 사례 등과의 비교분석을 통해 밝힐 필요가 있음을 알 수 있다.

셋째, 하와이의 HPUC의 조직적 설계와 운영에 있어 다양한 이해 관계자들의 의견을 수렴하고 반영하는 상향식 의사 결정 과정도 교훈으로 삼을 수 있다. 이는 분권화된 생산과 분배, 소비가 가능한 재생에너지의 특성을 잘 반영한 거버넌스 구조로 보인다. 이러한 구조를 한국의 제조업 중심의 에너지 수급 구조에 곧바로 적용하기는 힘들겠지만, 상향식과 하향식 의결 결정 방식을 적절히 혼합한 모델은 다양한 이해와 의견을 수렴하고 대안들을 만들어 가는 방식으로 활용가능하다. 아울러 미국 주지사 간의 재생에너지 확대를 위한 협력 또한 한국의 시-도 지사들의 협력이 재생에너지 확대와 에너지 안보의 증진에 더 큰 영향력을 끼칠 수 있음을 보여준다.

❖ 주

1) Decision 1/CP.21, Adoption of the Paris Agreement FCCC/CP/2015/L.9/Rev.1 paras 1~11.
2) Submission by the Republic of Korea, Intended Nationally Determined Contribution, http://www4.unfccc.int/submissions/INDC/Published%20Documents/Republic%20of%20Korea/1/INDC%20Submission%20by%20the%20Republic%20of%20Korea%20on%20June%2030.pdf.
3) 기후변화 문제에 대응하는 전 세계도시의 연합체로는 '도시기후 리더십 그룹(C40)'이 있는데, 그것은 세계온실가스 80% 이상을 배출하고 있는 대도시들이 기후변화에 적극 대응하기 위해 2005년 발족시킨 세계 대도시 협의체로, 런던·뉴욕·파리 등 40개 정회원도시와 16개 협력회원도시로 구성되었다. 자세한 내용은 http://www.c40.org/ 참조.
4) PTC는 재생에너지를 이용하여 에너지를 생산하는 기업에게 일정 정도의 세금을 제하는 정책이다. 이와 유사한 제도로 REPI는 재생에너지 생산을 늘리기 위해 공공 및 사적 전력생산업체에 세금 혜택을 주는 제도이다.
5) 오바마 대통령의 COP21에서의 연설은 다음에서 확인할 수 있다. https://www.whitehouse.gov/the-press-office/2015/11/30/remarks-president-obama-first-session-cop21
6) EPA의 청정발전계획 소개는 아래의 홈페이지를 통해 구체적으로 파악할 수 있다. (http://www.epa.gov/cleanpowerplan/clean-power-plan-existing-power-plants)
7) 대규모 발전시설이 존재하지 않는 버몬트주와 워싱턴 D.C.는 규제대상에서 제외되었고, 하와이주와 알래스카주에 대하여는 논의 중에 있다.
8) State of West Virginia, et al. v. EPA, U.S. Supreme Court, No 15A773

(2016).

9) State of West Virginia, et al. v. EPA, U.S. Supreme Court, No 15A773 (2016).

10) 원고 측 주정부는 웨스트버지니아 주와 텍사스 주가 이끌고 있으며, 앨라배마, 애리조나, 아칸소, 콜로라도, 플로리다, 조지아, 인디애나, 캔자스, 켄터키, 루이지애나, 미시건, 미주리, 몬태나, 네브라스카, 뉴저지, 노스캐롤라이나, 오하이오, 사우스캐롤라이나, 사우스다코타, 유타, 위스콘신, 와이오밍 주가 참가하고 있다

11) 각 주정부가 다투고 있는 법률적 쟁점의 상세 내용은 다음 주소의 웹사이트에서 정리되어 제공되고 있다. http://www.eenews.net/interactive/clean_power_plan#legal_challenge_status_chart.

12) 스칼리아 대법관 사망이 오바마정부의 청정발전계획에 미치는 영향에 대하여 분석해 놓은 기사는 다음에서 열람이 가능하다. http://www.vox.com/2016/2/14/10989694/scalia-obama-climate-plan

13) 미국 연방대법원 블로그에서는 갈란드 대법관이 담당하였던 사건을 분야별로 나누어 정리하고 있으며, http://www.scotusblog.com/2010/04/the-potential-nomination-of-merrick-garland에서 열람이 가능하다.

14) 캘리포니아 주립대학(UCLA) 로스쿨의 칼슨(Ann Carlson) 교수의 인터뷰 내용을 담은 기사는 다음의 주소에서 참조가능하다. http://www.eenews.net/stories/1060034152.

15) California Public Utility Code, section 399.11 et seq.

16) 17개 주는 캘리포니아, 코네티컷, 델라웨어, 하와이, 아이오와, 매사추세츠, 미시간, 미네소타, 네바다, 뉴햄프셔, 뉴욕, 오리건, 펜실베이니아, 로드아일랜드, 버몬트, 버지니아, 워싱턴 주이다.

17) http://m.pv-magazine.com/news/details/beitrag/17-us-governors-sign-clean-energy-accord_100023274/

18) http://www.governorsnewenergyfuture.org/

19) 하와이주 소비자들은 2007년 기준으로 62억 달러를 에너지 비용으로 지불하였으며, 이는 전체 하와이주의 GSP의 10%에 이른다 (Codiga 2009: 4). 또한, 하와이는 미국 전국 평균보다 세 배 이상 높은 킬로와트 시간당 평균 34센트인, 미국 내에서 가장 높은 전력 요금을 갖고 있다.

20) Climate Change Law and Policy in Hawaii briefing sheet, 2012, ICAP

21) '청정에너지(Clean Energy)'란 재생에너지와 에너지효율성 제고로 절약할 수 있는 에너지를 합한 개념이다.

22) 2014년 12월에 당선된 현 주지사인 이게(David Ige) 주지사도 전임자와 일관된 정책을 추진하고 있다.

23) 이를 혹자는 '역동적 연방주의(Dynamic Federalism)'로 표현하여 정책 운용 과정에서의 이슈에 따라 보다 다양한 당사자가 그 과정에 참여할 수 있도록 하는 '혼합형 거버넌스(Hybrid Governance)' 체제를 소개하기도 한다 (Lincoln Davies et. al. 2014: 73).

24) HPUC는 3인의 위원들로 구성된다. 주지사가 주 의회의 승인을 받아 각 위원들을 임명하며, 임기는 최장 6년이다.

25) HPUC는 유틸리티의 합리적 조정을 벗어나는 상황을 고려하여 패널티를 만들어야 한다

26) Blue Planet Foundation, Hawaii' 2015 Energy Report Card, 2015, 21면

27) 2008 Chapter 201N, Hawaii Revised Statutes

28) HRS 196-3, HRS 201N-1은 동 조항에서 에너지자원조정관(Energy Resource Coordinator)를 HRS 196-3에 의한다고 밝히고 있다.

29) 2009 Haw. Sess. Laws, Act 155, 제10조.

30) 2009 Haw. Sess. Laws, Act 155, 제14조.

31) 2009 Haw. Sess. Laws, Act 192 제1조-제2조, S.B. 1338, 25th Leg. (Haw2009).

32) 2009 Haw. Sess. Laws, Act 156 § 1,S.B. 1202, 25th Leg.(Haw2009).

33) Hawaii State Energy Office, Hawaii Energy Facts & Figures, 2015.11, 제12면, 자세한 내용은 http://energy.hawaii.gov/wp-content/uploads/2013/07/Act-164-Working-Group-October-28-2015-Meeting-Summary.pdf 에서 확인할 수 있다.

34) 하와이주 PUC 홈페이지에서 사건자료 열람 가능 http://dms.puc.hawaii.gov/dms/.

35) 하와이전력 주식회사(HECO: Hawaii Electric Company)는 오아후섬을 담당하고, 하와이전력조명 주식회사(HELCO: Hawaii Electric Light Company)는 하와이섬을 담당하며, 마우이전력 유한회사(MECO: Maui Electric Company)는 마우이섬을 담당하고, 카우아이 전력협동조합(KIUC: Kauai Island Utility Cooperation)은 카우아이섬을 담당하고 있다.

36) 하와이 재생에너지 연합; 대지의 삶; 하와이 다음 세대 에너지 등

37) 다만 위 법은 다만 1인 가구나 주택에 한정된 규정이며 아파트나 다세대 주택 등에는 적용되지 않는다.

38) Haw. Rev. Stat. 제514A-13.4절.

39) Haw. Rev. Stat. 제235조-12.5(a).

40) Haw. Rev. Stat. 제235조-12.5(b)(2)(A), (C).

41) 그러나 이에 대하여 하와이의 조세청과의 갈등이 빚어지고 있다. 위 개정 자체로 인해 태양에너지 조세 공제 제도 자체에 큰 혼란을 초래할 것이며 위 법률에서 규정하는 '시스템'의 정의가 무엇인지 명확하게 확립되어 있지 않은 상황에서 에너지 회사들이 다중의 인버터(inverter)들을 사용하여 제도를 악용할 수 있다는 것이다. S. Cocke, Hawaii Tax Department Poised to Crack Down on Solar Tax Credits, Civil Beat, 2012.11.8., http://www.civilbeat.com/articles/ 2012/11/08/17597-hawaii-tax-department-poisedto-crack -down-on-solar-tax-credits/에서 열람가능).

42) 위 개정법률 제269절 제6호(Part VI of Chapter 269)는 2001.6.1. 발효되었다.

43) Docket No. 2014-0192, Order 33258, 2면.

44) HPUC 명령 제 32053 (Order 32053).
45) http://m.pv-magazine.com/news/details/beitrag/hawaii-shuts-down-net-metering-to-new-customers_100021550/.
46) 2008년 10월 20일 DBEDT와 하와이 전력회사(HECO)가 에너지협정(Energy Agreement)을 체결함에 따라 디커플링(decoupling) 및 고정가격구매제 제도가 구체화되었다. 이후 공청회 등을 거쳐 HPUC는 2009년 9월 25일 Tariff Rule 14H을 그 법적 기반으로 하와이 FIT 프로그램을 최종적으로 수립하였다.
47) Energy Agreement Summary of Key Agreements, 3면, http://heco.com/vcmcontent/StaticFiles/pdf/HCEI_SummaryFinal.pdf에서 열람가능.
48) P. Gipe, Renewable Energy Policy Mechanisms Feb. 17, 2006. http://www.windworks.org/FeedLaws/RenewableEnergyPolicyMechanismsbyPaulGipe.pdf.
49) 2013년 1월 31일 하와이 PUC에서 진행한 하와이 전력회사사건 (Hawaiian Electric Company, Inc., Docket No.2008-0273)에서 제기된 "FIT 2012년도 보고서(FIT 2012 Annual Status Report)".
50) http://home.kepco.co.kr/kepco/KO/C/htmlView/KOCDHP00201.do?menuCd=FN05030502.
51) '점프 스타트 마우이(Jump Start Maui)' 프로젝트에는 일본이 참가하고 있으며, 우리나라의 산업통상자원부와 한국에너지기술평가원도 스마트그리드 사업을 비롯한 청정에너지 사업협력에 관한 양해각서를 체결한 바 있다. http://energy.hawaii.gov/wp-content/uploads/2013/07/DBEDT-KETEP-MOU_Aug2015.pdf
52) Docket No. 2008-0303: SAIC, U.S. Smart Grid Case Studies, 2011.9, 80면 http://www.eia.gov/analysis/studies/electricity/pdf/sg_case_studies.pdf.
53) S.B. NO. 1040, Section 1 (2013년 4월 22일 제정).
54) HRS § 269-142(a).
55) HRS § 269-141.
56) HRS § 269-141.
57) http://esci-ksp.org/project/hawaii-clean-energy-initiative/.
58) Public Utilities Commission State of Hawaii, Report to the 2014 legislature on Hawaii's Energy Efficiency Portfolio Standard, 2013.12
59) http://www.hawaiicleanenergyinitiative.org/about-the-hawaii-clean-energy-initiative/goals-and-objectives/
60) 위원회 운영규정은 개인적 이해에 의한 것이거나 중복적인 쟁점으로 신청하는 등의 특별한 경우를 제외하고는 참가자격을 엄격히 제한하고 있지 않다.

8장

포괄적 지역 기후정책:
도시 거버넌스의 역할

기후변화 감축과 적응을 둘러싼 정치와 과학은 복잡하며 매우 논쟁적이다. 기후변화의 영향은 환경 악화(대기오염, 폐기물, 해수면상승, 기온변화와 심각한 사건들)와 경제활동(생산, 소비와 에너지사용)의 중단 등 다방면에 걸쳐져 있다. 기후변화에 대처할 수 있는 단 하나의 완벽한 정책 솔루션은 없다. 대신 기후변화 감축정책들과 적응정책들의 통합적인 접근이 필요하다.

도시들은 기후변화 감축과 적응정책을 계획하고 실행하는 데 있어서 다양한 모습을 보인다. 왜 도시마다 포괄적인 기후변화정책은 다양하게 나타나는가? 도시 거버넌스의 구조가 어떻게 도시기후변화 감축과 적응정책에 영향을 미칠까? 이러한 질문들을 해결하기 위해 이 장에서는 시애틀, 애너하임, 서울, 부산에 대한 사례연구를 통해, 기후변화정책에 대한 다양한 도시 거버넌스 체계의 영향을 분석하고자 한다. 지방정부의 정책결정권자들, 관련 부서 및 기관들, 연구소들과 환경 NGO들로 이루어진 기후 거버넌스 체계가 존재한다면, 지방정부가 포괄적인 기후정책을 개발할 가능성이 높가는 것이 본 연구의 핵심적 주장이다.

본 장은 종속변수인 도시 차원의 포괄적 기후변화정책에 대한 개요를 설명하는 데에서 부터 시작하고자 한다. 포괄성의 정도에 따라 지방 기후변화정책들을 분류하였다. 포괄적 기후정책들이란 기후변화 전략과 메커니즘의 계획 및 실행에 있어서 적응과 감축에 통합적인 접근법을 채택한 것을 말한다. 두 번째 섹션에서는 포괄적 기후변화정책의 지역 거버넌스의 역할에 대한 이론적 논의를 검토하였다. 세 번째 섹션에서는 사례연구 방법론에 대하여 논의하고 시애틀, 애너하임, 서울 그리고 부산의 사례들을 통해 지역 기후변화정책들과 거버넌스 체계들을 비교할 것이다. 마지막 섹션에서는 이 연구의 함의를 도출하고 결론짓고자 한다.

1. 포괄적 기후변화정책 이론

기후변화정책은 크게 (1) 적응정책과 (2) 감축정책으로 분류할 수 있다. 감축정책의 목적이 현재와 미래의 온실가스 배출을 감소시키는 것이라면, 적응정책의 목표는 불가피한 기후변화 결과를 최소화하기 위하여 사회와 기반 환경을 조정하는 것을 추구한다.

1) 분석틀: 도시의 포괄적인 기후변화정책

기존 도시기후변화정책들에 관한 연구는 적응정책 관련 연구들(Corfee-Morlot et al. 2011; Hallegatte 2009; McGranahan et al. 2007)과 감축정책 관련 연구들(Gustavsson et al. 2009; Jonas et al. 2011)을 분리해서 살펴보고 있다. 하지만 기후변화 이슈의 복잡성은 상충과 시너지를 고려한 에너지, 교통, 건설 그리고 도시 계획/개발과 같은 관련 정책 분야에 걸친 구체적이고 통합된 정책들을 필요로 한다 (Swart and Raes 2007). 새로운 기후정책적 맥락에서 기존 대기오염 정책들과 연계하는 것과 같은 단편적인 접근은 다면적인 기후변화문제를 다루는 데 있어서 충분하지 못하다. 비기후정책분야의 정책결정 단계에서 기후 목표의 통합(Adelle and Russel 2013: 4)을 추구할 필요가 있다. 비슷한 맥락에서 기후 '주류화(mainstreaming)'연구들은 주로 기후변화정책, 특히 개발의제에서의 적응정책과 복원력 정책에 집중하고 있다 (Friend et al. 2014). 또 다른 문헌들은 기후적응과 감축 그리고 기존의 환경정책들 사이의 통합에 따른 공편익(co-benefit)을 강조한다 (Lee and van de Meene 2013). 도시 차원에서의 감축정책과 적응정책을 모두 고려한 학문적 노력에도 불구하고 (Adelle and Russel 2013; Hamin and Gurran 2009), 포괄적인 도시기후정책의 개념화와 분석틀에 관한 연구는 미진한 편이다.

기후변화 대응의 복잡성으로 인해, 사회 주체들과 기관들이 적극적인 참여를 통하여 서로가 '윈-윈'할 수 있는 해결책을 모색할 필요가 있다. 이 연구는 포괄적인 도시기후변화정책을 (1) 감축 단계의 절차 진행, (2) 감축의 부문별 포괄성, (3) 감축-적응 통합으로 정의한다.

먼저 감축 단계의 절차 진행은 시 정부가 (1) 온실가스 배출량 측정, (2) 온실가스 감축 목표 설정, (3) 통합적 실행계획, (4) 정책계획의 이행, 그리고 (5) 성과를 모니터링하고 공개할 수 있는 능력을 의미한다. 두 번째, 부문별 기후변화정책 포괄성은 교통, 에너지 공급 및 수요, 공중보건, 건물, 폐기물 및 물관리와 같은 부문들과 관련 있는 다양한 기후정책을 적극적으로 통합하는 것을 의미한다 (Krause 2012). 적응-감축 통합과 적응정책은 시 정부가 기후 적응 계획을 가지고 있는지 여부와 그것들을 실행할 수 있는 수단이 있는지에 관한 것이다 (Hallegatte 2009).

기후변화 감축 절차의 첫 단계는 바로 온실가스 배출량의 목록을 작성하는 것이다. 온실가스 배출량 측정 없이는, 지방정부들이 감축목표를 정하고, 가능한 시나리오에 기반된 이행 계획을 세우는 것은 불가능하다 (Carney and Schakley 2009). 기후 행동을 위한 기본계획의 유무는 지자체가 기후변화 이슈를 체계적으로 접근하는가를 보여준다. 기본계획이 있다면, 기후변화와 관련된 정보와 전략 그리고 조치가 통합되어 있음을 의미한다. 마지막으로 목표 달성에 있어 성과를 감시하고 공개하는 시스템은 계획 및 관련 정책에 있어서 필수이다. 이 감축 절차 메커니즘은 온실가스 감축 진행 상황을 측정하고 관련 공동체들과 학습을 공유하며 기존 계획과 정책들을 갱신하는 데 있어 중요하다.

지역의 기후적응조치는 재난관리(수해, 해안, 화재, 가뭄), 공중보건 그리고 도시계획이라는 상호연관성 있는 분야로 분류할 수 있다. 첫 번째, 해안과 강변에 촘촘히 개발되어 있는 도시 시설은 기후변화 리스크에 더 취약하다. 전 세계 500만 명이 넘는 인구를 가진 도시지역들 중에 3분의 2는 낮은 해안 지대에 위치해 있다 (McGranahan et al. 2007).

기존의 재난관리 전략들을 기후변화 적응 조치로 통합하는 것은 빈번하고 심각한 홍수와 해수면 상승의 위험감소를 위해 필요하다. 두 번째, 기후정책과 도시공중보건의 통합이 필요하다. 예를 들면 기후변화로 인해 더 덥고 길어진 여름으로 인하여 사회적 취약계층(빈곤층 및 노약자)은 더 큰 영향을 받게된다. 기후변화를 고려한 공중보건 조치는 반드시 열 스트레스, 매개체 감염 그리고 식중독을 예측하고 대비해야 한다. 세 번째, 포괄적 기후 적응정책은 기후 취약지역에서의 인구 증감과 특성 예측, 민간 및 공공건물의 관리, 에너지 및 물관리 (Füssel 2007)를 고려해야 한다.

표 8.1은 지역 차원의 기후변화정책 포괄성을 평가하기 위한 틀이다. 이 분석틀은 지속가능한 도시 평가틀 (Portney 2003)과 기후변화정책 (Broto and Bulkeley 2013; Hoffmann 2011; Lee et al. 2014) 관련 학술 문헌들을 참조하여 도출했다.

표 8.1 도시의 포괄적 기후변화정책

포괄적 정책	정책조치의 예시
감축 절차	
배출량 측정	• 온실가스 배출량 측정시스템 • 측정시스템을 감축대상에 연결 • 구체적 감축 대상
기본계획/실행	포괄적 기후변화의 기본계획/실행계획
모니터링/공개	온실가스 감소 및 적응 성능의 주기적 모니터링 및 공개
부문적 포괄성	
에너지 공급 및 사용	• 화석 연료사용 감축 • 에너지 효율성 • 대체에너지 이용 의무

계속

표 8.1 계속

포괄적 정책	정책조치의 예시
교통	• 바이오 연료/천연가스 사용 교통수단 • 대중교통 이용 강화 • 비동력 교통수단에 대한 투자(자전거)
건축물	• 녹색건축물 라벨 및 표준 • 건축물 개보수 • 건축물에 대체에너지(태양열 같은)사용
삼림	도시 삼림
폐기물	온실가스 배출감소를 위한 폐기물(매립지)관리
적응정책	
재난 관리	재난관리와 적응정책의 결합,홍수관리,물 사용(물 부족)
공중보건	• 기온 관련 질병발생률 • 매개체로 인한 감염병,공중보건 리스크평가
도시 계획/개발	기후변화를 반영한 도시계획(해수면 상승과 같은)

2) 도시기후변화 거버넌스

도시들은 도시기후정책에 관하여 각기 다른 접근 방식을 취하고 있다. 이러한 변화를 설명하고자 하는 선행연구에서 제도적 혹은 절차적 변수가 상당한 주목을 받았다. 예를 들어 정책 기업가(Policy entrepreneur)의 역할 (Rabe 2004)이나 지방정부의 제도적, 정책적 역량(직원수나 예산규모 같은) (Bulkeley and Betsill 2003), 정치적 리더십 (Lee and Koski 2012) 같은 요인들이 있다. 기후적 리스크에 취약한 지리적 위치도 도시의 기후변화정책 차이를 가져오는 요소이다 (Zahran et al. 2008).

이 연구의 논지는 포괄적인 기후정책의 채택과 실행의 주요 동인이 지역 거버넌스 체계의 형태와 성격에 기인한다는 것이다. 이 논의의 시작점은 복잡한 사회문제를 해결하는 데 도움이 되는 제도에 대한 분석이다. 제도 분석에서 정부는 무시되지도 않지만, 특권을 가지지도 않는다. 즉, 정부를 넘어서는 제도적 조정이 강조된다.

거버넌스 연구 문헌은 정책 프로세스에 대한 조언, 결과 산출에 대한 참여와 공공정책의 실행에 기여하는 비정부 행위자들을 강조한다. 이러한 행위자들은 기업, 법인, 대학, 연구기관, 비영리단체 그리고 시민들을 포함한다. 거버넌스는 효과적이고 포괄적인 기후변화정책들을 추진하는데 비정부 행위자들의 역할에 주목한다 (Burton and Mustelin 2013).

표 8.2는 도시기후정책의 포괄성을 강화시켜주는 도시기후 거버넌스의 주요 행위자들과 그들의 역할을 보여준다. 도시 차원에서의 기후

표 8.2 도시기후변화 거버넌스의 주요 주체 및 역할

주요 주체	도시기후 거버넌스에서의 역할
시장 혹은 부시장	• 도시 거버넌스 기관의 의장직 수행 • 기후변화정책에 비전을 제시 • 재정적 혹은 인적자원의 배분 • 도시 정부 부서들간 조정
도시 정부 부서들 (부서장과 부서원)	• 기술적 전문지식 제공 • 계획과 실행 정책들
NGO와 비즈니스	• 기후정책에서의 시민참여를 촉진 • 시민들의 기후의식 제고
연구 공동체	• 기후 감축과 적응에 관한 과학적 연구 제공 • 의사결정을 위해 거버넌스 멤버들 컨설팅

변화를 해결하기 위해서 공공기관, 시민사회, 연구기관의 대표자들과 기업가들을 거버넌스 형태로 불러 모은다. 이러한 다자적 네트워크는 보통 중앙집권적이며 지휘-통제식인 지방 당국의 정책을 보완하고, 협력적이고 자발적이며 지역적으로 포괄적인 의사결정 프로세스를 가지고 있다 (Scholz and Wang 2006).

이 연구의 주요가설은 도시기후변화 거버넌스의 존재와 관련 활동이 포괄적인 기후변화정책에 있어 필수적인(충분치 않더라도) 조건이라는 것이다. 이는 기본적으로 도시기후변화 문제의 복잡한 특성 때문이다. 기후 감축과 적응을 모두 다루기 위해선 도시 개발의 정치에서 여러 행위자들의 전문지식과 역량을 조합할 필요가 있다 (Jonas et al. 2011). 도시환경국의 기후변화팀과 같은 단일 단체는 정보에 접근할 수도, 참여에 동원시킬 수도, 포괄적인 기후변화정책의 계획과 실행도 스스로 하기 힘들다. 더 나아가서 정치적 리더십의 효율성은 장기적으로 수많은 협력단체들과 개인들이 지속적인 일련의 행동을 할 수 있는 거버넌스에 달려있다. 도시기후변화 거버넌스는 기후 전문지식과 공약들을 조합함으로써 지방정부 정책결정자들과 관료들로 하여금 지역 관련 지식과 시민참여에 기반한 정책 실행을 가능하게 한다. 다중심적인 기후변화 거버넌스는 지식과 정보를 제공함으로써 도시정부로 하여금 복잡한 기후변화 적응과 감축을 다른 기존의 정책 영역으로 통합하게 해준다 (Kalafatis et al. in press). 이와 같이 참여주체의 역할을 조정하는 중간조직은 저탄소 도시 활동의 전환을 촉진할 수 있다 (Hodson et al. 2011).

도시기후변화 거버넌스 체계는 신뢰할 수 있는 전문적 지식을 포괄적인 계획 및 실행체계에 통합하기 위한 수단이다 (Kalafatis et al.

2015). 환경정책분야에서 복잡한 과학적 사실에 대한 지식은 매우 중요하다. 각 도시는 과학적 분석과 기후정책 형성에 반영되어야 할 그들 스스로의 사회경제적 및 물질적인 속성과 조건을 가지고 있다. 그러므로 지역 정책 네트워크에서의 지역 전문가집단과 지역 정책입안자들 사이의 협력과 상호작용은 당면과제에 대한 이해와 이를 극복하기 위한 해결책을 강화한다. 예를 들어 특정 도시에서의 열섬(heat island)현상에 관한 원인과 결과에 대한 전문가들의 지식은 정책입안자들로 하여금 기후 적응정책을 효과적인 방법으로 준비할 수 있게 한다. 따라서 도시기후변화 거버넌스에 있어 지역 연구 공동체의 참여는 포괄적 기후정책을 위한 기본 조건이다.

도시기후변화 거버넌스 체계는 특히 비정부적 환경단체(ENGOs), 재계 및 시민의 참여를 포함하고 있다. 환경단체들은 이해당사자들의 참여를 촉진시키기 위해 다양한 참여방식들을 고안해 왔고, 도시기후변화 거버넌스 체계에서 NGO의 개입은 시민들을 지역 의사결정의 장으로 끌어들였다. 재계 역시 회사와 종업원들에 대하여 기후변화 관련 활동에 영향을 미칠 수 있는 역량을 가지고 있다. 따라서 도시기후변화 거버넌스는 시민참여와 기후변화정책에 있어 NGO의 전문지식과 기업 파트너들 사이에 다리를 놓아준다.

도시기후변화 거버넌스 체계 네트워크에서의 NGO와 연구 공동체의 참여는 시기적절하고 중요한 전문지식을 제공할 뿐만아니라 기후변화정책결정과정에 정당성을 부여할 수 있다 (Keiner and Kim 2007). 시민사회단체들은 지방정부, 지역 기업 및 지역주민들과의 파트너십을 통하여 도시 에너지와 기후변화를 주도할 수 있다 (Aylett 2013). 이를 다음과 같은 가설로 제시하고자 한다. 도시기후변화 거버넌스는 다양한 지식과 구성원 참여를 가능하게 하는 포괄적인 기후 조치들을 통합하게 하는 요소이다. 도표 8.1은 도시기후변화 거버넌스와 포괄적인 기후정책 사이의 관계에 대한 요약이다.

2. 사례 분석: 서울, 부산, 시애틀, 애너하임 비교

이 연구의 목적은 도시의 기후변화정책이 얼마나, 그리고 왜 포괄적인지를 설명하는 것이다. 이를 위해 해당 연구는 두 나라의 4개 도시(서울, 부산, 시애틀 그리고 애너하임)를 선정하여 분석하였다. 최대상이체계 분석(the most-different system design)을 사용함으로써 4가지 사례들은 설명변수와 종속변수 모두에서 공통점과 차이점을 보여

도표 8.1　도시기후변화 거버넌스와 포괄적 기후정책과의 관계

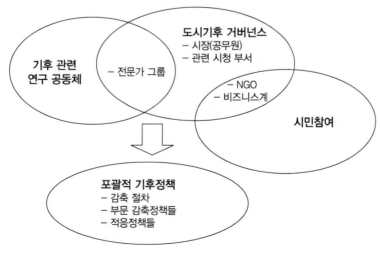

출처: Lee and Martin 2015.

준다 (Yin 2009). 독립변수와 종속변수의 변화를 보장하는 경우를 선택하는 것은 선택편향을 피하고 종속변수에 대한 설명변수의 영향을 추론하는 방법이다.

국가적 맥락에서 미국과 한국 모두 중앙정부 차원에서 기후변화에

표 8.3 네 도시(서울, 부산, 시애틀, 애너하임)의 포괄적 기후정책

	포괄적 정책	내용	도시 거버넌스	인구 (만 명)	당파성	기후 기구
서울 (한국)	절차적 기후정책	측정; 목표; 계획; 모니터링	서울 에너지 평의회; 그린 서울 시민	1,040	보수	독립단위/ 자원풍부
	분야 통합	포괄적				
	적응 계획	공중보건; 재난				
부산 (한국)	절차적 기후정책	미측정, 목표 미설정	미개발	360	보수	중간/높음 기존단위/
	분야 통합	포괄적이지 않음				
	적응 계획	없음				
시애틀 (미국)	절차적 기후정책	측정; 목표; 계획; 모니터링	녹색리본 위원회 .6	60	진보	중간/높음 기존단위/
	분야 통합	포괄적				
	적응 계획	공중보건;재난				
애너 하임 (미국)	절차적 기후정책	미측정, 목표 미설정	없음	40	없음	중간/높음 기존단위/
	분야 통합	포괄적이지 않음				
	적응 계획	없음				

능동적으로 대처하는 것을 꺼려왔다. 미국 연방정부는 교토의정서를 비준하지 않았다. 한국은 Annex 1에 포함되어 있는 국가가 아니기에 교토의정서 하에서 온실가스 배출량 감축의 의무가 없었다. 물론 한국과 미국은 인구 규모, 경제력, 군사력의 차이가 있음에도 불구하고 양국은 국제적으로 기후변화에 관하여 소극적으로 대응했다는 점이 유사하다. 이 변수를 일정하게 유지하면서 양국에서 두 도시들을 선정하는 것은 다른 측면에서 도시 차원의 기후변화정책에 대한 중앙정부의 잠재적 영향력을 통제할 수 있게 해준다 (Bulkeley 2010).

표 8.3은 종속변수(포괄적인 기후변화정책)와 도시 거버넌스 체계 발전의 수준을 나타낸다. 국가적인 맥락과는 별개로 통제 변수로는 인구, 시장의 정치적 성향 (Lee and Koski 2012), 기후 관련 부서의 영향력 등이 있다 (Rabe 2004). 이 연구는 한국에서 가장 인구가 많은 두 도시(서울과 부산)와 미국에서 중간 규모인 두 도시(시애틀과 애너하임)를 대상으로 설정하였다. 미국의 두 도시들은 인구, 정치적 성향, 적극적인 상위 주정부(워싱턴주와 캘리포니아주), 시 정부조직에서의 기후변화정책 관련 독립부서의 존재 그리고 그 부서에 유용한 자원들(특히 인적자원)을 포함하는 잠재적인 추진요인들에서 유사했다. 시애틀과 애너하임의 차이점은 도시기후 거버넌스에 있어 제도적인 체계가 존재하는지의 여부였다.

실증연구는 반구조적 인터뷰, 문서, 보관기록들과 같은 다양한 출처들로부터 얻었다. 반구조적 인터뷰는 4개 도시에서 기후변화와 대기오염 관리에 책임이 있는 25명의 지역공무원들, 연구자들 그리고 NGO 활동가들에게 기후변화정책의 현황에 대하여 질문한 것이다. 모든 인터뷰 대상들에게는 지역 기후변화정책의 포괄성의 수준과 핵심

동인들에 관한 동일한 인터뷰 설문지가 사전에 이메일을 통해 배포했다. 후속 질문 또는 조사 질문을 통해 인터뷰 대상자에게 자세히 설명할 수 있는 기회를 제공했다. 이런 방식으로 질적 인터뷰 자료에서 잠재적인 문화적 편향을 통제하려고 했다. 2009년과 2010년 여름에 실시된 이 인터뷰는 지역공무원들, 학자들과 NGO 활동가들이 어떻게 자신들 지역의 기후변화정책들을 평가했는지에 대하여 녹음 및 기록되고 분석됐다. 조사의 성격과 사례연구 주제에 근거한 표적 인터뷰 대상자 선정 절차를 따라, 인터뷰 대상자들은 각 시 정부와 관련 NGO들 그리고 지역 연구소들의 홈페이지 정보에 기반하여 검토 후 선정하였다 (Yin 2009). 더 나아가서 이 연구는 회의록, 관리 문서, 웹페이지 내용 및 선행 연구의 결과 등 관련 문서들을 분석했다. 도시 감축 및 적응정책의 포괄성을 파악하기 위해 정성적 콘텐츠 분석을 적용하였다. 연구 질문을 조사하기 위해, 우리는 특히 도시 웹사이트를 통해 공개적으로 접근할 수 있는 회의록, 추천 보고서 및 기후정책 문서를 통해 거버넌스, 참여, 전문가, NGO, 시장, 종합, 통합, 감축, 적응 및 부문을 포함하는 용어들을 검색했다. 이 주제 분석은 도시기후변화 거버넌스의 존재와 역할을 식별하기도 했다.

1) 서울

서울은 605㎢ 면적에 약 천만 인구를 가진 한국의 수도이다. 서울특별시 정부는 기후변화 이슈에 대하여 포괄적인 방법으로 대응해왔다. 첫째, 온실가스 배출량은 반년마다 업데이트되고 배출량 감축 목표 및 관련 정책 조치와 연계되었다. 국가적 온실가스 배출량 측정을 위해 한국과 IPCC의 온실가스 배출 측정 가이드라인을 따라 온실가스 배출원을 조사하고 있다. 온실가스 배출량은 기후 및 에너지 지도로 시각화되었다. 둘째, 서울시는 1990년의 온실가스 배출량을 기준으로 연간 오실가스 배출량을 기준치의 25%까지 감축한다는 목표를 설정하였다 (Kim et al. 2009). 2008년에 서울시의회는 기후변화에 대처하기 위해 시 조례를 제정함으로써 자신만의 기후변화정책을 공식화했다. 해당 조례안은 시장과 시정부가 5년마다 기후변화 기본 정책을 수립하고 온실가스 감소량을 보고하도록 요구하고 있다. 2009년에 서울은 야심 찬 저탄소 녹색성장 기본계획을 발표했다. 이 계획에서 서울은 온실가스 배출을 1990년도와 비교하여 40%까지 줄이는 친환경 직업을 통해 기후 적응 역량을 개발하는데 450억 원 투자를 계획하고 있었다.[1] 이 기본계획은 폭염이나 물 부족 혹은 전염병의 확산과 같은 기후 관련 사건에 대응하기 위한 기후 적응정책을 포함하고 있다.

서울은 야심 찬 목표를 달성하기 위하여 건설과 운송 부문의 에너지 효율을 강조하는 포괄적 부문 계획도 제안하고 있는데, 이 두 부문이 1차적인 온실가스 배출원으로 확인되었기 때문이다. 녹색건축 계획은 모든 신축 건물의 녹색건축 증명서 취득을 의무화한다. 건물 재개발 프로젝트는 2,000㎡이상의 10,000개의 건물을 녹색건물로 변모시킨다는 내용이다. 또한, 2007년 62.5%에서 2030년 75%로 대중교통 이용률을 높이고 2010년까지 모든 공공 차량(버스)을 녹색 차량으로 전환하도록 조치하는 교통 관련 정책도 발표하였다. 이 기본계획은 22개의 하위 정책 실행계획을 실시함으로써 서울을 '기후 친화 도시', '녹색성장 도시', '선진 적응 도시'로 바꾸는 것을 목표로 한다. 이러한 실행계획들은 폐기물 관리와 재생에너지, 녹지 공간 확장, 지속 가능한 도시계획 그리고 녹색 기술 진흥의 조합을 포함한다 (서울특별시 2009).

　서울의 기후변화 거버넌스는 포괄적인 기후변화정책을 촉진하는 원동력이다. 서울에는 기후변화 관리에 관한 세 가지 기후변화 관련 민관 협의회가 있다. 기후변화 기금 관리 협의회, 서울 녹색성장협의회, 녹색서울시민협의회(GSC)이다. 이러한 다양한 협의회들의 활동들을 통해 서울시 정부는 학계, 시민사회 그리고 재계의 목소리를 반영해왔다. 특히 시장, NGO 대표, 기업 대표 등이 공동으로 의장직을 맡아온 GSC 위원회는 지속 가능한 발전, 지역 어젠다 21의 이행, 환경 교육을 위한 자문 역할을 수행해 왔다. 그렇기에 이런 GSC의 거버넌스 구조는 주목을 할 만하다. 92명의 위원들 중 86명의 위촉직 위원들은 시의회 의원, 서울개발연구원의 연구원, 대학, NGO, 기업협의회, 지역경제인 회원들로 구성되어 있다. 6명의 광역자치단체 구성원들은 시장, 기후환경, 도시안전, 물, 도시계획 그리고 녹색도시 부서의 장들이다. 전체 구성원들이 참석하는 전원회의는 매년 2차례 개최되며 의장 3명과 국장들 그리고 각 부서장들로 구성된 운영위원회는 매월 소집되고 있다. 회의의 안건들은 예를 들자면 기후적응, 태양에너지계획, 감축조치와 캠페인, 폐기물 제로 캠페인 등을 포함한다. 이러한 거버넌스 구조를 가진 GSC는 시정부 부서들과의 연계를 통해 다른 관점들에서 다양한 아이디어를 제공한다. 정책 권고를 포함한 위원회의 모든 회의록은 공개되어 있다.

　예를 들어, 한 인터뷰 대상자는 서울시청 환경부서의 기후변화 관련 정책 추진과 기후 취약성에 대한 정보 제공에 대한 모니터링 시스템을 시민협의회가 논의하고 건의했다고 말했다. 위원회 위원들은 에너지 절약 및 감축정책을 위해 에너지원별 온실가스 재고를 만들 것을 논의하고 촉구했다. 이러한 노력은 서울에서 '원전 하나 줄이기 정책'에 영향을 준다 (Lee et al. 2014). GSC는 또한 감축 목표 달성 정도를 평가했다. NGO 참여자들과의 또 다른 인터뷰에서는 GSC 협의회가 여러 행위자들과의 토론을 통하여 포괄적인 기후변화정책 의제를 정하는 데 중요한 역할을 했다는 의견을 제시했다. 적응정책으로는 기후 및 강수 변화에 따른 홍수를 막기 위해 한강둑 너머에 나무를 심는 것이 논의되고 환경부서에 건의되었다. 일련의 GSC 보고서는 GSC가 기후변화 감축과 적응정책에 대한 조언을 시 정부에 전한다고 말한다. GSC 협의회는 회원들의 다양한 아이디어와 의견을 통합하기 위한 수단으로서의 역할을 수행했다. 결론적으로 GSC 논의 결과는 포괄적인 도시기후정책의 기준이 되었다.

서울시 공무원, 시의원, NGO 활동가, 기업인으로 구성된 서울시 기후 행동 동반자회(CAP)는 GSC 협의회와 비교했을 때, 개인과 기업 차원 모두에서 온실가스 배출을 줄이기 위해 시민의 참여와 홍보를 강조하고 있다. 저자들의 인터뷰에 따르면 CAP은 음악회, 블로그, 온실가스 배출량 감축 아이디어 대회, 정보제공세미나 등을 통해 기후변화에 대한 시민의 인식을 높이려고 했다. 도시기후변화 거버넌스를 통한 이해관계자 참여는 포괄적 기후변화정책의 형성과 실행에 있어 매우 중요하다.

지역 지식을 창출하고 전파하는 기관들은 서울의 기후변화 거버넌스 체계에서 중요한 역할을 해왔다. 많은 대학들과 연구 센터들과 함께, 서울개발연구원(SDI)은 기후변화 문제에 대한 정보를 서울시 정부에 제공하는 싱크탱크로서의 핵심 역할을 한다. 일련의 연구보고서를 통해, SDI는 온실가스 배출량에 대한 정보를 제공하고 서울시 기후정책에 대한 적절한 계획을 제안하였다 (Kim et al. 2009). 이렇게 제안된 정책들에는 녹색 산업 촉진, 건물 재개발 프로젝트, 도시 광산 프로젝트(전기 설비 부품 재활용), 간선 급행버스체계가 포함된다. 특히, 한 인터뷰 대상자는 기후 적응정책은 도시 계획, 기후학 및 환경정책에 대한 전문적인 지식을 필요로 한다고 말했다. 학제 간 연구팀을 두는 것은 SDI가 도시 거버넌스나 서울시 환경부서와의 직접적인 협의를 통해 지역지향적인 정보를 제공할 수 있도록 한다. SDI의 기후변화정책 제안은 서울시의 포괄적인 기후변화정책의 기초가 되었다.[2] 게다가, SDI의 기후정책 연구원들이 GSC에 참여하여 그들의 연구를 의제 설정과 실행으로 돌리기 위해서 기후 감축 및 적응 연구 결과물을 제시하고 논의하였다.

2) 부산

한국에서 두 번째로 큰 도시인 부산은 한반도의 남동쪽 끝에 위치해 있고 약 360만 명의 주민이 765제곱 킬로미터의 면적에 살고 있다 (Busan City 2009). 부산시는 경성대 연구팀의 지원을 받아 온실가스 배출량을 측정했다. 부산의 2005년 온실가스 배출량은 약 2,370만 톤으로 조사되었다. 배출량의 50%는 운송 부문, 특히 자동차(740만 미터톤)와 선박(370만 미터톤)에서 나왔다. 부산은 온실가스 배출량 추정치를 갖고 있음에도 불구하고, 배출량은 국가 지침에 근거하지도 않고 매년 보고되지도 않는다. 부산은 2015년까지 온실가스 배출량 감축 목표를 2005년보다 10%(230만 톤) 낮은 수치로 설정했다 (MoE

2009). 이러한 방식으로 온실가스 배출량 감축 목표를 설정하는 것에 대해 한 인터뷰 대상자는 일련의 실제 정책 조치의 감축 추정치가 아닌 임의로 감축 목표를 설정한 것이라고 밝혔다. 부산에는 기후변화 마스터플랜이 없었다. 포괄적인 기후변화정책은 아직 시의 조례로 공식화되지 않았다.

부문별 기후정책은 대중교통 시스템 확대, 자원 재활용, 녹지 공간 조성 및 나무 심기에 초점을 맞추고 있다 (Yang 2005). 기후정책은 포괄적인 기본계획과 온실가스 배출량 감축 및 구체적인 정책 간의 연계 없이 단편적이다. 예를 들어, 항만과 선박에서 배출되는 온실가스가 전체 배출량(370만 미터톤)의 15%를 차지하는 데도 항만 시설과 관련된 에너지 절약 및 온실가스 감소 조치는 단 한 가지뿐이었다. 부산시는 디젤 크레인을 전동 크레인으로 전환함으로써 2,600톤의 이산화탄소를 줄일 수 있을 것으로 기대하고 있다.

한국지속가능사회연구원(KISS)의 보고서는 부산의 기후변화정책을 '매우 소극적'이라고 평가했다 (KISS 2009).[3] 부산은 건축 및 도시계획 분야에서 평균 수준의 기후변화 대응, 교통 및 재고 분야에서는 소극적 대응, 생태환경, 도시재생, 거버넌스 분야에서는 매우 소극적인 대응으로 국내 8대 대도시 중 7위를 차지하였다. 국내 전문가들은 부산이 잦은 태풍으로 자연재해에 취약하고 해수면 상승의 잠재적 영향을 인식하고 있음에도 불구하고 이러한 지식이 기후변화 적응을 위한 포괄적인 전략에 통합되지 않았고 "적응정책에 대한 정보와 관심이 거의 없다"라고 입을 모으고 있다.[4]

부산의 도시기후변화 거버넌스 체계는 아직 완전히 개발되지 않았다. 부산시는 최근 환경문제에 대한 정부 기관인 녹색 부산 21 포럼을 결성했다. 하지만 녹색 부산 21은 상명하달식 접근 방식으로 시 정부가 주도하고 있다. 녹색부산21의 주요 활동은 서울시정의 기후변화 지향 활동에 비해 환경교육, 낙동강 조류관찰, 지역21 아젠다 확산에 집중되어 있다 (Green Busan 21 2009). 녹색 부산 21의 활동에서는 기후변화정책의 기본계획이 수립이 포함되지 않았다. 기후변화 감축과 적응을 촉진하기 위한 도시 거버넌스 활동의 부족은 부산의 포괄적인 기후정책 개발을 저해할 수 있다.

그러나 이러한 상황은 변할 수 있다. 연구자들과의 인터뷰에 의하면 부산의 기후변화 기본계획이 현재 부산개발연구원(BDI)에 의해 개발 중에 있다. BDI를 비롯한 부산지역의 다른 연구센터들의 연구역량은 향후 도시 차원에서 기후변화 문제를 해결할 수 있는 가능성을 제시하지만 현재까지 이들의 참여는 기후변화정책개발의 핵심요소가 되지 못하고 있다.

3) 시애틀

시애틀은 워싱턴주의 북서부 해안 도시로 면적은 370제곱 킬로미터, 인구는 약 60만 명이다. 시애틀시 정부와 시애틀 지역사회의 기후변화에 대처하기 위한 노력은 수십 년에 걸쳐 포괄적인 기후변화정책으로 나타났다. 시애틀 지속가능성 및 환경 사무소는 오염 감소 추이를 측정하기 위한 도시 공약의 일환으로 3년마다 온실가스 배출량을 보고한다. 1990년 2005년 및 2008년의 총 온실가스 배출량은 각각 720만, 670만 및 680만 톤이다. 시애틀은 2012년까지 1990년 수준보다 7% 낮은 온실가스 배출량 감축 목표를 달성하기 위한 진행이 순조로

웠지만, 교통 부문의 온실가스 배출량은 시애틀의 가장 큰 난제로 남아있다 (Seattle City 2009).

시애틀은 도시 차원의 포괄적인 기후변화정책을 가진 도시의 모범적인 사례라 할 수 있다. 정기적으로 보고되는 온실가스 배출량 목록을 바탕으로 온실가스 배출량 감축 목표, 기후변화 실천계획, 적응계획, 진행상황 보고 등을 결의안 형태로 포괄적으로 통합하고 있다. 결의안 30359호는 온실가스 배출제로 목표를 달성하고 구체적인 온실가스 감축 목표와 일정을 수립하기 위한 지역 전략에 지역 전기공급자인 시애틀 시티 라이트의 역할을 제시하고 있다. 결의안 30316은 2012년까지 달성 가능한 1990년 수준의 7% 온실가스 감축 목표를 설정했다. 2006년 9월, 니켈스 시장은 시애틀 기후 행동 계획을 발표했다. 이 기본계획에는 교통, 건축, 에너지 부문에 대한 상세한 정책 조치가 포함되어 있으며, 더 나아가 도시기후변화 적응정책의 이니셔티브를 제안하였다 (Seattle City 2006).

시애틀에는 세 개의 도시기후변화 관리 기구가 있다. 이는 그린리본 위원회(GRC, 기본계획에 대한 자세한 자문을 한다), 시애틀 기후 파트너십, 그리고 시애틀 기후 행동 NOW이다. 시청 공무원과의 인터뷰를 통해 GRC가 시장 및 시의회에 자문을 제공하여 기후 행동 의제와 전략 수립에 있어 중요한 역할을 수행하였음을 확인시켜 주었다. 지역 비즈니스 리더들(스타벅스, REI 등), 학자들(워싱턴 대학 학장, 관련 과학자 연합), NGO들(시에라 클럽), 시 정부의 기후변화 관련 부서장들(지속가능성, 공중보건, 교통, 계획 및 개발, 시애틀 시티 라이트) 그리고 공익사업지도자들로 구성되는 위원회는 기후 조치의 우선순위를 정기적으로 논의하고 시장에게 실행계획을 이행할 것을 권고한다. 위원회

의 성과는 "시애틀, 변화의 기후: 교토 챌린지 달성"을 포함한 포괄적
인 기후정책의 지침으로 출판되었다. 시애틀 기후 행동 계획 문서에 의
하면 "니켈스 시장은 2005년 2월에 기후 보호 문제에 대하여 GRC를
임명하고 그들에게 도전적인 과제를 주었다. 이곳 시애틀의 지구 온난
화를 줄이기 위한 교토의정서 목표를 달성하거나 초과하기 위한 권고
안을 개발한다. 위원회는 시민·재계 지도자들의 다양한 모임으로 1년
간 자료 검토 및 아이디어 분류 작업을 수행하였다. 이 시애틀 기후 행
동 계획은 그들 (그린리본위원회 멤버들)이 2006년 3월에 시장에게 전
달한 보고서와 권고사항에 상당 부분 근거를 두고 있다 (GRC 2006)."
GRC 권고안의 문서 분석에 따르면 이 도시의 기후 거버넌스 체계는 계
획 전반의 권고와 부문별 권고의 개발에 대해 시애틀 시장과 시의회에
게 조언하기 위해 소집되었다. 계획 전반에 걸친 권고사항[5] 중 GRC는
'시스템 사고를 사용하여 솔루션을 설계'하는 것을 강조했다. 이 원칙
에 따라 시애틀 기후 행동 계획은 여러 문제에 통합된 접근방식을 취함
으로써 효과적이고 혁신적인 해결책을 모색하였다. 이 원칙은 교통 및
토지 사용(49개 권고), 건물 에너지(34개 권고), 적응(42개 권고)을 포
함한 부문별 권고사항들을 반영하고 있다. GRC는 교통, 토지 이용, 녹
색건물의 감축정책 외에도 온도, 강수량 및 해수면 상승, 우수 저장 용
량 증가를 위한 도시 하천 연결, 기후변화가 공중 보건에 미치는 영향
에 대한 평가와 같은 기후 영향에 대한 도시 전체의 평가를 포함하는
포괄적인 적응 전략을 권고했다 (GRC 2012).

위원회의 주요 권고안 중 하나는 시애틀 기후 파트너십(SAP)과 시
애틀 기후 행동 NOW의 설립이었다. 시애틀 기후 파트너십은 온실가
스 배출을 줄이기 위한 조치를 취함과 동시에 비용을 절감하고 작업

환경을 개선하기 위한 시애틀 지역 고용주들의 자발적인 프로그램이
다. 파트너십은 부문별 특정 특성을 반영하여 회원들에게 탄소배출량
을 평가하고 줄이기 위한 도구를 제공한다. SAP와 기업 간의 파트너
십 계약에 대한 문서 분석 결과, 비즈니스 차원의 포괄적인 감축 및 적
응정책은 온실가스 측정, 직원 에너지 절약 교육 및 친환경 제품 구매
를 포함하고 있는 것으로 나타났다 (SAP 2009). 2009년 현재, 마이크
로소프트와 워싱턴 대학교와 같은 110개의 지역 기업과 기관이 파트
너십에 참여했다 (시애틀 기후 파트너십 2009). 기후 행동 NOW는 개
인 거주자들을 위한 풀뿌리 운동이다. 이 캠페인은 개인의 탄소배출
량, 아이디어 교환 이벤트 및 기후변화 교육을 위한 웹 기반 계산기를
제공한다. 위원회는 포괄적인 기후변화정책 이니셔티브를 위한 아이
디어 창출 역할을 수행하지만, 기후 파트너십과 기후 행동 NOW는 각
각 기업 및 시민과 함께 정책을 시행하고 있다.

　시애틀에서는 지역 연구 단체도 도시기후변화 거버넌스에 적극적
으로 참여하고 있다. 워싱턴 대학의 수자원센터의 한 교수는 시애틀
의 그린리본위원회의 18명의 회원들 중 한 명이다 (Seattle Climate
Partnership 2009). 포괄적인 기후변화 행동 계획을 수립하고 업데이
트하기 위해 GRC는 시애틀 기후 행동 계획 기술 자문 그룹(TAGs)과
협력했다. TAGs 는 운송, 토지 사용, 건축 에너지 및 폐기물 분야의
현지 기반 과학자와 실무자로 구성된다. 예를 들어 교통 TAG 그룹은
이동성, 접근성 및 안전에 도움이 되는 동시에 온실가스 배출을 줄일
수 있는 전략을 권고했다. 이를 위해 TAG는 보행과 자전거 타기, 화
물 이동, 다인승 차량 및 1인승 차량의 우선순위를 정하도록 제안했다
(TAG 2012). 이 제안은 GRC 권고안과 시애틀 기후 행동 계획에 반영

되었고 도심에는 분리된 자전거 도로가 건설되었다 (GRC 2012). 이런 방식으로 GRC는 포괄적인 기후정책을 수립하기 위한 전문가(the TAG)의 기술적 제안을 논의하여 권고사항과 시행 계획의 우선순위를 정했다.

기후 조치를 취함으로써 살기 좋은 곳을 만든다는 구호 아래, GRC는 아래와 같은 입장을 분명히 밝히고 있다.

> 건축 에너지, 교통, 폐기물 및 기후 대비에 있어 기후 행동의 이점에 대한 **포괄적인 조사**는 지역사회 이익이 이산화탄소 미터 톤의 감소량보다 훨씬 더 클 수 있다는 것을 보여주며, 실제로도 경제적 기회를 제공하고, 사회적 형평성을 증진시키며, 훌륭한 이웃을 만들 수 있다는 것을 보여준다.
>
> [(GRC, 2012. 고딕체는 저자가 강조한 부분)]

4) 애너하임

애너하임은 캘리포니아 오렌지 카운티에 위치해 있으며, 면적은 13만 1,600㎢(5만 811제곱마일)고 인구는 35만 명(2010년 기준)이다. 캘리포니아는 2006년 캘리포니아 기후 해결법 AB 32와 같은 법적 구속력이 있는 조치를 통해 진보적인 기후변화정책을 계획하고 시행하는 선도 주(state)들 중 하나이다. 그러나 애너하임 시 정부는 포괄적인 기후변화정책을 제시하지 않고 있다. 첫째, 배출물 재고는 티어 1(정부 자체 시설)과 티어 2(지역사회 또는 시 관할)의 범주에 포함하지 않는다. 수자원 재활용 시설이나 펌프장과 같은 공공시설에서 나오는 온실가스 배출량을 조사하는 프로젝트 기반의 보고서는 거의 없다. 도시

부서들 중 애너하임 공공 기업만이 공공시설에서 온실가스 배출량을 자발적으로 측정하고 보고할 수 있도록 돕는 캘리포니아 기후 행동 등록소에 가입했다. 시 공무원과 인터뷰한 결과, 지역사회 수준의 온실가스 재고량을 수립하는 데 가장 큰 걸림돌은 애너하임이 통행량이 많기 때문에 교통에서 나오는 배출량을 계산하는 데 어려움이 존재한다. 상세한 온실가스 배출량에 대한 정보가 없으면 감축 목표와 구체적인 실행계획을 달성하기 어렵다. 반면, "현재 지속 가능한 전략"이라는 제목의 내부 문서가 존재하며, 이 문서는 현재 시행 중인 전략에 대한 모든 것을 요약하고 있다. 하지만, 이 문서는 시의회의 승인을 받지 않았고 시 정부 웹사이트를 통해 일반 대중에게 공개되지도 않았다. 게다가 애너하임시는 온실가스 감축 목표도 발표하지 않은 채 완전히 개발된 기후 조치 계획도 아직 발표하지 않고 있는 상황이다.

부문별 기후정책에 있어서 애너하임 공공 기업은 연간 1,700만 kWh를 절약하고 2,900만 파운드나 되는 이산화탄소 배출을 줄이기 위해 19만 개의 소형 형광등을 제공했다. 이 기업은 또한 87개의 태양에너지 패널을 설치하여 148개의 가정에 1년 동안 에너지를 공급했다. 공공 기업과 환경부서 공무원들의 이러한 단편적인 노력에도 불구하고, 시 정부는 교통, 보건 및 오염 감소를 다루는 기후변화에 대한 포괄적인 접근법이 부족하다. 게다가, 기후 적응 계획은 수립되지도 않았다.

"애너하임 시는 지금까지 기후변화 적응정책을 살펴보지 않았습니다. 그러나 두 가지 문제가 우리 앞에 놓여져 있다는 것을 알고 있습니다. 남부 캘리포니아에서의 물의 가용성과 식량 공급입니다. 많은 사람들이 기후 적응해야 할 필요가 있다고 느끼기 때문에, 앞으

로 더 신경쓸 것입니다. 기후변화 적응의 시간적 지평은 글쎄요 50
년에서 100년 사이일 겁니다. 이 시간적 범위는 많은 선출직 공무
원들이 해결할 수 있고 해결하고자 하는 범위를 벗어난다고 생각합
니다.” (애너하임 시 공무원과의 인터뷰 중)

애너하임 시 정부는 지역 기반 대학들이나 연구센터들과의 자문 또
는 참여 관계를 발전시키지 않았다. 공익사업에 대한 대부분의 연구는
민간 컨설팅 회사가 계약에 기반하여 수행하고 있다. 더욱이 기후변
화의 정책 과정에 대한 NGO의 참여는 충분히 인정받거나 발전되지도
않았다. 애너하임 공공 기업에는 에너지 효율이나 물 절약을 강화하기
위한 다양한 조치가 있지만, 이 단일 부서의 상명하달식 접근 방식은
지금까지 포괄적인 기후변화정책으로는 충분하지 않다.

3. 도시 거버넌스의 포괄적 기후변화정책 역할

이 연구의 사례연구 분석은 지역 기후변화 도시 거버넌스 체계의 적극
적인 구축이 도시 차원에서의 포괄적인 기후변화 전략에 대한 지원과
정책을 창출하는 데 있어 핵심적인 성공 요소라는 것을 보여준다. 중
앙정부의 지침과 같은 다층적인 거버넌스 영향도 중요하지만, 두 국가
들의 동일한 관할 권내에 있는 두 도시들은 지역 기후변화정책에 있어
서로 다른 수준의 포괄성을 나타낸다. 시애틀과 애너하임의 인터뷰에
서 도출된 증거들은 비록 두 도시 모두 워싱턴 주와 캘리포니아 주정
부의 진보적인 기후정책에 대해 알고 있었고 잠재적인 영향을 받고 있
었지만, 중앙정부의 기후변화정책에 직접적인 영향을 받지는 않았음

을 보여주었다. 하지만 시애틀은 포괄적 기후변화정책을 시행했지만, 애너하임은 그렇지 않았다. 부산은 시애틀보다 인구가 5배 이상 많지만, 포괄적인 기후변화정책이 미흡하기 때문에 인구 규모가 결정적인 요인은 아닐 수 있다는 것을 보여준다. 시장이 보수정당(한나라당)에 몸담았던 서울의 사례를 보면 정치적 성향이 중요한 요소는 아닐 수 있다. 게다가, 환경부서의 힘은 기후변화정책의 포괄성 수준을 부분적으로만 설명할 수 있다. 부산, 시애틀, 애너하임 등에서는 기존 환경부서들이 4명에서 6명 정도의 직원을 두고 기후변화 문제를 관리하고 있을 때 독립된 단위의 기후변화 관리 부서에 약 35명의 직원을 두고 있는 도시는 서울뿐이었다. 시애틀의 포괄적인 기후변화정책은 잘 개발된 일련의 도시 거버넌스 체계가 제공하는 지역사회에 대한 지식, 전문성 및 실행 에이전트에 관한 더 넓은 자원을 이용한다.

이론과 사례연구 부분에서 보듯이, 포괄적인 기후정책은 시 정부의 여러 부서들뿐만 아니라 NGO, 전문가 단체, 기업 및 공공 부문에서의 적극적인 참여를 필요로 한다. 도시기후변화정책은 다면적인 요소들을 포함하므로, 단일 부서나 단순한 공적 참여는 포괄적인 접근을 장담하지 못할 가능성이 크다.

버튼과 무스텔린(Burton and Mustelin 2013)이 주장했듯이, 광범위한 공공 참여 그 자체가 성공적인 기후정책을 보장하지는 않는다. 그 대신에 도시기후 거버넌스 체계에서의 비정부 관계자들과의 조정은 포괄적인 방법으로 기후정책의 수립과 실행을 촉진시킬 수 있다(Pitt and Bassett 2014). 이러한 수평적(도시 정부 부서들 또는 다른 도시들 사이의), 수직적(도시 정부, 이해관계자, NGO, 연구원 사이의)인 제도적 체계는 기후 감축, 적응 및 기존 정책을 통합하는 핵심

전략이 된다 (Hughes 2015). 특히 서울과 시애틀의 사례들은 다양한 형태의 도시기후 거버넌스가 어떻게 중요하고 다양한 역할을 하는지를 보여준다. 녹색 서울 시민 협의회와 시애틀 그린리본위원회는 비정부기구(NGO)와 지역 과학자, 기획부서 등의 전문지식을 활용해 포괄적인 기후정책과제를 설정했다. 또 다른 형태의 도시기후 거버넌스 체계인 서울과 시애틀의 기후 행동 파트너십은 계획된 정책을 시행하기 위해 공공기관, NGO 및 기업의 참여를 장려했다. 감축 절차, 부문별 포괄성 및 적응정책은 모두 잘 개발된 도시기후 거버넌스 체계를 통해 복수의 정부 및 비정부적 행위자들에 의해 촉진되는 포괄적인 의제 설정과 실행계획을 필요로 한다. 시 지도부, 관련 부서의 장, 연구원 및 NGO와 다양한 이해당사자들의 거버넌스를 통한 정기 회의는 서로 다른 분야들과 전문지식으로부터의 아이디어, 우려 및 조언을 통합할 수 있는 기회를 제공한다. 이러한 방식으로, 거버넌스 기구는 포괄적 기후정책을 위한 채널이 된다 (Krause 2012).

이 연구는 포괄적인 도시기후정책의 개념과 분석 체계를 제공하는 데 기여한다. 기후정책 통합, 기후정책 주류화 및 기후 공동 편익과 같은 기존 개념과 비교하여, 포괄적인 도시기후정책은 감축 프로세스, 부문별 감축 및 적응정책을 통합한다. 도시 차원의 포괄적인 기후변화정책을 강화하기 위해 시 지도부, 시 공무원, 연구원 및 시민사회 구성원과의 정기적인 논의를 통해 도시기후변화 거버넌스 체계의 중요성을 입증하는 것이 앞선 분석의 주요 실증적 기여이다. 도시기후변화 거버넌스 체계가 잘 발달된 도시들은 — 환경 NGO, 기업 및 지역 연구 커뮤니티가 기후변화정책 부문에 참여하는 것 — 협력 네트워크들을 통해 포괄적인 기후변화정책을 계획하고 실행할 가능성이 높다. 그

건 주로 거버넌스 체계의 다양한 아이디어, 관심사 및 우려가 의제설정 및 실행에 대한 주의를 끌 수 있는 채널을 가지고 있기 때문이다.

우리의 사례연구 방법론은 일반화에 한계가 있다. 사례 선정은 4개 도시들에서 포괄적인 기후변화정책이 잘 개발된 도시 거버넌스 체계와 관련이 있다는 것을 명확하게 입증할 수 있게 해주는 종속변수와 독립변수에 따라 달라지는 사례들을 탐구할 수 있게 해주었고, 제어 변수로 도입된 다른 제도적 요인은 추가적인 설명을 제공하지 않았다. 그러나 이러한 변수들에 대해 대체 사례 선택 방법은 보다 결정적인 결과를 도출할 수 있었을지도 모른다. 우리는 시장의 리더십의 중요성에 대해 자세히 알아보지 않았다 (Lee and Koski 2012). 우리 연구에서 가장 적극적인 두 도시들인 서울과 시애틀은 역사적으로 중요한 시점에서 기후변화정책 부문에서의 강력한 리더십과 적극적인 정부의 영향을 분명히 누렸다. 그러나 우리는 시스템 차원의 리더십이 도시기후변화 거버넌스라는 명칭으로 식별되는 일련의 제도적 체계에 따라 보완되어야 한다고 주장한다. 시장의 리더십이 도시기후 거버넌스와 포괄적인 기후변화정책을 모두 주도할 수도 있지만, 시장 개인이나 시장의 조직은 시민사회 기관, 연구그룹 그리고 재계의 다양한 전문지식의 조언 없이는 절차적, 부문적 감축과 기후 적응이라는 복잡한 의제를 고안하고 실행할 수 없을 수도 있다. 이 연구결과에 의해 제안된 또 다른 향후 연구는 도시 거버넌스 체계의 개발을 추동하는 이익집단의 역할을 탐구하는 것이다 (Sharp et al. 2011). 추가적인 실증적 분석은 더 많은 사례연구에서의 유사한 결과와 사례에 대한 시간 경과에 따른 프로세스 추적과 대규모 사례에 대한 계량적 방법을 활용하여 거버넌스 체계의 영향을 검증하는 것이다.

　이 연구의 이론적 기여는 도시 차원의 포괄적인 기후변화정책과 실
행 전략의 채택에 영향을 끼치는 기후 거버넌스의 역할을 밝혀낸 것이
다. 여기에는 새로운 문제를 식별하고 그 결과를 감시하는 신뢰할 수
있는 지식을 생산하는 지역 전문가의 지속적인 참여가 필수적이다. 또
한, 다양한 형태의 숙의 포럼과 파트너십을 통해 정치지도자와 공직자
가 기업 및 시민단체와 같은 지역 이해당사자들과 함께하는 참여가 요
구된다. 요약하자면, 효과적이고 포괄적인 지역 기후변화정책의 출현
과 지속가능성의 핵심요소는 정부의 주도권과 자원뿐만 아니라 기후
변화의 감축과 적응에 집단적으로 대처하기 위해 만들어진 도시 거버
넌스 체계에 관여하는 지역사회 행위자들의 네트워크와 연합에 달려
있다.

❖ 주

1) 자세한 계획은 http://www.c40cities.org/docs/ccap-seoul-131109.pdf에 있다.
2) 저자가 진행한 서울시 공무원들과 SDI의 선임연구원들과의 인터뷰
3) KISS는 기후변화정책의 7가지 카테고리를(교통, 건설, 생태환경, 도시계획,
   거버넌스, 도시재생 그리고 재고) 8개 대도시들(서울, 부산, 인천, 광주, 대구,
   대전, 울산 그리고 경기도)에서 46개의 지표로 조사했다.
4) 저자와 대학 연구자들과의 인터뷰
5) 다른 계획 전반의 권고사항들은: 과감한 조치를 취하고, 기후 조치를 취함으로
   써 살기 좋은 장소를 만들고, 모든 해결책에 내재된 형평성을 부여하고, 기후
   조치에 대한 지원을 쌓고, 기후 행동 계획 및 관련 계획의 우선순위를 정하고,
   실행을 위한 자금 확보를 하고, 기후 오염에 가격을 매긴다.

제3부

도시의
기후변화 적응

9장

도시의 기후변화 적응과
제도적 역량

기후변화 대응은 크게 온실가스 감축과 기후변화에 대한 적응으로 나뉜다. 온실가스 감축의 경제적 이익은 공공재적 성격을 가지고 있어 다수의 행위자에게 돌아가지만, 기후변화 적응의 경제적 이익은 국지적으로 발생한다 (Dolšak and Prakash 2018). 따라서 온실가스 감축에 비해 기후변화 적응은 집합 행동의 문제(collective action problem)가 상대적으로 심각하지 않아 지방자치단체와 같은 국지적 행위자들이 기후변화 적응에 참여할 유인이 더 크다고 할 수 있다. 그러나 지방자치단체는 중앙국가기관에 비해 국지적인 기후자극에 대한 과학적 정보가 부족하고, 알려진 기후자극에 대응할 수 있는 제도적 역량이 부족하다. 이와 같은 장애요인은 온실가스 감축에 비해 기후변화 적응에 참여할 유인이 크다고 하더라도 지방자치단체로 하여금 효과적인 기후변화 적응을 수행하지 못하게 하는 주요 원인이다 (Moser and Ekstrom 2010).

이 연구는 이러한 지방자치단체의 효과적인 기후변화 적응을 위한 제도적 역량에 초점을 맞춘다. 따라서, 제도적 역량을 정의하기 위해서는 '제도'의 학술적 의미에 대해서 정의하는 것만큼이나 '기후변화 적응을 위한 제도적 역량'이라는 특수한 상황하에서의 제도적 역량에 대해 기존 연구들에서 어떻게 정의해왔는지를 살펴보는 것이 필요하다. 그 이유는 기후변화 적응을 위한 제도적 역량은 각 지방자치단체의 특수한 상황에 맞게 적절하게 변용되어 효과적인 적응을 위한 의사결정을 돕는 데 사용된다는 실천적 성격이 강한 개념이기 때문이다. 그러므로 본 연구는 지자체의 기후변화 적응을 '기후변화를 인지하고 대처 및 극복하는 것'으로, 그것을 수행할 수 있게 하는 제도적 역량은 '행위자의 행동에 영향을 미치는 사회적 환경 및 집단이 발생한 문제를 관리하고 대응할 수 있는 능력'이라고 정의한다.

지방자치단체에게 있어 기후변화 적응을 위해 어떤 제도적 역량이 필요하고 이를 어떻게 확보할 수 있을지는 역내에 어떤 기후자극이 존재하는지 만큼이나 답하기 어려운 질문이라고 할 수 있다. 이 연구는 문헌검토를 통해 기존 연구들에서 공통적으로 강조하는 제도적 역량의 구성요소를 밝히고, 이를 한국 지방자치단체에 관해 취합 가능한 데이터의 종류와 범위에 맞는 정량화 기법을 개발하고 적용하는 데 그 목적이 있다. 따라서, 본 연구는 다음과 같이 구성하였다. 1절의 문헌검토 결과 제도적 역량은 크게 각 지방자치단체의 (1) 기후변화 적응에 대한 인식, (2) 지방자치단체장의 리더십, (3) 조직 구조, 그리고 (4) 예산 규모의 구성요소로 나눌 수 있다고 제안하였다. 또한, 2절에서는 이들 구성요소를 세부항목으로 나누어 제2차 기후변화 적응 세부시행계획, 지방자치단체장 공약집, 지방자치통계 등 취합 가능한 데이터를 기반으로 정량화 기법을 제시하였다. 마지막으로 3절에서는 제안된 기법을 활용하여 17개 지방자치단체를 제도적 역량에 따라 유형화하였다. 유형화 작업은 네 가지 구성요소의 수준에 따라서 제도적 역량이 어떻게 나타날 수 있는지를 제시하며, 이를 통해 어떤 정책적 혹은 경제적 개선이 필요한지 판단하는 데 도움을 줄 수 있다. 결론에서는 본 연구의 함의와 한계점을 정리하였다.

1. 도시의 기후변화 적응에 대한 제도적 역량

IPCC(Intergovernmental Panel on Climate Change)는 기후변화 적응을 '기후자극과 기후자극의 효과에 대응한 자연, 인간 시스템의 조절작용'으로 정의한다 (McCarthy 2001a). 여기서 '기후자극'은 기후가 변화되는 현재의 상황뿐만 아니라 미래에 일어날 수 있는 기후변화 현상을 일컫는 말이며, '기후자극'이란 정의를 이용하여 IPCC는 기후변화 적응을 '현재뿐만 아니라 미래의 기후변화에 대응한 자연 및 인간 시스템의 조절작용'이라 정의하였다 (Kim 2009). 기후변화 적응 역량은 기후 자극에 대응하기 위한 자원과 제도를 활용한 능력의 조합이다.

1) 기후변화 적응과 적응 역량에 대한 이론적 논의

기후변화 적응에 대해 UNDP(United Nations Development Program)는 '기후변화 현상에 수반된 결과를 감축, 대처하고 이용하는 전략을 강화, 개발, 실행하는 과정'이라고 정의하였으며 (Ahn and Han 2006), UNFCCC(United Nations Framework Convention for Climate Change)는 '지역사회와 생태계가 변화하는 기후조건에 대응할 수 있도록 취하는 행동이라고 정의'한다 (Ahn and Han 2006). 마지막으로 UK CIP(UK Climate Impacts Programme)는 기후변화 적응을 세 영역으로 나눠 ① 변화하는 기후로 인한 위험을 인지하고, ② 그 위험과 관련된 부정적인 영향을 감소시키거나 관리할 수 있는 의사결정을 하며, ③ 이를 긍정적으로 이용할 수 있는 기회를 찾는 것이라고 정의하였다 (Ahn and Han 2006; UK CIP 2003). 따라서 앞선 네 기관의 기후변화 적응 정의를 통해 본 연구에서는 기후변화 적응을 '기후변화를 인지하고 이러한 상황을 대처하거나 극복하는 것'이라 정의하고자 한다.

그렇다면 기후변화 적응 역량은 무엇이라고 정의할 수 있는가? 적응 역량의 정의에 대해 세 기관은 다음과 같이 정의하였다. 먼저 IPCC는 한 체계가 기후변화에 맞게 스스로를 조절하거나, 잠재피해를 감소시키고 기회를 이용하거나 기후변화 결과에 대처하는 능력'이라고 정의하고 있다 (Ahn and Han 2006). UNDP의 경우 '어떠한 체계가 현재 기후변화 및 미래 기후조건에서 자신의 특징 및 행동을 적응시키고 대처영역을 확장하는 특성'이라고 정의하고 있으며 (UNDP 2004), UN/ISDR(현재는 United Nations Office for Disaster Risk

Reduction[UNDRR])은 '위험 수준에서 재난의 영향을 줄일 수 있는 지역사회 또는 조직 내에서 사용가능한 모든 능력과 자원의 조합'이라 정의한다 (Levina and Tirpak 2006; Ahn and Han 2006; Lee 2017).

따라서 기존 정의를 종합하자면, 기후변화 적응 역량은 '기후변화가 발생한 상황을 극복하거나 대처하기 위해 사용되는 일련의 자원이나 능력'이라 정의할 수 있으며, 이러한 적응 역량은 크게 6가지 요소에 의해 결정된다고 볼 수 있다. 스미스(Smith 2001)는 기후변화 적응 역량을 결정하는 6가지 요소로 '경제적 자원', '기술', '정보와 숙련기술', '기반시설', '제도', '형평성'을 제시하였다 (Gong et al 2010). 경제적 자원은 가계수입이나 지역사회의 세수와 같은 재정적 요인을 일컬으며, 기술적 자원은 기후변화 적응을 위한 기술적 수단을 개발하는 것을 의미한다. 정보와 숙련기술은 정보에 대한 접근성이나 접근한 정보를 숙련되게 사용할 수 있는 능력을 뜻하며, 기반시설의 경우 기후변화 적응을 위해 사용할 수 있는 사회간접자본을 지칭한다. 제도의 경우 기후변화와 관련된 정책이나 규제를, 형평성은 자원에 대한 접근과 활용의 형평성을 의미한다 (Gong et al 2010).

위의 6가지 요소는 적응 역량을 결정하는 핵심이며, 적응 역량이 실제 사회에서 현실화되기 위해선 사회구성원 간 인식의 공유가 중요한 역할을 한다 (Gong et al 2010). 주른과 체켈(Zurn and Checkel 2005)은 이러한 인식의 공유와 합의가 이뤄지는 공간으로서 제도의 필요성을 역설한다. 뿐만 아니라 지방자치단체에 있어 적절한 제도의 마련과 이행은 지역의 적응 역량을 축적하고 강화하는 데 중요한 과제라고 할 수 있다. 따라서 본 연구는 지방자치단체의 기후변화 적응 역량 획득을 위해 제도의 역할을 강조한다.

2) 제도와 제도적 역량에 대한 이론적 논의

제도란 사회과학 분야 내 여러 갈래로 나눠진 학문에서 자주 사용되는 개념으로써 크게 두 가지 방식으로 정의할 수 있다. 첫 번째는 행위자의 행동에 영향을 미치는 사회적 환경으로 정의되며, 두 번째는 이러한 영향을 미치는 집단이나 단체를 지칭하는 말로 사용된다 (Zurn and Checkel 2005). 그렇다면, 이러한 제도의 정의를 바탕으로, 제도적 역량이라는 것을 어떻게 정의할 수 있는가?

제도적 역량에 대해 폴크(Polk 2011)는 정부 기관이나 기구가 의사결정, 계획수립, 계획 이행의 방식을 통해 당면한 사회적, 환경적 과제들에 대응하고 관리할 수 있는 능력이라고 정의하였다. 이러한 정의를 제도의 정의와 연결하면 본 연구에서는 제도적 역량을 '행위자의 행동에 영향을 미치는 사회적 환경이나 집단, 단체들이 사회 내에서 발생한 문제에 관리하고 대응할 수 있는 능력'이라 정의할 수 있다. 그리고 이러한 제도적 역량은 힐리 외 연구자들(Healey et al 2003)이 제시한 바와 같이 크게 지식 자원(knowledge resources), 관계적 자원(relational resources) 그리고 동원 역량(mobilization capacity)으로 구성되어 있다 (Polk 2011; Lee 2017).

먼저, 지식자원은 지속가능한 발전에 영향을 줄 수 있는 모든 지적 자원을 의미한다. 폴크(Polk 2011)는 이를 이해하기 위해 '지속가능성 학습(sustainability learning)이라는 개념'을 사용하였다 (Tabara & Pahl-Wostl 2007). '지속가능성 학습'이란, 사회경제적 시스템에 발생

하는 한계와 변화에 대응하기 위해 여러 해결방안을 만들 수 있는 역량
을 기르기 위한 학습 과정이다. 따라서 한계와 변화의 결과에 대한 학
습, 그리고 이에 대해 '선택지를 마련'하는 단계 학습으로 구성된다. 지
속가능성 학습의 관점을 통해 지식자원이란 지방정부가 보유하고 있
는 지식과 당면한 한계와 변화를 평가할 수 있는 역량이라 해석할 수
있다. 즉, 지식과 전문성이 지속가능성을 충족시킬 수 있는 것인지 평
가할 수 있는 역량 또한 중요한 부분이라는 것이다. 예를 들어 기후변
화 문제가 발생했을 때, 정책집행을 담당 공무원이 얼마나 문제를 구
체적으로 인식하고 있으며 기후변화 문제에 대한 지식을 어느 수준까
지 가지고 있느냐에 따라 정책의 효율성을 판단하고 집행할 수 있다는
것이다. 다시 말해 지식자원은 기후변화 관련 업무를 담당하는 공무원
뿐만 아니라 시민들의 기후변화 적응의 필요성에 대한의 인식과 연결
되어 있는 부분이라 볼 수 있다.

관계적 자원이란 위에서 밝힌 주요 이해관계자 네트워크가 제도적
역량에 기여할 수 있는 자원으로서 네트워크의 질적, 양적 수준, 관계
형성 역량으로 구성된다. 먼저 네트워크의 질적 수준은 정부 기관이
맺고 있는 관계가 신뢰나 상호 호혜성을 얼마나 기반으로 하고 있는가
에 대한 정도를 말한다. 양적 수준은 정부기관과 네트워킹을 형성하는
행위자들의 다양성에 대한 정도이다. 마지막으로 관계 형성 역량이란
해당 정부 기관이 새로운 행위자와의 관계에서 갖는 개방성의 정도와
관련되어 있다. 이러한 양적 수준과 질적 수준, 그리고 관계형성 역량
이 결합된 관계적 자원은 리더십과 조직 구성과 연결된다. 이해관계자
들이 문제해결을 하는 과정에서 신뢰나 상호 호혜성을 형성하는 과정
에 있어 갈등관계가 형성될 경우 문제해결은 어려워진다. 따라서 갈등

관계가 아닌 협력관계가 형성되었을 때 문제해결에 긍정적 영향을 끼치게 되는데, 이러한 거버넌스 과정에서 리더십이 중요한 결정요인이 되는 것이다 (엄태석 2010).

마지막으로 동원 역량에 대해 폴크(Polk 2011)는 지방 그리고 지역 수준에서 정책입안자의 정책 이행 수준에 대한 제고 능력으로 설명한다. 이를 봤을 때, 제도적 역량의 내적 요인이 이행 수준의 제고 정도와 관련이 있는지를 살펴보는 것은 동원 역량에 대한 깊은 분석이 가능하다. 예를 들어, 지자체장의 리더십이나 지방정부의 예산과 조직 같은 내적, 외적 요인들을 통해 동원 역량 범주에 포함될 수 있다는 것이다.

앞선 제도적 역량의 정의와 속성에 기반하여, 제도적 역량은 당면한 사회적 환경적 문제, 소위 기후변화와 같은 문제에 대응하고 관리하는 데 있어 중요한 역할을 한다고 볼 수 있다. 그리고 이러한 제도적 역량은 특히 지방정부 수준에서 중요한 역할을 한다. 쿠에바스 외 (Cuevas et al. 2015)는 기후변화 적응을 위한 제도적 역량이 지방정부 수준에서 중요한 역할을 한다고 보았는데, 지방정부는 중앙정부나 중앙부처에 비해 기후변화라는 복잡한 현상에 대한 대응 능력이나 전문성이 저조하기 때문이라고 설명한다. 반면 지방정부는 지역의 특성에 대해 중앙정부에 비해 더 잘 이해한다는 장점이 있기 때문에, 기후변화 적응을 위한 지방정부 수준의 제도적 역량은 우선적으로 이러한 지방정부의 약점을 강점으로 어떻게 전환할 것인지에 초점이 맞춰져 연구되어 왔다. 즉, 지역 수준에서 이행되고 있는 기존의 정책을 수정 및 강화하고 새로운 정책을 도입하여 기후변화 적응을 위한 요소들을 반영할 수 있는가가 제도적 역량의 중요한 산출물이라는 것이다. 또한, 쿠에바스 외(Cuevas et al. 2015)는 이러한 요소들이 충분하다면 지방정부에 있어 기후변화 적응 주류화의 기회 요소로 작용할 것이며, 반대로 부족하다면 장애요소로서 작용할 것이라고 설명하였다.

따라서 앞선 이론적 논의들을 전반적으로 정리하면 기후변화 적응을 위해 적응 역량이 필요하며, 적응 역량 중에서도 기존에 언급되지 않았던 제도적 요소가 중요하다고 볼 수 있다. 또한, 제도적 역량이 '행위자의 행동에 영향을 미치는 사회적 환경이나 집단, 단체들이 사회 내에서 발생한 문제에 관리하고 대응할 수 있는 능력'을 일컫는 만큼 사회적 문제라 인식될 수 있는 기후변화 문제를 해결하기 위한 주요 역량이 될 수 있다고 볼 수 있다. 하지만, 제도적 역량이 기후변화 적응에 있어 중요한 역량임에도 불구하고, 제도적 역량을 측정할 수 있는 지표는 부재한 상태이다. 따라서 다음 장에서는 앞선 제도적 역량을 구성하는 요소를 기반으로 제도적 역량을 측정할 수 있는 새로운 지표를 제시하고 이를 기반으로 지방자치단체의 기후변화 적응 역량을 유형화하고자 한다.

2. 기후변화 적응 제도적 역량 구성요소와 측정

본 연구에서는 위의 이론적 논의를 바탕으로 인식, 리더십, 예산 및 조직을 지자체의 제도적 역량의 구성요소로 선정하였다. 인식은 정책결정가들과 시민들이 기후변화의 심각성과 대응의 필요성에 어느 정도 공감하는가를 의미한다. 리더십은 기후변화 적응정책과 관련된 관계적 역량이자 동원 역량이다. 예산과 조직은 기후변화 적응정책의 시행을 위한 인적, 제도적, 재정적 자원을 의미한다.

1) 구성요소: 인식, 리더십, 예산, 조직

구성요소 선정에는 위에서 검토한 여러 선행연구 중 주로 지방정부의 제도적 역량의 개념화에 집중한 폴크(Polk 2011)의 연구를 참조하였다. 폴크(Polk 2011)는 제도적 역량을 개념화함에 있어 지방정부의 내적인 역량만을 고려한 것이 아닌 해당 지방정부와 역내 이해관계자들 간의 관계에 초점을 맞추고 있다. 따라서 개별 정책이나 규제와 같이 좁은 의미의 제도가 아닌 거버넌스 구조와 같이 넓은 의미의 제도까지 고려하는 본 연구의 취지에 적합하며, 지역사회의 체계적 전환을 요구하는 기후변화 적응이라는 문제점의 속성에도 부합한다고 판단하였다. 해당 지자체 내 각 구성요소들의 수준이 높을수록, 그 지자체의 제도적 역량은 높다고 판단할 수 있으며 그 반대도 마찬가지이다. 이후부터는 각 구성요소들의 개념과 중요성을 설명하고, 이를 측정하기 위한 정량화 과정을 소개하며, 대상은 국내 17개의 도와 광역시의 지방자치단체로 설정하였다.

(1) 인식의 개념 및 정량화

IPCC(2014)는 기후변화에 관한 효과적인 정책 결정의 중요 요소로 인식을 논하면서 이에 대한 중요성을 강조하였다. 위해도와 취약성에 대한 자연 과학적인 인식에 더불어, 시민들과 정책 결정가들이 기후변화의 심각성과 대응의 필요성에 공감해야 한다. 즉, 인식 수준에 따라 기후변화 및 기후변화 적응에 관한 정책의 수립 및 이행의 효과가 달라질 수 있기 때문에 인식은 제도적 역량의 필수적인 구성요소라고 할 수 있다. 이와 관련하여 이태동과 이태화(2015) 역시 인식을 기후변화 적응 역량의 한 요소로 간주하고, 기후변화 적응 인식을 정책결정자와 입법자 및 시민의 기후변화에 의한 재해 및 재난과 취약성에 대해 중요성과 개념을 숙지하고 있는 정도로 정의하였다. 또한, 기후적응에 대한 비교평가를 수행하고, 인식 수준을 측정하기 위한 공통 질문들로 구성된 분석틀을 만들었으며, 인식 수준은 다음 7개의 질문으로 측정하였다.

- 해당 정책이나 제도가 기후변화 적응정책과 연관되어 있다는 것을 인지하고 있는가?
- 해당 정책이나 제도가 왜 기후변화에 적응에 필요한 지 잘 설명하고 있는가?(정책이나 제도가 기후변화 적응에 적합한가?)
- 해당 정책이나 제도가 기후변화 회복 탄력성(resilience) 개념을 인식하고 있는가?
- 해당 정책이나 제도가 기후변화 회복 탄력성이 강화되어야 한다는 이유에 대해 잘 설명하고 있는가?
- 해당 정책이나 제도가 기후변화로 인해 발생하는 영향에 대해 인식하고 있는가?
- 해당 정책이나 제도가 기후변화로 인해 발생하는 문제의 지속 기간의 정도에 대해 제대로 인지하고 있는가?
- 해당 정책이나 제도가 기후변화로 인해 발생할 취약집단이 어디인지 인식하고 있는가?

위의 질문들은 정책이나 법제에 나타난 내용을 바탕으로 인식 수준을 평가하기 위해 고안된 것이나, 실제 지자체에 근무하는 공무원 및 정책결정자들의 인식 수준을 알아보기 위한 설문 문항으로도 활용될 수 있을 것이다. 실제 공무원 및 정책결정자와의 면담을 통해 인식 수준을 알아보는 것은 정책이나 법제를 통해 알아보는 것만큼이나 중요한 작업이다. 정책을 만들고 집행하는 개개인의 기후변화 적응에 대한 인식 수준이 낮더라도 정책이나 법제는 높은 인식 수준을 나타내는 내용을 얼마든지 포함할 수 있기 때문이다. 이 경우에는 해당 정책이나 법제가 높은 인식 수준을 가지고 있다하더라도 실제 적응 이슈가 정책결정 환경에서 높은 우선순위에 있는 의제인지, 다시 말해 해당 제도의 기후적응 역량이 높은 지 알 수 없다는 한계가 존재한다.

위와 같은 한계를 감안하여, 본 연구는 인식의 주체를 지자체 내 공무원과 시민으로 나누어 인식 수준을 측정할 수 있는 방법을 소개하고 각 지자체의 제도적 역량을 확인하고자 한다. 기후변화 적응 문제에 대응하기 위해서는 국가 차원의 계획도 중요하지만, 지자체 별 특성이 각각 다르게 나타나기 때문에 이를 반영하여 시행하는 것이 중요하다. 지자체 내 거주하고 있는 공무원과 시민의 인식에 따라 정책의 방향과 효과가 달라질 수 있으며, 정책의 구체화와 효율성을 위해 이를 측정하는 것은 중요하다 (Baek et al. 2017).

공무원은 정책의 주된 공급자로서 기후변화 적응정책에 직간접적으로 참여하기 때문에 기후변화 및 기후변화 적응에 대한 인식 수준은 정책의 성공적인 추진에 중요한 역할을 한다. 문제에 대한 인식 수준이 높을수록, 정책에 대한 이해도가 높을수록 정책의 효과가 높아지게 되기 때문이다 (Allman et al. 2004). 시민 역시 기후변화 적응정책의 주된 수요자로 지자체 적응정책에 직간접적으로 참여하며, 이들의 인식 수준은 지자체 기후적응 역량에 영향을 미친다. 기후변화 적응의 일차적 주체로서 시민들의 인식은 해당 정책의 수립 및 이행에 주요한 영향을 끼치기 때문이다 (Jeong and Ha 2015). 따라서 본 연구에서는 공무원과 시민의 인식을 측정하기 위해 그 수준을 나타낼 수 있는 질문들을 제시하고자 하며, 지자체의 인식설문조사 시행여부 및 응답자 수, 기후변화 및 기후변화 적응에 대한 인식, 기후변화 적응대책 세부시행계획에 대한 인식 조사 문항과 응답 비율 분석을 통해 각 지자체의 기후적응 역량을 확인하고자 한다. 결과적으로 인식 수준이 높은 지자체와 그렇지 않은 지자체의 차이가 무엇에서 비롯되었는지 분석하여 높은 인식 수준을 가진 지자체가 그렇지 않은 지자체에 제도 입안 경험을 전수하는 효과를 기대할 수 있을 것이다. 시민과 공무원의 기후변화 적응에 대한 인식 수준은 표 9.1과 같은 세부 구성요소로 추정할 수 있다.

기후변화 인식 설문조사 시행 여부는 해당 지자체가 시민 및 공무원들을 대상으로 기후변화 및 기후변화 적응에 관한 인식 설문조사를 실시하였는지 여부이다. 지자체에 따라서 인식 및 설문조사를 하거나 실시하지 않은 경우가 있는데, 실시한 지자체일수록 기후변화 적응에 대한 인식 수준에 더욱 관심을 갖고 있다고 할 수 있다. 정량화 작업(코딩)을 위한 질문은 "해당 지자체가 제2차 기후변화 적응대책 세부시행계획(2017-2021)에 수록될 기후변화 인식 설문조사를 실시하였는가"이다. 자체적으로 설문조사를 실시한 것이 아니라 다른 목적을 위한 설문조사에서 일부 기후변화 혹은 기후변화 적응과 관련이 있을 만한 내용을 발췌하여 세부시행계획에 수록한 경우는 '실시하지 않음'으로 기록하였다. 실시한 경우는 1, 실시하지 않은 경우 0으로 정량화하였다.

표 9.1 인식 수준의 세부 구성요소

세부 구성요소	설명(단위)	자료
기후변화 인식 설문조사 시행여부	0- 실시하지 않음; 1- 실시함	
기후변화에 대한 인지도	기후변화에 대한 인지도를 묻는 문항 중, 전체 응답자 중 5점 척도의 경우 4, 5번째 선택지를, 4점 척도의 경우 3, 4번째 선택지(안다, 잘 안다)를 답으로 고른 응답자 비율 (%)	
기후변화 적응에 대한 인지도	기후변화 적응에 대한 인지도를 묻는 문항 중, 전체 응답자 중 5점 척도의 경우 4, 5번째 선택지를, 4점 척도의 경우 3, 4번째 선택지(안다, 잘 안다)를 답으로 고른 응답자 비율 (%)	제2차 기후변화 적응대책 세부시행 계획
기후변화에 대한 심각성 인지도 – 비율	기후변화의 심각도를 묻는 문항 중, 전체 응답자 중 5점 척도의 경우 4, 5번째 선택지를, 4점 척도의 경우 3, 4번째 선택지(심각하다, 매우 심각하다)를 답으로 고른 응답자 비율 (%)	
기후변화에 대한 심각성 인지도 – 기댓값	기후변화의 심각도를 묻는 5점 척도 문항의 응답 결과의 기댓값 (점수)	

　　기후변화에 대한 인지도는 설문조사에 응한 시민 혹은 공무원들이 기후변화에 대해서 얼마나 인지하고 있었는지를 나타내는 지표이다. 설문조사에 "기후변화에 대해 알고 있다" 혹은 "기후변화를 들어본 적이 있다"와 같이 기후변화에 대한 인지도를 묻는 문항의 결과를 활용하여 기록하였다. 응답이 5점 척도(예: "전혀 모른다" – "조금 모른다" – "보통이다" – "조금 안다" – "아주 잘 안다")인 경우 4, 5번째 척도(예: "조금 안다" – "아주 잘 안다")를 답으로 고른 응답자 비율로

기록하였으며, 응답이 4점 척도(예: "전혀 들어보지 못했다" – "조금 밖에 들어보지 못했다" – "조금 들어봤다" – "많이 들어봤다")인 경우 3, 4번째 척도를 답으로 고른 응답자 비율을 기록하였다. 즉, 기후변화 인지도를 묻는 문항에서 긍정적으로 답한 응답자만을 고려하였다. 만약 기후변화 인지도에 대한 문항이 없는 설문조사를 실시한 지자체의 경우, 결측값으로 처리하였다.

기후변화 적응에 대한 인지도는 설문조사에 응한 시민 혹은 공무원들이 기후변화 적응에 대해서 얼마나 인지하고 있는지를 나타내는 지표이다. 단순히 기후변화라는 현상만이 아니라 그러한 현상에 대응하는 여러 가지 방법 중에 "기후변화 적응"이라는 대응 방식에 대한 인지도를 측정하는 것이다. "기후변화에 대한 인지도"와 마찬가지로 각각 5점 척도와 4점 척도에 대하여 각각 4, 5번째 척도와 3, 4번째 척도를 답으로 고른 응답자만을 추려 그 비율을 기록하였다. 기후변화 적응 인지도에 대한 문항이 없는 설문조사를 실시한 지자체의 경우 결측값으로 처리하였다.

기후변화에 대한 심각성 인지도(비율)는 설문 응답자들이 기후변화가 얼마나 심각하다고 생각하는지를 나타내는 지표이다. 다수 지자체의 세부시행계획의 경우 설문조사 내용에 기후변화의 심각성에 대해서 묻는 문항이 존재하였다. 이 역시 각각 5점 척도와 4점 척도에 대하여 각각 4, 5번째 척도와 3, 4번째 척도를 답으로 고른 응답자만을 고려하였다. 기후변화에 대한 심각성 인지도(기댓값)는 해당 지자체의 시민 및 공무원들이 평균적으로 기후변화가 얼마나 심각하다고 생각하는지를 나타내기 위해 기후변화에 대한 심각성 인지도(비율)에서 사용한 문항 중 5점 척도를 이용한 문항만을 활용하여 해당 문항의 기

표 9.2 기후변화 심각성 인지도 정량화 예시

1점 "아주 심각하지 않음"	2점 "심각하지 않음"	3점 "보통임"	4점 "심각함"	5점 "매우 심각함"
18명	10명	30명	30명	12명

기댓값: 1*(18/100) + 2*(10/100) + 3*(30/100) + 4*(30/100) + 5*(12/100) = 3.08점

댓값을 기록하였다. 예컨대 100명의 시민이 응답한 설문조사에서 "기후변화가 얼마나 심각하다고 생각하십니까?"와 같은 질문에 1점(예: "아주 심각하지 않음)부터 5점(예: "매우 심각함")까지 답할 수 있게 했다고 가정하였다.

(2) 리더십의 개념 및 정량화

리더십은 일반적으로 정책을 결정하는 과정에서 주요한 요인으로 작용한다. 기후변화 적응 제도적 역량의 차원에서, 리더십은 관계적 역량이자 동원 역량과 밀접한 관계가 있다. 복잡한 정책 결정과정에서 비전을 제시하고 추동하는 리더십의 관계적 역량은 조직과 예산 등의 동원 역량을 이끌어 내는 요소이다. 그렇기 때문에 기후변화 적응정책에 있어서도 리더십은 정책을 결정하고 시행되는 과정의 필수 요소 중 하나라고 할 수 있다 (Kotter 1990; Burch 2010; Gupta et al. 2010). 게다가 기후변화 적응정책의 특성상 내용이 고정되어 있는 것이 아니라, 시간에 따라 정책의 내용, 관행 및 제도에서의 변화가 요구되기 때문에 정책을 고안하고 이행하는 과정에서 리더십의 역할이 중요하다 (Meijerink & Stiller 2013). OECD 보고서 (Carmin et al. 2013) 역시 지역 수준에 따른 정치적 리더십의 의지 유무가 도시기후적응 문제에 중요한 요소라고 설명하였다. 도시기후적응 문제는 각 도시의 정

책입안자와 선출직 공무원의 강력한 지도력이 적응 문제를 발전시키는 데 필요하며, 마찬가지로 선거에 따른 정치 순환의 과정(political cycle) 역시 적응 프로그램 개발에 영향을 미치기 때문이다. 실제로 선거로 인한 리더십 변화에 따라 기후변화 감축과 적응의 우선순위가 현저하게 변화하기도 하였다 (Carmin et al. 2013). 위와 같은 리더십이 중요한 이유 중의 하나는 적응 문제를 담당하는 부서를 지원하는 환경에 중요한 공헌을 할 수 있기 때문이며, 문제해결 방안을 개발하는 데 주도적인 역할을 장려할 수 있기 때문이다 (Carmin et al. 2013).

본 연구의 연구 대상은 국내 지자체이기 때문에 해당 권역의 광역단체장이나 지역 단위 기초자치단체장들의 리더십을 측정하고자 한다. 리더십을 크게 세 가지로 구분하였는데, 지자체장의 동원력, 지자체장/의회의 기후적응에 대한 의지, 그리고 기후변화 적응의 주류화 정도가 그것이다. 지자체장의 동원력은 선거 결과에 따른 것으로, 현직자에 대한 유권자들의 직간접적 동의를 의미한다. 또한, 지자체장의 공약 내 기후변화 및 기후변화 적응정책 포함 여부와 법제화의 정도를 통해 기후적응에 대한 의지를 확인한다. 기후변화 적응의 주류화 정도는 지자체장의 공약에서 기후적응이 얼마나 주류화 되어 있는지에 관한 것이다. 리더십에 관한 각각의 구성요소들은 아래와 같이 세부 구성요소로 이루어져 있으며, 이를 활용하여 리더십 정량화를 시도하였다.

지자체장의 기후변화정책, 기후변화 적응정책에 대한 의지는 지자체장의 공약집에서 기후변화 대응 또는 적응정책에 대한 의지가 드러나 있는지의 여부를 의미한다. 지자체장을 선출하는 지방선거 공약집에는 지자체별로 주요 목표 및 분야, 전략, 과제, 세부 및 공약사업 등의 수나 내용이 각각 다르게 포함되어 있다. 공약집은 해당 후보의 주

표 9.3 리더십의 세부 구성요소

세부 구성요소	설명	단위	자료
지자체장의 기후변화 적응정책에 대한 의지	지자체장의 5대 공약 중 기후변화 적응정책 포함 여부	0 또는 1	2018년 민선 7기 당선자 공약집
법제화의 정도: 조례	지자체의 지방의회가 제정한 기후변화 대응 조례 존재 여부	0 또는 1	각 지방의회
법제화의 정도: 조례 내 적응 대책	지자체의 지방의회가 제정한 기후변화 대응 조례 내 적응대책 조항 여부	0 또는 1	각 지방의회
법제화의 정도: 조례 내 영향 및 취약성 평가	지자체의 지방의회가 제정한 기후변화 대응 조례 내 영향 및 취약성 평가 조항 여부	0 또는 1	각 지방의회
법제화의 정도: 조례 내 영향 조사체계 구축	지자체의 지방의회가 제정한 기후변화 대응 조례 내 영향 조사체계 구축 조항 여부	0 또는 1	각 지방의회
법제화의 정도: 총합	위의 법제화의 정도 관련 네 가지 지표의 합	0, 1, 2, 3, 4	각 지방의회
기후변화 적응의 주류화 정도	지자체장의 공약 내 기후변화 적응의 주류화 정도	0, 1, 2, 3, 4	2018년 민선 7기 당선자 공약집

요한 정책적 관심사와 추진방향을 의미하는 것으로, 기후변화 및 적응정책이 공약집에 포함되어 있다는 것은 해당 지자체장이 이에 많은 관심을 가지고 있다는 것을 보여준다. 이 지표는 2018년 당선된 각 지자체장의 공약집을 참고하여 5대 공약 중에서 관련 정책이 포함되어 있는지 여부를 0 또는 1로 표기하였다. 0은 관련 정책이 존재하지 않음

을 의미하며, 1은 관련 정책이 포함되어 있음을 의미한다. 기후변화 대응정책과 적응정책을 구분하여 조사하여 대응과 적응의 개념이 상호 관련성이 있는지 파악하고자 하였다.

법제화의 정도는 해당 지자체에서 기후변화 대응과 관련한 조례와 내용이 존재하는지에 관한 것으로 지방 의회의 리더십을 확인할 수 있는 정보이다. 기후변화 대응과 관련한 조례가 존재한다면, 당시 기후변화 문제에 대한 지자체장 및 지방의회의 인식이 높은 것으로 평가할 수 있을 것이다. 또한, 조례 내 기후변화 문제에 대한 구체적인 내용이 포함되어 있을 경우, 조례 제정 그 자체를 넘어 지자체장 및 지방의회의 강력한 의지를 담고 있다고 해석할 수 있을 것이다. 해당 시·도의 지방의회에서 제정한 조례 중에서 기후변화 대응 조례가 존재하는지, 존재한다면 조례 내에 적응대책 조항이 있는지, 영향 및 취약성 평가 조항이 있는지, 영향 조사체계 구축 조항이 있는지 총 4가지 사항을 조사하여 0 또는 1로 표기하였다. 또한, 네 가지 지표의 합을 구하여 0부터 4까지 법제화 정도의 총합 지표를 구성하였다.

기후변화 적응의 주류화 정도는 기후적응이 지자체장의 공약집에서 주류화된 정도를 측정한 것이다. 기후변화 적응이 단순히 공약집에 명시된 것뿐만 아니라 어느 정도로 강조되었는지 관찰할 수 있다. 광역시도 지자체장의 공약집은 지자체마다 차이가 있지만 일반적으로 목표 및 분야, 전략, 과제, 세부 및 공약사업 등으로 이루어져 있다. 만약 기후적응에 관한 내용이 목표 및 분야에까지 제시되어 있는 경우에는 문제에 대한 지자체장의 의지가 강하다는 것, 즉 그만큼 문제가 중요하다는 것을 알 수 있으며, 가장 주류화의 정도가 크다고 할 수 있다. 반면 세부 및 공약사업에만 제시된 경우 또는 아예 제시되지 않은 경우에는 주류화의 정도가 낮다고 판단할 수 있다. 예를 들어 지표에서 활용하고 있는 민선 7기 당선자들의 공약집 중 강원도의 공약집은 5대 분야와 80개의 과제로 구성되어 있는데, 기후변화에 대한 인식만 존재할 뿐, 구체적인 기후변화와 기후적응과 관련한 내용이 부재하였다. 반면, 제주도의 공약집은 3대 방침, 14대 약속, 115개 정책공약, 341개의 실행과제로 구성되어 있었는데, 14대 약속 중에서 5번째 약속은 환경에 관한 것으로 13개의 공약과 32개의 실행과제를 포함하고 있었다. 13개의 공약 중 '환경질환 예방체계 구축'과 같이 기후적응에 관한 내용을 포함하고 있었으며, 실행과제로 '환경질환 관리를 위한 맞춤형 프로그램 제공', '환경질환에 대한 정보제공, 예방관리 중요성 인식으로 자가관리 능력배양', '알레르기질환의 발생 및 악화요인에 대한 맞춤형 예방관리교육 강화'등이 있었다.

(3) 조직의 개념 및 정량화

제도적 역량의 측면서, 조직은 동원 역량과 밀접한 관계가 있다. 기후변화 적응정책에서 조직이 중요한 이유는 문제의 특성상 단일 부서의 노력으로만 해결되는 문제가 아니라 부서간 협력을 요하기 때문이다. 이와 관련하여 벳실(Betsill 2001)은 부서 간 협력을 총괄하는 새로운 조직 체계의 필요성에 대해 논하기도 하였다. 정책 수립 및 이행에 있어서 조직 간의 협력은 문제 해결 속도를 향상시키고, 비록 다른 부서라도 공통의 목적을 달성하고자 노력하기 때문에 조직의 역할은 중요하다. 김진아는 국제기구와 각 국가에서 지원하는 기관에서 발행한 가이드라인을 비교 및 분석함으로써 조직이 기후변화 적응에 있어 중요한 역할을 한다고 주장하였다. 그의 연구에서 조직은 적응계획의 설계, 수행, 실행을 담당할 수 있는 주체로 정의되었으며, 적응계획을 담당하는 기관의 존재 유무에 따라 평가에 있어서 차등을 두었다 (김진아 2013). 신학수 (2017) 역시 기후변화 적응계획에서 조직의 중요성을 인식하고 다음과 같은 질문을 활용하였다.

- 기후변화 적응 전담부서 및 인력은 마련되어 있는가?
- 기후변화 적응 관련 업무에 대한 업무교체주기가 어떻게 되는가?
- 기후변화 적응 거버넌스는 존재하고, 효과적인가?

지자체의 제도적 역량을 판단하기 위한 구성요소로서 조직은 크게 수평적 조직능력과 정보 및 교육자원의 두 요소로 구성된다. 수평적 조직능력은 기후변화 적응과 관련하여 의사결정 방법, 참여적 거버넌스 등으로 나타낼 수 있고, 정보 및 교육자원의 경우 기후적응과 관련한 인식 및 연구 등으로 나타낼 수 있다. 수평적 조직능력은 기후적응 정책에 참여하는 부서의 수 및 실제 정책에 병기되었는지 여부를 통해 확인할 수 있을 것으로 보인다. 또한, 직접적으로 기후적응정책을 수립하고 실행하는 데 있어 직접적 권한과 책임이 있는 지자체 부처 및 공무원뿐만 아니라 시민사회, 기업, 전문가, 일반시민까지 포함하는지를 판단하여, 기후변화 적응에 대한 활동 주체가 지자체 사회에 조직적이고 전반적으로 퍼져 있는지를 확인한다. 조직의 부서 구성도 중요하지만, 정치력을 갖는 위원회의 구성에 시민사회, 기업, 전문가 및 일반 시민이 참여한다는 것은 상대적으로 높은 중요도를 가질 수 있기 때문이다. 정보 및 교육자원의 요소는 기후적응과 관련된 연구 및 교육기관의 설립 여부를 통해 확인할 수 있을 것이다. 각각의 구성요소들은 표 9.4의 설명과 같이 세부 구성요소들을 가지며 이를 활용하여

표 9.4   조직적 역량의 세부 구성요소

세부 구성요소	설명	단위	자료
지자체 내 기후변화 적응계획 이행에 참여하는 부서(과) 개수	기후변화 적응 세부시행계획의 세부사업들에 참여하는 지자체의 부서 및 과의 개수	개	각 지자체별 2차 기후변화 적응 세부 시행계획
기후변화 적응계획에 주관부서 및 협조부서의 병기 여부	기후변화 적응 세부시행계획의 세부사업들에 주관부서와 함께 협조부서가 제시되었는지의 여부	0 또는 1 (0 or 1)	각 지자체별 2차 기후변화 적응 세부 시행계획
기후적응 전문위원회 구성 여부	지자체 부서에 속하지 않은 기후적응 전문위원회가 구성되었는지의 여부	0 또는 1	각 지자체별 2차 기후변화 적응 세부 시행계획
기후적응 전문위원회: 시민사회 포함 여부	기후적응 전문위원회가 있는 경우 시민사회가 구성원으로 참여했는지의 여부	0 또는 1	각 지자체별 2차 기후변화 적응 세부 시행계획
기후적응 전문위원회: 기업 포함여부	기후적응 전문위원회가 있는 경우 기업이 구성원으로 참여했는지의 여부	0 또는 1	각 지자체별 2차 기후변화 적응 세부 시행계획
기후적응 전문위원회: 전문가 포함여부	기후적응 전문위원회가 있는 경우 전문가가 구성원으로 참여했는지의 여부	0 또는 1	각 지자체별 2차 기후변화 적응 세부 시행계획
기후적응 전문위원회: 일반시민 포함여부	기후적응 전문위원회가 있는 경우 일반시민이 구성원으로 참여했는지의 여부	0 또는 1	각 지자체별 2차 기후변화 적응 세부 시행계획
기후변화 연구센터 설립 여부	지자체가 설립한 기후변화 연구센터가 존재하는지의 여부	0 또는 1	각 지자체 지방 조례
기후변화 교육관/프로그램 설립 여부	지자체가 설립한 기후변화 교육관이 존재하는지의 여부	0 또는 1	각 지자체 지방 조례

조직 정량화를 시도하였다.

수평적 조직능력과 관련한 첫 번째 지표인 지자체 내 부서 구성은 기후변화 적응계획을 작성하고 실질적 실행의 주체인 지자체 내 부서들의 참여 및 협력을 측정을 통해 확인한다. 먼저, 기후변화 적응계획 이행에 참여하는 지자체 내 부서 및 과의 개수를 제시하여 다양한 부서들이 협력하는지, 이를 통해 다양한 정책 분야에서 기후변화 적응 이슈가 다루어지는지를 판단하고자 하였다. 지자체 내 기후변화 적응계획 이행에 참여하는 부서가 많을수록 협력의 정도가 높고, 다양한 정책 분야에서 문제가 다루어진다고 판단할 수 있다. 또한, 기후변화 적응계획에서 제시한 세부시행사업에서 주관부서와 함께 협조부서를 제시하고 있는지 여부를 판단하였다. 주관부서와 협조부서를 같이 제시한 경우 1로, 주관부서만 제시하고 협조부서를 같이 제시하지 않은 경우에는 0으로 표기하였다. 이 지표를 통해 지자체 내에서 단순히 지자체 내 부서가 많고 적음의 정도를 넘어 실제로 세부사업이 범부처적으로, 협력적으로 운영되고 있는가를 판단하고자 하였으며, 이 지표는 각 지자체별 제2차 기후변화 적응 세부시행계획을 분석하여 자료를 구성하였다.

전문위원회 구성 여부는 수평적 조직능력과 관련한 두 번째 지표로 각 지자체들의 기후변화 적응 세부시행계획의 추진 기반 및 이행 평가의 부분에서 전문위원회의 구성 여부와 구성원에 대해 조사한 것이다. 전문위원회는 지자체의 특정 부서의 아래에 소속되는 것이 아니라 범부서적으로 모든 부서와 관련 기관을 아우르는 형태로 구성된 것을 의미한다. 기후변화 협의체 등의 유사한 명칭으로 운영되기도 하며, 전문위원회의 역할은 계획의 실천 및 이행 상황 점검, 자문, 파트너십 구성, 시민과의 소통 등이 있다. 전문위원회의 구성 여부를 통해 지자체 부서 이외에도 다양한 참여자들이 참여하고 있는지를 판단하고자 하였으며, 전문위원회가 구성되어 있는 경우 1로, 구성되지 않은 경우 0으로 표기하였다. 또한, 전문위원회가 구성되어 있는 지자체에 한하여 참여적 거버넌스의 주체를 판단하기 위해서 위원회의 구성에 대한 지표를 추가하였다. 전문위원회에 시민사회(NGO 등), 기업, 전문가, 일반시민이 포함되었는지 여부를 각각 포함된 경우에는 1로, 포함되지 않은 경우에는 0으로 표기하였다. 이 지표는 각 지자체별 2차 기후변화 적응 세부시행계획을 분석하여 구성하였다.

지자체의 지식자원 운영 여부는 지자체가 설립하고 운영하는 기후변화 관련 정보 및 교육자원의 존재 여부를 나타낸다. 지자체는 해당 지역의 기후변화와 관련된 정보를 수집하고 연구하기 위한 연구센터를 운영할 수 있으며, 연구센터는 해당 지자체의 기후적응 제도에 필요한 정보를 제공하는 기능을 수행하기 때문에 제도적 역량에 영향을 미칠 수 있다. 또한, 지자체는 기후변화체험교육관을 설립하고 운영할 수 있는데, 이는 어린이, 학생 및 성인들에게 기후변화에 대한 정보를 제공하고 인식을 도모할 수 있다. 두 지표 모두 존재할 경우 1로, 존재하지 않는 경우에는 0으로 표기하였다.

(4) 예산의 개념 및 정량화

예산이란 정책 이행을 위한 물적 자원(material resource)을 의미한다. 예산은 기후변화 적응 역량 중 동원 역량과 관계가 있다. 고경훈 (2010)은 정책형성 이론을 중심으로 충분한 예산 확보가 정책형성의 성공요인 중 하나라고 주장한 바 있다. 이는 기후변화 적응정책에도 동일하게 적용될 수 있으므로, 본 연구는 예산을 제도적 역량의 마지막 구성요소로 소개한다. 김진아 (2013)의 연구는 조직뿐만 아니라 예산 또한 기후변화 적응에 중요한 요소로 판단하였으며, 적응계획에 적용할 수 있는 예산에 따라 평가에 차등을 두었다. 신학수 (2017)의 연구에서 역시 예산의 중요성을 인지하고 기후변화 적응에 대한 평가를 함에 있어 예산과 관련된 질문을 포함하고 있었다. 따라서 기존 연구를 통해 다음과 같은 질문으로 연결할 수 있다.

- 기후변화에 대한 예산이 배정되어 있는가?
- 기후변화 예산을 어떻게 조달하는가(출처: 중앙부처, 지자체 자체 예산 등)?
- 기후변화 적응에 관한 예산은 따로 배정되어 있는가?

따라서 본 연구는 연구 대상인 지자체의 예산 자료를 통해 제도적 역량을 확인하고자 한다. 먼저 지자체 연간 총예산과 연간 총 기후변화 적응예산을 살펴봄으로써 기후변화 적응예산 비중을 확인할 수 있는데, 이를 통해 해당 지자체에서 기후적응에 어느 정도 비중의 예산을 배정하였는지 알 수 있기 때문에 예산과 관련한 제도적 역량을 판단할 수 있다. 또한, 일반적으로 지자체의 예산은 중앙부처로부터 지원되는 예산과 지자체 자체의 예산으로 나뉜다. 따라서 예산의 비중 차원에서 중앙부처에서 지원된 예산과 지자체의 예산 비중 등 재원의 구성적 특성을 분석함으로써 해당 지자체의 재정자립도에 대해 확인한다. 이는 중앙의 통합적인 시스템과는 별개로 지자체의 특성이 지역에 따른 편차가 존재하기 때문이다. 중앙정부로부터의 재정자립도뿐만 아니라 기후변화 적응예산의 재정자립도를 확인함으로써, 중앙으로부터의 지

원과 지자체가 자체적으로 관련 기후변화 적응예산을 책정하는 비중을
비교하여 해당 지자체의 기후적응 역량을 확인할 수 있다.

본 연구는 단순히 예산의 절대량뿐만이 아니라 지자체가 얼마나 자
체적으로 적응계획 이행을 위한 물적 자원을 동원할 수 있는지 같은
자원 동원력(resource mobilization capacity)까지도 고려하고자 한
다. 자원 동원력은 해당 지자체의 연간 기후변화 적응계획 예산 중 국
비가 차지하는 비중을 제외한 나머지로 계산하였다. 이는 잘 알려진
지방자치단체 재정자립도와 견주어 볼 수 있다. 한편, 본 연구에서는
'결산 내역'이 아닌 '예산 내역'을 고려하고 있기 때문에 실제로 해당
연도에 예산으로 설정된 만큼의 자금이 사용되었는지 여부는 알 수 없
다. 예산과 관련한 세부 구성요소들을 정리하면 표 9.5와 같다.

지자체 연간 총 기후변화 적응예산은 해당 지자체가 해당 연도에
설정한 기후변화 적응대책 세부시행계획 이행을 위한 예산을 말하며,

표 9.5 기후변화 적응예산의 세부 구성요소

세부 구성요소	설명(단위)	자료
연간 총 기후변화 적응예산	지자체 해당연도 총 기후변화 적응대책 세부시행계획 상 예산	제2차 기후변화 적응대책 세부시행계획
기후변화 적응예산 비중	지자체 해당연도 총예산 대비 기후변화 적응대책 세부시행계획 상 예산 (%)	통계청, 제2차 기후변화 적응대책 세부시행계획
기후변화 적응예산 재정자립도	총 적응예산에서 국비를 제한 값을 총 적응예산으로 나눈 값에 100을 곱하여 백분율로 나타냄 (%)	제2차 기후변화 적응대책 세부시행계획

제2차 기후변화 적응대책 세부시행계획에 명시된 예산을 활용하였다. 기후변화 적응예산의 많고 적음은 기후변화 적응정책 시행에 큰 영향을 미친다. 사업을 진행하는 과정에서 예산이 충분할 경우에는 사업의 지속성이 담보될 수 있지만, 예산이 부족할 경우에는 사업이 중단될 수 있는 가능성이 존재한다. 이 역시 단위는 백만 원으로 한다.

지자체 연간 총예산 대비 총 기후변화 적응계획 예산은 해당 지자체가 연간 총예산 중에 얼마나 많은 부분을 기후변화 적응계획 이행을 위해 사용하는지를 나타낸다. 절대적인 예산의 규모뿐만 아니라 총예산 중 기후변화 적응예산을 고려함으로써 해당 지자체의 기후변화 적응정책이 어느 정도의 비중을 차지하는지 확인이 가능하다. 연간 총 기후변화 예산을 연간 총예산으로 나눈 값에 100을 곱하여 백분율로 나타냈다.

지자체 기후변화 적응예산 재정자립도는 해당 지자체의 해당연도 적응예산 중 국비에서 충당하는 부분을 제한 값을 의미한다. 즉, 해당연도 적응예산 중 시/도비, 구비, 시비 등 중앙정부에서 지원을 받지 않는 부분이다. 예산의 재정자립도는 결국 해당 지자체의 자율적인 예산 사용을 의미하기 때문에 재정자립도가 높을수록 중앙정부의 압력과 같은 외부 환경에 영향을 받지 않게 되어, 보다 효율적인 소비가 가능해진다. 총 적응예산에서 국비를 제한 값을 총 적응예산으로 나눈 값에 100을 곱하여 백분율로 나타내었다.

3. 기후변화 적응 제도적 역량의 유형화

기후변화 적응의 제도적 역량은 조직, 인식, 리더십, 예산의 구성요소로 이루어져 있으며 이를 수치화하여 표현할 수 있다. 이 장에서는 이를 바탕으로 제도적 역량의 네 구성요소 중 두 요소씩을 선택하여 유형화를 시도한다.

1) 유형화의 필요성

유형화의 필요성과 목적은 다음과 같다. 우선, 유형화를 통해 각 구성요소 중 높은 수준 또는 낮은 수준을 가진 요소를 판단할 수 있다. 제도적 역량은 총체적인 개념으로 네 가지 구성요소를 아우르는 의미를 가지고 있다. 경험적 데이터를 수집하는 과정에서 한 지자체가 네 가지 구성요소에서 모두 높은 수준을 보이거나 모두 낮은 수준을 가지는 경우는 거의 없음을 발견했다. 대체로 몇 개의 구성요소는 높은 수준을 보이는 반면, 다른 구성요소에서는 낮은 수준을 보였다. 즉, 구성요소들 간 상관관계가 낮다. 네 구성요소의 점수를 모두 합한 총점이 높다고 하더라도 네 구성요소가 모두 높다고 보장할 수 없다. 그러므로 네 가지 구성요소로 나누어서 유형화를 하지 않는다면 어느 부분에서 해당 지자체가 미흡하다거나 보완할 필요가 있는지 판단하기 어렵다. 따라서 유형화를 통한 시각화로, 각 지자체가 스스로 현황에 대해 평가하고 정책적 의사결정에 활용하여 제도적 역량 증진을 위해 중점을 두어야 할 요소를 밝힐 수 있다.

또한, 유형화는 각각의 구성요소 간의 관계에 초점을 맞추게 한다.

네 구성요소는 각각 독립적으로 작용하는 것이 아니라, 상호적 영향을 주면서 총체적인 의사결정의 제도적 역량을 결정한다. 예를 들어 예산을 배분하고 집행하는 총 책임자는 지자체의 장이라는 면에서 리더십과 예산은 상호연관되어 있다. 또한, 지자체장과 함께 행정적 실무를 담당하는 조직과 시민사회 조직이 관련되어 있다는 점에서 리더십과 조직이 연관되어 있다. 이렇게 두 구성요소의 관계를 분석하여 종합적으로 제도적 역량을 증진시키는 데 전략적으로 활용할 수 있을 것이다.

네 가지 구성요소가 상호작용을 통해 제도적 역량의 수준을 결정하지만, 이 연구에서는 2개 구성요소를 묶어 유형화를 시도한다. 엄밀하게 각 지자체의 기후변화 적응을 위한 제도적 역량을 비교하여 유형화하기 위해서는 모든 구성요소를 고려하고, 가중치 부여를 통한 합산의 과정이 필요하다. 그러나, 이러한 과정은 지자체의 기후변화 적응의 제도적 역량을 구성하는 요소를 제안하는 데 주요 목적이 있는 이 연구의 범위를 벗어난다. 또한, 각 지자체마다 활용할 수 있는 자료에 대한 접근성의 차이로, 수집된 원자료에는 결측값이 다수 존재해 네 개의 구성요소를 모두 결합해 비교를 시도하는 경우 비교가 가능한 지자체의 개수가 과소해진다. 4개 구성요소 중 하나라도 결측값인 경우 해당 지자체는 비교대상으로 쓸 수 없기 때문이다. 또한, 평면에 네 개의 구성요소를 모두 결합한 유형을 표현하기는 어려우나, 2개씩 결합하는 경우 평면에 그림으로 그 결과를 표현할 수 있다. 이와 같은 이유로, 네 가지 구성요소를 모두 포괄하여 각 지자체의 제도적 역량을 비교, 유형화하기는 어렵다고 판단하였으며, 현실적으로 가능한 2개 구성요소씩 묶어 상대적으로 높고 낮음을 비교하는 방식을 활용한다. 사례 중심의 질적 방법과 변수 중심의 양적 방법을 결합한 퍼지셋 방법

(정의룡, 양재진 2012) 등을 활용한 보다 체계적인 유형화는 향후 연구에 적용하여 제시하기로 한다.

　아래에서는 가장 비교할만하다고 판단한 리더십-예산, 리더십-조직역량, 인식-예산의 세 쌍을 유형화하고 각 유형의 상황을 설명하고자 한다. 유형화는 다음과 같은 단계로 이루어진다.

1) 4가지의 구성요소를 수치화하여 각각의 평균보다 높은(high) 지자체와 낮은(low) 지자체를 구분
2) 4가지의 구성요소 중 A와 B 2개를 선택하여 2*2 표를 작성하고, "A 높음-B 높음", "A 높음-B 낮음", "A 낮음-B 높음", "A 낮음-B 낮음"의 네 가지 유형을 구성
3) 유형 해석

　위의 2)단계에서 도출되는 유형을 해석할 때에는 다음과 같은 사항에 유의해야 한다. 우선 높음과 낮음은 절대적인 기준이 아닌 상대적인 기준을 의미한다. 높고 낮음의 기준은 17개 광역시도의 평균값이며 이보다 높거나 낮음을 유형화한 것이다. 따라서 "높음"에 해당되는 것이 절대적으로 제도적 역량이 높다는 것이 아니며 상대적으로 다른 시도보다 높다는 것을 의미한다. 마찬가지로 "낮음"에 해당되는 것은 절대적으로 제도적 역량이 낮은 것이 아니라 상대적으로 다른 시도보다 낮다는 것을 의미한다. 또한, 유형화를 위한 네 구성요소의 수치화 과정은 3장에서 설명한 각각의 구성요소를 조작화한 사항들을 합치는 과정을 거쳤기 때문에 그중 하나라도 결측값이 있는 경우 합친 결과값을 내는 것은 의미가 없다고 판단하여 유형화의 대상에 포함하지 않았다. 따라서 여섯 개의 유형화 작업에서 17개 시도가 모두 포함되지 않는 구성

요소가 있는 것은 결측값이 발생하여 측정이 불가능했기 때문이다.

표 9.6은 3장에서 설명한 네 가지 구성요소와 그 세부 구성요소들을 바탕으로 실질적으로 이 장에서 사용한 것을 정리한 표이다. 3장에서 소개한 세부 구성요소가 모두 포함되지 않은 이유는 이들 간 유사한 개념을 측정하지 않는 배타성과 단위와 척도의 유사성을 확보하기 위함이다. 네 가지 구성요소 각각의 세부 구성요소들의 단위는 거의 유사하기 때문에 이를 산술적으로 합하여 조직, 인식, 리더십, 예산마

표 9.6 제도적 역량의 구성요소

구성요소	설명	단위	총 범위
인식	해당 지자체는 시민에 대하여 자체적으로 기후변화 인식 설문조사를 실시하였는가?	0 또는 1	0–3
	해당 지자체의 시민 중 기후변화 적응을 알고 있는 시민의 비중은 얼마인가?	0 또는 1	
	해당 지자체는 공무원에 대하여 자체적으로 기후변화 인식 설문조사를 실시하였는가?	0 또는 1	
리더십	법제화 정도	0–4	0–7
	공약 주류화	0–3	
조직	주관부서와 협조부서를 함께 제시하고 있는가?	0 또는 1	0–4
	기후적응에 대한 전문 위원회가 구성되어 있는가?	0 또는 1	
	지자체 설립 기후변화 연구센터	0 또는 1	
	지자체 설립 기후변화 체험교육	0 또는 1	
예산	해당 지자체의 기후변화 적응 사업에 투입되는 지방비의 비율은 얼마인가	%	%
	해당 지자체의 1년 총예산 중 기후변화 적응과 관련한 예산 비중은 얼마인가	%	

다의 점수를 낼 수 있고 표 9.6의 마지막 열과 같은 범위가 도출된다.

2) 제도적 역량의 유형

이 절에서는 네 가지 구성요소를 결합한 세 가지의 유형화 방법을 소개한다. 제시되는 유형화 그래프를 그리기 위해서는 각 구성요소 도출된 점수 값마다 표준화 작업을 실시했다. 아래에서 제시될 유형화 그래프에서 가로축과 세로축은 각각 구성요소를 의미하고 축의 가운데를 지나가며 사분면을 만드는 선은 두 구성요소의 평균값이다. 따라서 평균선보다 우측에 있거나 위쪽에 있으면 평균보다 높음을 의미하고 평균선보다 좌측에 있거나 아래쪽에 있으면 평균보다 낮음을 의미한다.

(1) 리더십과 예산

리더십 요소는 도지사 또는 시장과 같은 지자체장의 공약에 기후변화 적응이 반영되어 있는지, 해당 지자체 조례 중에 기후변화 대응과 관련한 조례가 마련되어 있는지를 중심으로 평가하여 지자체장이 적극적인 기후변화 적응정책을 위해서 강력한 동인을 제공할 의지와 제도적 기반이 있는지를 확인하였다. 예산은 기후변화 적응과 관련된 예산의 규모와 자율적 사용에 대한 요소로 구성되어 있다. 지자체장은 예산을 확보하고 어떤 분야에 얼마만큼의 규모를 분배하고 실제로 집행을 시행하는 데 영향을 미친다. 지자체장의 기후변화 적응과 관련된 공약은 해당 시도의 정책적 초점이 이에 있음을 나타낸다. 이때 관련 시도 조례는 지자체장의 행위에 정당성과 법적 근거를 제공하여 준다. 또한, 예산의 상대적, 절대적 규모와 사용의 자율성은 지자체장이 예산을 사용해 의도한 정책적 결과의 달성, 그 규모와 파급력 등에 영향을 미친다. 리더십과 예산을 사용해 유형화를 한 결과는 도표 9.1과 같다.

도표 9.1에서 보이는 바와 같이 인천과 경북, 대전이 리더십과 예산이 모두 높은 지자체로 나타났다. 반면 제주와 충남은 리더십은 높지만 예산이 낮은 지자체이며 대구, 부산, 전남, 울산은 리더십이 낮지만 예산은 높은 지자체, 전북과 경남은 리더십과 예산 모두 낮은 지자체로 나타났다. 리더십과 예산이 모두 높은 지자체는 지자체장이 제시한 기후변화 적응과 관련된 사업들에 예산을 사용할 수 있어 사업 운영에 차질이 적을 것이다. 리더십이 높지만 예산은 낮은 지자체는 지자체장이 제시한 사업을 운영하는 데 있어 예산이 부족한 상황에 처할 수 있다. 리더십이 낮고 예산이 높은 지자체는 일관성 있거나 집중적인 예산 사용에 어려움을 겪을 수 있다. 리더십과 예산 모두 낮은 지자체는

도표 9.1 리더십과 예산

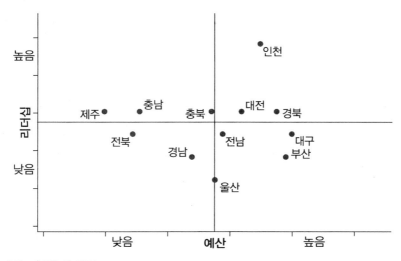

출처: 이태동 외 2021.

기후변화 적응과 관련된 사업들이 적극적으로 추진되는 데 어려움을 겪을 가능성이 비교적 높다. 기후변화 적응에서 리더십이 강하지만 예산을 확보하지 못한 지자체 유형의 경우, 기후 적응예산 확보를 위해 지역의 기후변화 취약성에 대한 소통, 중앙정부(환경부, 국토부)의 기후 적응예산 사업 참여, 지자체 자체 예산 투여가 필요하다. 리더십이 약한 지자체 유형의 경우, 공약에 기후변화 적응으로부터의 재난 감소 방안을 제시하고, 이를 조례나 정책들을 통해 구체화해야 할 것이다.

(2) 리더십과 조직 역량

리더십은 지자체장이 이행해야 할 기후변화 적응과 관련된 정책적 목표들이 얼마나 강력하게 제시되어 있는지를 의미한다. 조직 역량은 기후변화 적응계획 상 사업에 참여하는 행정부서의 규모, 이를 아우르는 위원회, 그리고 정책적 의사결정에 영향을 주는 거버넌스에 시민, 기업, 전문가, 일반인 등 이해관계자가 참여했는지, 기후변화와 관련된 연구와 체험교육관의 유무 등을 측정한 것으로 기후변화 적응에 대한 활동 주체가 지자체 사회에 조직적이고 전반적으로 퍼져있는 것을 의미한다. 조직 역량의 수준이 높다면 기후변화 적응이 여러 행정조직들의 공통적 이슈가 되며 협력적인 활동을 통해 행정조직 뿐만 아니라 이해관계자들과 시민사회에도 활발한 참여를 기대할 수 있다. 반면, 조직 역량의 수준이 낮다면 관련 사업이 범사회적으로 이루어지기 보다는 일부 행정조직에 의해 이루어질 가능성이 높다는 것을 의미한다. 도표 9.2는 리더십과 조직 역량을 이용해 유형화를 한 결과이다.

리더십과 조직 역량이 모두 상대적으로 높은 지자체는 광주와 경북, 충남으로 나타났다. 리더십은 높지만 조직 역량이 낮은 지자체로는 서울과 인천, 제주, 대전, 세종과 충북이 있고 리더십은 낮고 조직 역량이 높은 지자체로는 전북, 대구, 울산, 강원이 있다. 두 구성요소 모두 낮은 지자체로는 전남, 경기, 경남과 부산으로 나타났다. 리더십 과 조직 역량이 높은 지자체는 지자체장으로부터 다양한 사업을 추진 할 가능성이 높을 뿐만 아니라, 의사결정 권한이 지자체장에게 집중 되어 있지 않고 다양한 분야의 조직과 사람들이 기후변화 적응 사업에 참여할 것이라고 판단할 수 있다. 반면 리더십만이 높고 조직 역량이 낮다면 지자체장이 적응 사업에 대해 강력한 의지로 주류화를 하였을 지라도 이에 대한 지지와 활발한 참여를 기대할 수 없을 것이다. 리더 십이 낮고 조직 역량이 높은 경우에는 다양한 이해관계자와 행정조직 이 참여하더라도 관련 사업이 지자체에서 주류화되기 어려울 수 있다. 리더십과 조직 역량 모두 낮은 경우에는 정책을 제시하는 강력한 지자

도표 9.2 리더십과 조직역량

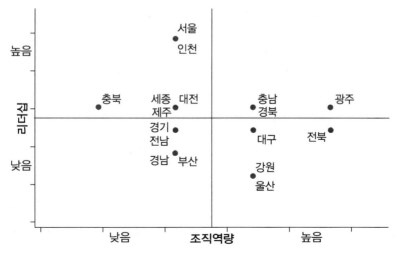

출처: 이태동 외 2021.

체장의 의지나 이를 뒷받침, 견제할 수 있는 조직의 힘이 약하기 때문에 기후변화 적응 사업이 다양한 의견을 반영해 협력적으로 이루어지는 것을 기대하기 어렵다. 리더십이 높고 조직 역량이 낮은 지자체 유형의 경우, 지자체 내 기후변화 전담 주관부서를 두고, 시민사회와 전문가가 참여하는 전문위원회, 연구 센터 설립과 교육관/프로그램 설치를 통해 조직 역량을 강화할 수 있을 것이다.

(3) 예산과 인식

예산은 기후변화 적응정책에 투입되는 지자체 예산의 규모와 독립성을 의미한다. 인식은 시민의 기후변화에 대한 이해와 심각성에 대해 인지하는 정도를 의미한다. 예산은 지자체 내에서 필요성이 높다고 판단되는 것에 집중되어 배정되며 이는 유권자이자 정책의 대상인 시민들의 인식에 영향을 받는다. 따라서 예산과 인식은 제도적 역량을 구성하는 다른 구성요소들의 조합과 비교해서 약한 정도의 양의 상관관계를 가지고 있음을 확인할 수 있다. 도표 9.3의 유형화 결과와 같이 대체로 예산과 인식이 모두 높은 수준이거나 모두 낮은 수준인 경우가 대부분임을 확인하였다.

예산과 인식이 모두 높은 지자체는 대전, 경북, 부산, 충북으로 관찰되었다. 예산은 높은데, 인식이 낮은 곳은 대구와 인천이며 예산은 낮고 인식이 높은 곳은 전남으로 나타났다. 예산과 인식이 모두 낮은 곳은 제주, 전북, 충남, 경남, 울산으로 판단할 수 있었다. 예산과 인식이 모두 높은 지자체는 기후변화에 대한 시민들의 공통적인 이해와 심각성 인식 수준이 높아 이에 대한 정책적 대응으로 관련 사업에 대한 예산 편성이 활발히 이루어질 가능성이 높다. 또한, 기후변화로 인

도표 9.3 예산과 인식

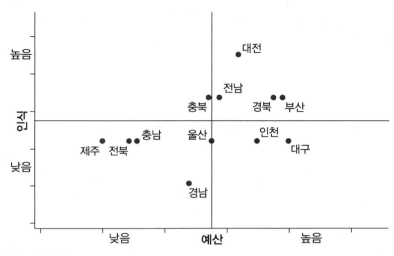

출처: 이태동 외 2021.

해 반복적인 피해가 발생하거나 취약성이 높아 지자체 구성원의 공통
적인 인식이 증가하는 경우에도 관련 예산이 높은 수준으로 책정될 수
있다. 인식은 높지만 예산이 낮은 경우에는 기후변화 적응 사업에 대
한 필요성에 대해서 인식되고 있지만 정책 사업에 대한 예산이 부족한
상태이다. 따라서 이와 관련된 갈등 또는 요구사항이 발생할 수 있다.
반대로 인식이 낮으나 예산이 높은 경우에는 예산을 사용하는 기후적
응정책 사업의 필요성과 다른 사업과 비교한 정책 우선순위를 둘러싸
고 갈등이 발생할 가능성이 있다. 마지막으로, 예산과 인식이 모두 낮
은 지자체에서는 기후변화 적응정책 사업에 대한 필요성 인식 및 요구
와 재정 투입이 모두 낮기 때문에 제도적 역량의 약화를 예상할 수 있
다. 기후변화 예산은 있지만 인식이 낮은 지자체의 경우, 예산을 투입
하여 시민과 공무원 대상의 기후 적응 관련 인식 조사(취약성, 적응정

책 우선순위, 거버넌스 등)를 실시하고, 적응에 대한 인식 제고를 위해
교육 프로그램과 홍보, 공모 등을 통한 기후 적응 인식 향상에 힘쓸 필
요가 있다.

4. 도시의 기후적응 제도적 역량 유형화

본 연구는 17개 지자체가 기후적응에 관해 갖추고 있는 제도적 역량을
개념화하고 그것을 측정하여 지방광역시도 단위에서 기후문제에 대한
효과적인 접근과 대응방식 강화를 제언했다. 지자체의 제도적 역량 개
념화하고 측정하기 위해 다음과 같은 분석을 진행하였다. 이 논문에서
의 주요 개념들은 크게 다음과 같이 정의된다. 먼저 지자체의 기후변
화 적응이란 '기후변화를 인지하고 대처 및 극복하는 것'이며, 그것을
수행할 수 있게 하는 제도적 역량은 '행위자의 행동에 영향을 미치는
사회적 환경 및 집단이 발생한 문제를 관리하고 대응할 수 있는 능력'
이라고 정의하였다. 지자체별 제도적 역량을 측정하고 평가하기 위한
단위로는 인식, 리더십, 조직, 예산을 핵심 구성요소로 보고 분석 대상
으로 설정하였다. 이 네 가지 요소는 Polk(2011) 등이 제도적 역량을
구성하는 데 중요하다고 설명한 지식 자원, 관계적 자원, 동원 역량을
제도적 역량을 반영한 것이다. 네 가지 핵심요소를 측정하여 얻은 분
석값은 각각의 구성요소 사이의 관계에 초점을 맞추어 유형화를 진행
하였다. 제도적 역량은 구성요소간 상호작용과 관계의 영향을 받으며,
종합적으로 제도적 역량을 증진시키는 데 있어 전략적인 활용을 가능
하게 한다. 예를 들어 리더십의 경우, 지자체의 결정권한을 갖고 있는

지자체장이나 의회는 관련 정책이나 예산을 편성하는 데 핵심역할을 하기 때문에 둘 사이의 상관관계가 있음을 쉽게 인식할 수 있다.

유형화의 결과를 살펴보면 리더십과 예산에 있어서는 인천과 경북, 대전이 높고 전북과 경남은 둘 모두 낮은 수치를 보였다. 앞의 그룹은 지자체장이나 지방의회가 제시한 기후변화 적응정책이 순조롭게 적용되거나 관련 예산 책정 비중이 커질 수 있고 후자의 경우는 그것이 어렵다는 평가가 가능해진다. 인식과 조직 역량의 경우 광주와 경북, 강원이 높은 수준을 보인 반면 대구, 울산, 충남, 전북이 모두 낮은 결과를 나타내었다. 인식과 조직 역량이 높은 앞의 지자체들은 기후변화 적응에 대해 시민들과 이해관계자들의 전문위원회 참여 등 적극성이 높을 것으로 예상되는 반면, 후자 그룹은 그것이 상대적으로 떨어진다고 평가할 수 있을 것이다. 예산과 인식의 경우 대전, 경북, 부산, 충북이 모두 높은 결과를 보인 반면, 제주, 전북, 충남, 경남, 울산에서는 그 값이 더 낮게 나타남을 확인할 수 있었다. 즉 기후변화에 대한 시민들의 높은 인식 수준이 관련 사업에 대한 예산 편성에 더 높은 관심도를 나타낼 수 있고 그것이 실제 예산편성의 비중을 확대하는 데 영향을 줄 수 있을 것이다. 유형화의 다른 결과들을 통해서도 각 지자체가 갖고 있는 제도적 역량의 강점 및 약점을 분석하고 그것을 기반으로 한 대응을 효과적으로 마련할 수 있을 것이다.

본 연구는 기후변화 적응 연구에 개념적, 실증적, 정책적으로 기여하는 것을 목적으로 하였다. 기존 지역 기후변화 위험, 취약성에 대하자연과학 연구에 집중되었다는 점을 넘어, 지방자치단체가 기후변화 적응 문제에 대응하기 위한 사회과학적인 제도적 역량을 개념화하고 그 구성 요소를 밝힌 것이 개념적인 기여이다. 이 개념을 바탕으로 제도적 역량을 계량화하고 17개 광역시도의 기후변화 적응 인식, 리더십, 조직, 예산을 측정한 것은 실증적 기여이다. 이러한 개념과 측정, 유형화를 통해, 지자체가 기후변화 적응에 있어 상대적으로 취약한 부분을 보충할 수 있도록 정책적인 제안을 할 수 있다.

그럼에도 본 연구는 다음과 같은 한계점을 지닌다. 먼저 인식, 리더십, 조직, 예산을 통해 지자체별 제도적 역량을 파악하는 기준의 보완이 필요하다. 위에서도 언급되었지만 기후변화 적응에 관련된 지자체의 예산 책정의 구성 비중과 결산 문제가 있다. 실제 예산이 책정되더라도 구체적으로 어떻게 집행되었는지, 결산 이후에도 그 효과가 어떻게 나타났고 얼마나 오래 지속되었는가는 알기 어렵다. 인식의 경우, 지자체에 거주하는 시민들과 공무원들의 기후변화에 대한 인식이 구체적으로 어떻게 강화되는지 등에 대한 심도 있는 측정이 필요할 수 있다. 가령 폭염이나 기타 자연재해가 집중되는 시기에 인식의 수준이 높아질 수 있기 때문에, 인식 수준 조사의 시간차에 따른 결과가 크게 달라질 가능성이 있다. 후속 연구에서는 제도적 역량을 평가하는 데 있어 제시한 네 가지 구성요소의 확장과 연계 그리고 보다 깊이 있는 분석이 필요하다. 즉, 네 가지 구성 요소를 통해 지자체의 기후적응 제도적 역량을 평가할 때, 유형 별로(강한/약한 리더십 형, 높은/낮은 인식형, 높은/낮은 동원 능력(예산-조직)의 강점과 취약점을 보충할 방안들을 제시할 수 있을 것이다.

둘째, 본 연구는 기후변화 적응 제도적 역량을 17개 광역시도의 사례에만 측정했는데, 이 개념과 측정방식을 226개 기초지방자치단체에 적용한다면 보다 실질적이고 구체적인 적응정책이 가능할 것이다. 또한, 제도적 역량 측정이 시계열적으로 이루어진다면, 시간의 변화에 따라 지자체의 기후 적응 제도적 역량 변화를 추적할 수 있을 것이다.

　마지막으로 본 연구는 선행 연구를 통해 유형화 기준을 제시한다는 측면에서는 지방자치단체의 기후 적응 역량의 학술적 논의에 기여한 다고 볼 수 있으나, 유형화 방법에 있어서는 방법론적인 정교함이 부 족하다고 할 수 있다. 향후 연구에서는 사회과학에서 주로 사용되는 보다 정교한 유형화 방법론이 적용될 필요가 있다. 예컨대 본 연구에 서 제시하는 네 가지 범주인 조직, 인식, 리더십, 예산 역량의 높고 낮 음을 각 지자체별로 측정하여 16가지 이념형을 제시하는 퍼지셋 이념 형 분석을 수행할 수 있을 것이다.

표 부록 9.1 지자체 기후변화 적응 제도적 능력

변수	단위	서울	경기	인천	강원	충북	충남	대전	세종	전북	전남	광주	경북	경남	대구	울산	부산	제주
인식																		
해당 지자체는 시민에 대하여 자체적으로 기후변화 인식 설문조사를 실시하였는가?	0 또는 1	1	0	1	1	1	1	1	1	0	1	1	1	0	1	1	1	1
해당 지자체의 시민 중 기후변화를 알고 있는 시민의 비중은 얼마인가?	0 또는 1	0	0	0	1	1	0	0	1	0	1	1	1	1	0	0	0	0
해당 지자체는 공무원에 대하여 자체적으로 기후변화 인식 설문조사를 실시하였는가?	0 또는 1	0	0	0	1	0	0	0	0	1	0	0	0	0	0	0	1	0
리더십																		
법제화 정도	0~4	4	0	4	0	0	0	0	3	0	0	1	1	0	0	0	0	0
공약 구체화	0~3	2	2	2	0	3	3	0	0	2	2	2	2	2	2	0	1	3

조직

주관부서와 협조부서를 함께 제시하고 있는가? (0 또는 1)	1	0	1	1	1	1	1	1	0	1	1	0	1	1	1	1
기후적응에 대한 전문 위원회가 구성되어 있는가? (0 또는 1)	0	1	0	0	1	1	0	1	1	0	1	1	0	1	0	1
지자체 설립 기후변화 연구센터 (0 또는 1)	0	0	0	0	0	1	0	1	0	1	0	0	0	1	0	0
지자체 설립 기후변화체험 교육 (0 또는 1)	1	1	1	1	1	1	1	1	0	1	0	1	1	1	0	0

예산

해당 지자체의 기후변화 적응 사업에 투입되는 지방비의 비율은 얼마인가 (%)	30.73	60.4	45.47	62.6	44.24	57.97	–	51.91	36.4	–	52.7	31.38	50.91	–	57.93	–
해당 지자체의 1년 총예산 중 기후변화 적응과 관련한 예산 비중은 얼마인가 (%)	3.24	2.188	5.963	0.957	3.466	3.246	–	0.656	2.001	–	2.896	8.1	0.092	–	0.615	1.467

10장

도시의 기후변화 적응 인식 측정

지구온난화와 극한 기후(극단적 날씨, extreme weather)가 가져오는 지구 생태환경, 경제발전 및 공중보건 문제는 전 지구적인 스케일이면서 개인에게도 직접적 영향을 미친다. 기후변화는 해수면과 수온 상승, 열대우림의 감소, 극지방의 빙하 소멸 및 지역적인 폭우와 가뭄 등 직접적인 영향을 미치고 이러한 생태계의 변화는 인류의 건강, 물 공급, 공기 오염, 농수산업의 변화로 인한 식량문제 등에도 심각한 피해를 가져오고 있다. 20세기 중후반부터 세계 각국은 기후변화의 심각성을 인식하고 기후변화를 감축하고 적응하려는 다학제적 노력을 진행해 왔다. 기후변화에 관한 정부 간 협의체(International Panel on Climate Change, 이하 IPCC)에 따르면 기후변화 감축(mitigation)는 기후변화의 원인을 감축시키는 접근법이고 기후변화 적응(adaptation)은 현재 나타나고 있거나 앞으로 나타날 것으로 예측되는 기후변화의 영향에 대응하고자 하는 접근법이다 (IPCC 2007).

기후변화 감축은 발생 시기나 국가, 지역, 또는 구체적 산업과 같은 원인 제공자를 특정하기 어려우며 그 여파는 국경을 초월하기 때문에 기후변화감축의 행동 주체와 수혜 주체에 대한 논란 등 합의에 도달하기 어렵다. 한편, 기후변화 적응은 실제 및 예상되는 기후의 영향에 대응하는 조정 과정(IPCC 2007)으로 기후변화의 피해를 최소화하기 위한 현 시스템의 변화에 주목하는 접근이다. 이러한 조정과정의 필연성이 인정되기 위해서는 관련된 이해당사자의 기후변화 적응에 대한 인식이 선결되어야 한다. 인식은 사물을 분별하고 판단하여 안다는 의미로, 기후변화 적응 인식이란 기후변화를 인지하고 있으며, 기후변화 적응 필요성을 판단 또는 분별하고 있음을 의미한다. 사회와 자연 현상을 설명할 때, 그 현상에 대한 인식은 매우 중요하다. 인식의 공유가 있어야 그 현상에 대한 이해와 대응 전략의 공감대가 수립되기 때문이다. 기후변화의 실재와 기후변화에 적응해 나가기 위한 노력에 공감할 때, 기후변화 적응정책과 전략이 힘을 얻을 수 있고, 실천 활동이 지속될 수 있을 것이다.

기후변화와 같이 지역적이면서도 전 지구적인 도전에는 국제적, 국가적 차원의 협업과 조정을 통한 정책개발과 확산이 필요한 동시에 개인과 지역사회, 지방자치단체 등의 보다 생활과 밀접한 범위에 속한 주체들의 활동도 매우 중요하다. 기후변화는 국제적 차원의 추상적 개념이라기보다, 사회제도와 소비행동, 건강행동과 같은 개인과 지역의 삶에 영향을 주고, 이러한 행동이 역으로 기후변화에 점진적, 누적적인 원인이 되는 상호작용의 결과이기 때문이다. 또한, 각 주체의 기후변화 적응 인식의 경로와 각 인식 주체가 가장 중요하게 생각하는 기후변화의 원인과 영향은 무엇인지, 그리고 이들이 기후변화 적응을 위해 선택하는 전략이나 참여 정도, 또는 참여의사는 무엇인지 역시 기후변화 적응 인식의 필수적인 구성요소라 할 수 있다. 현재 직면하고 있으며 예견 가능한 미래에 직면하게 될 중대한 도전(Hagel, Middel, and Pijawka 2015)인 기후변화에 대한 적응정책은 이를 생태학 측면에서 주목하는 과학자와 작물을 생산하는 농민, 산업의 변화를 고민하는 기업인, 정치사회적 의사결정자, 거버넌스를 책임질 공공인력, 그리고 이런 변화에 직·간접적으로 영향을 받는 일반시민 모두를 포괄하는 지속가능한 접근이어야 할 것이기 때문이다. 기후변화 적응은 다양한 이해관계자가 관련되어 있어 참여와 협력의 문제해결을 위해 거버넌스가 매우 필요한 분야이다. 그동안 기후변화 대응 논의는 주로 국가 차원에서만 진행되어왔고, 중앙정부도 지자체의 역할에 대한 인식과 지원이 부족했으며, 지자체 역시 기후변화 대응에 관한 인식이 부족했다. 그러나 기후변화 적응의 지역 접근성이 주목받으면서 대도시기후변화 리더십 그룹인 C40(김영한 2010) 등이 국가차원이 아닌 지역차원의 기후변화 적응대책을 선도하면서 지역의 기후변화 적응 거버넌스에 관심이 모아지고 있다.

따라서 본 연구는 기후변화 적응 인식을 핵심어로 국내외 선행연구에 대한 분석을 통해, 누구에게 무엇을 측정하여야 할 것인지를 제시하고자 한다. 나아가, 국내외의 기후변화 적응 인식에 관한 실증적 연구물의 내용을 정리, 분석하여 한국의 상황에 맞는 기후변화 적응 인식 측정에 적합한 측정 도구를 개발하고자 한다. 결과적으로 이 연구는 자치단체 일반 시민 및 공무원들의 기후변화 적응 인식을 측정하는 질문을 제시함으로써 기후변화 대응 전략 수립의 기초자료 수집에 기여하는 것을 목적으로 한다.

1. 기후변화 적응에 대한 인식

기후변화의 영향은 이제 더 이상 기상전문가만의 관심사가 아니다. 이 시대를 살고 있는 모든 사람이 직·간접적으로 기후변화로 인한 폐해를 경험하면서 대응책이 필요하다고 생각하게 되었다. 기후변화는 원인 제공국이 피해를 보는 단순한 인과구조가 아니라 그 영향이 초국가적이어서 이미 1970년대부터 전 지구적 차원의 대응이 필요하다고 지적되어왔다. 이러한 우려속에서 교토의정서나 파리협약과 같은 국제 기후레짐(climate regime)이 형성되기도 했으나, 기후변화의 주원인인 온실가스 감축에 대한 선진국과 신흥국 간의 이해충돌로 이행이 지지부진하다. 시간이 가면서 온실가스 감축의 초점이 감축 방안 뿐만아니라, 또 다른 접근 방법으로서 기후변화 적응이 주목받고 있다. 그렇기에 기후변화 적응에 대한 인식이 측정되어야할 이유이다.

1) 기후변화 적응과 기후변화 위험

(1) 기후변화 적응의 개념

기후변화 적응은 이미 발생한 기후변화 위험에 대해 현재의 대응 시스템의 관리와 조정, 또는 개선을 통해 유연하게 접근하고 지역 차원에서 상대적으로 신속하게 대응해 나가는 접근을 말한다. 즉 지금까지 기후변화로 인하여 입은 피해 및 영향을 제도적 역량을 활용해 최소화하거나 이를 오히려 새로운 기회로 역이용하자는 것을 핵심으로 하는 접근법이다 (고재경 2010; 이태동 외 2020). 유엔기후변화협약 (UNFCCC: United Nations Framework Convention on Climate Change)은 기후변화 적응을 '실제 및 예상 기후자극에 의한 영향에 대응하여 생태학적, 경제사회적 체계를 조정하는 행위'로 규정하였다. 영국기후영향프로그램(UK CIP: UK Climate Impact Program)은 기후변화 적응을 ① 변화하는 기후로 인한 위험을 인지하고, ② 그 위험과 관련된 부정적인 영향을 감소시키거나 관리할 수 있는 의사결정을 하며, ③ 이를 긍정적으로 이용할 수 있는 기회를 찾는 것 (UK CIP 2003; Lee et al. 2020에서 재인용)으로 구체화하여 정의하고 있다. 피사로 등(Pizarro et al. 2006; 고재경 2011에서 재인용)은 특히 기후변화 감축에 비해 적응은 지역의 역할과 접근방법에 주목하는 특성이 있다고 주장하였다.

국제적 협력과 국가단위의 거시적인 접근이 필요한 기후변화 감축에 비해 기후변화 적응은 접근과 성과가 국지적인 특성이 있어 지방자치단체와 주민 등의 참여라는 실질적인 유인효과를 기대할 수 있다. 구체적으로, 기후변화는 지역의 사회제도와 주민의 소비 및 건강행동에 영향을 주고, 이런 행동 변화의 결과가 환류를 통해 기후변화에 다시 영향을 미치는 순환적 특성이 있기 때문에 지역사회와 주민의 기후변화 적응 노력이 주목받는 것이다. 2015년 파리에서 개최된 유엔기후변화협약 당사국총회(COP21)에서도 회원국가의 국가적응계획 수립을 결의하여 기후변화 적응의 중요성을 부각시켰다.

(2) 기후변화 위험과 국내 적응대책

기후변화 적응에서 말하는 기후변화로 인한 위험은 어떤 것인가? IPCC는 온실가스로 인해 향후 1,000년 동안 기후변화 영향이 지속될 것으로 예측하였다 (한국기후변화연구원 2020). 유엔 재난위험경감사무국(UNDDR)에 따르면 2000~2019년 사이에 기후변화 영향은 지난 20년 동안 두 배 가까이 증가한 자연재해로 나타났다고 한다. 홍수와 가뭄, 태풍 및 폭설과 같은 극단적인 기상 상황을 포함한 기후 관련 재해가 3,656건에서 6,681건으로 크게 늘었으며, 피해액은 전 세계적으로 약 2조 9,700억 달러(약 3,415조 5,000억 원)에 달한다는 것이다 (임은진 2020). 기후변화 영향은 여기에 그치지 않는다. WHO는 기후변화로 인한 생태계 파괴에 따라 인수공통감염병이 증가하고 있다고 경고하였다. 사스(SARS)나 메르스(MERS)는 물론, 2020년 전 세계의 일상을 바꾸어 놓고 있는 코로나-19(COVID-19) 펜데믹 사태가 그 예이다. 또, 기후변화로 인한 건강 위험은 새로운 감염병의 출현뿐 아니라, 대기오염으로 인한 호흡기질환의 증가와 관련이 높고 폭염과 한파에 따른 건강취약인구의 이환율 증가도 예상된다. 특히 사회경제적 취약계층은 기후변화로 인해 가장 많은 피해를 받을 것으로 예상되기에 (Driessen 2009) 부가적인 복지정책의 도입과 이에 따른 재정 확보 및 행정력이 요구된다.

극한적 기후는 농수산물 생산량 감소와 가축 폐사로 식량 위험을 가져올 수 있으며 산림 식생대의 변화와 함께 생물다양성의 감소 등이 관찰되고 있어 우려가 커져가고 있다. 뿐만 아니라 극한 기후는 자연적 산불피해는 물론 산사태 등으로 인한 건물과 도로 등 건축물의 안전성도 위협한다. 수질 오염에 따른 마시는 물과 공업용수 부족 등 인간 삶의 전반에 걸친 광범위한 위험을 초래할 수 있다.

우리나라에서도 기온과 해수면의 상승, 식생대의 변화가 관찰되고 있다. 미세먼지로 인한 호흡기 질환도 증가했으며, 최근 몇 년 동안은 국지적 폭우와 폭설, 및 폭염 혹한 등이 반복되고 있다. 구체적으로 1981~2010년에 이르는 30년간 우리나라 연평균 기온은 섭씨 1.2도 상승했으며 해수면은 1971~1980년의 40년 사이에 연평균 2.64mm 상승하여 전 지구 평균(2.00mm/년)을 상회하고 있다 (기후변화센터 2015). 기후변화의 가속화는 건강과 생태계 등 국민 생활의 다양한 부문에 영향을 미치고 취약성을 증가 시켜 기후변화에 대응하는 사회시스템의 구축과 활동을 요구하고 있다. 이러한 상황을 개선하기 위해서는 국가적이고 국제적 차원의 온실가스 감축이라는 원인론적 접근과 함께 현재의 기후변화 대응 시스템의 점검과 조정, 또는 기능강화를 통해 유연하게 접근하고 지역 차원에서 상대적으로 신속하게 대응해 나가는 기후변화 적응이 요구된다.

국제사회에서도 2007년 UNFCCC 발리행동계획(COP13)에서부터 적응에 대한 높은 관심을 보여주었고 2015년 당사국총회(COP21)에서 모든 국가는 국가적응계획을 수립하여 이행보고서를 제출하도록 하였다. 녹색기후기금(GCF)에서도 기금의 50%를 기후변화 적응에 할당하고 있다.

국내적으로는 기후변화의 위험요소를 과학적으로 분석하고 피해를 최소화하는 한편 기회로 활용하기 위해 「저탄소 녹색성장 기본법」이 제정되었다. 이 법에 근거하여 2010년에는 제1차 국가기후변화 적응대책(2011~2015)을, 2015년에는 '제2차 국가기후변화 적응대책(2016~2020)'을 수립하여 이행하고 있다. 제1차 대책이 기후전망자료를 마련하고 농수산·건강·생태계·인프라 등의 취약성을 분석하여 관리를 강화하는 데 초점을 두었다면 제2차 대책은 1차 대책의 성과를 보완·발전시키고 고령화 가속으로 인한 위험 등 대내·외 여건의 변화를 반영하여 분야별 대책의 연계와 통합을 강조하고 있다 (관계부처합동 2015). 「1·2차 국가기후변화적응대책」수립에 따라 17개 광역시·도 단위 적응대책 및 시·군·구 단위 적응대책수립도 명시되어, 기후변화 적응에서 지방자치단체가 행동주체로서 부각되었다.

2) 기후변화 적응 인식

(1) 기후변화 적응 인식 개념과 구성

기후변화 적응이 기후변화의 위험을 인지하고 대응하려는 것이라면 지방자치단체가 기후변화 적응대책을 이행하는 데 있어 선행조건은 무엇인가? 기후변화는 어느 한 개인이나 기업에게 책임을 물을 수도 없고, 정치적 지도자 한 사람이나 기업이 독자적으로 대응해서 문제를 해결할 수 없다. 기후변화 적응에서 주민과 정책결정자들의 선택이 요구하는 활동 시행 사이에는 상당한 괴리가 있을 수 있다 (Corner et al. 2014). 때문에 주민의 행동변화는 변화 필요성에 주민이 설득되어야 한다. 즉, 인지적 차원의 이해와 공감이 있어야 태도와 행동의 변화가 따르게 된다. 기후변화 적응도 마찬가지이다. 기후변화 적응인식은 기후변화로 인한 위험과 부정적 영향에 대한 지식을 갖추고 있어, 기후변화의 부정적 영향을 줄이고 관리하기 위한 시스템 조정의 필요성에 공감하며 행동을 통한 참여를 판단할 수 있는 것을 말한다 (Lee and Hughes 2017). IPCC(2014)는 기후변화의 위험에 대한 자연과학적인 인식과 함께 시민과 정책결정자의 기후변화 심각성과 대응의 필요성에 대한 공감이 중요하다고 하였다.

그러면 인식은 어떻게 형성되는가? 인식은 정보, 또는 지식의 습득을 통해 형성된다. 기후변화 적응 정보는 누가 어떻게 제공하는가? 정보취득 경로는 개인의 인식에 중대한 영향을 미친다. 뉴이그(Newig 2011)에 따르면 독일, 스페인, 네덜란드와 영국 사람들은 기후변화 정보를 주로 공공매체를 통해 취득하는데 정보의 내용이 주로 기후변화 감축에 초점을 두고 있고 적응 주제는 거의 다루어지지 않았다는 것이다. 이처럼 정보결핍모델(information deficit model; Nerlich et al. 2010)에 기반을 둔 일방적 정보제공방식은 시민들의 기후변화에 대한 인지도를 높이기는 했으나 기후변화 문제 해결을 위한 의사소통에는 실패했다는 평가를 받고 있다 (Corner et al. 2014). 정보화 사회에서 정보는 곧 권력이다. 현재처럼 공식, 비공식 부문에서 생산하는 정보들의 정확성이나 사실성을 구별하기 어려운 환경에서 기후변화 적응과 같은 추상적이면서도 과학적 근거가 밑받침되어야 하는 정보의 취득 경로와 균형은 인식 형성에 매우 중요하다. 기후변화 적응을 위한 시스템 변화 결정과 같은 행동은 당면한 위험에 대한 인식이 공유되어야 가능하고, 인식의 정도에 따라 행동주체로서의 시민의 참여수준이 달라질 것이기 때문이다 (Hagen et al. 2015; 반영운 등. 2017; Saxena et al. 2018).

기후변화 적응 인식은 무엇을 측정해야 하는가? 지방자치단체가 지역수준에서 기후변화 적응 대책을 수립하고 주민의 참여를 통해 대책을 잘 이행하려면 기후변화와 기후변화 위험성 및 적응필요성 공유정도를 파악해야 한다. 이상윤·이승준(2014)에 따르면 기후변화 적응에 대한 우리나라 국민의 인지율(62.1%)은 온실가스 감축(75.9%)에 비해 낮은 편이지만 적응을 위한 노력 필요성에 대해서는 국민 대다수(93.8%)가 호응하는 것으로 나타났다. 주민의 기후변화 적응 인식을 향상시킨다면 기후변화 적응 행동도 더 효과적으로 시행할 수 있을 것이다.

따라서 기후변화 적응 인식은 객관적인 기후 및 기후변화 위험성 인식, 기후변화와 감축 및 적응 개념의 이해, 기후변화 위험의 내용, 기후변화 적응정책과 적응 거버넌스에 대한 인식이 주요 구성내용이 된다. 기후변화가 무엇인지, 대표적인 대응 유형으로서의 감축과 적응 개념을 인지하고 있는지가 출발점이 될 것이다. 기후변화의 위험성에 대해 어떻게 인지하고 있는지를 측정하기 위해서는 구체적인 위험 내용을 제시하여 각 부문별 인식에 차별성이 있는지를 파악해야 한다. 위험성 부문은 제1차 국가기후변화 적응대책(2011-2015)의 분류에 기반을 두어 표 10.1에서와 같이 9개 요소로 구성하였다.[1] 이 9개 부문의 위험성에 대한 인식수준과 상응하는 적응대책의 상대적 중요성에 대한 인식이 주요 내용이 될 것이다.

기후변화 적응 인식의 다른 내용은 적응대책을 계획하고 이행하는 지방자치단체 거버넌스에 대한 인식으로, 지방자치단체의 이행구조의 효과성 등에 대한 인식을 포함해야 한다. 일반적으로 기후변화 감축은 중앙정부와 같은 거시적 차원의 일이라 여겨지는 경향이 있다. 한편 기후변화 적응정책은 지역의 역할과 접근방법에 방점을 찍고 있다 (Allen 2006). 극한 기후 피해가 발생하는 공간은 지역이고 이에 대비하는 주체도 지방정부의 역할이 더 클 것이다. 기후변화 적응은 구조적인 대책이라기보다 위험관리의 성격이 강한데(고재경 외 2015), 위

표 10.1 기후변화 적응인식 설문 구성요소

범주		세부 구성요소	
기후변화 적응 인식	기후변화 일반에 대한 인식	• 기후일반에 대한 관심 • 기후변화 위험성 인식 • 기후변화 감축과 적응 인식	
	기후변화 위험성 인식	• 건강 • 농·축산 • 해양/수산 • 물관리 • 재해/재난	• 산림 • 생태계 • 국토 • 연안
	기후변화 적응정책	시민	적응 위험성 부문별 적응정책의 중요성
		공무원	• 적응 위험성 부문별 대응책 중요성 인식 • 지역의 적응정책 중요성 인식 • 적응정책 시행 조건 인식
	기후변화 적응 거버넌스	공통	적응정책 행동주체에 대한 인식
		시민	적응정책 참여 의지
		공무원	적응정책 시행 여건에 대한 인식

험이 발생한 지역에 대한 정보와 지식 및 이해당사자인 주민의 참여를 이끌어내는 데서 지방자치단체가 더 효과적이기 때문이다. 예측불가의 기후변화 위험에 효과적으로 대처하기 위해서는 국가는 물론 지역의 다층위적 주체 간 지속적인 조정과 협력이라는 지방자치단체 거버넌스가 중요하며, 지자체장의 리더십에 주목해야 하는 이유이다. 또한, 적응대책을 실행하기 위해서는 건강, 농수산, 수자원 관리 등 기후변화 위험에 관하여 각 분야별 거버넌스가 통합적으로 작동되어야 하므로 각 분야 적응대책을 책임지는 공무원의 전문성, 조직구조 상 전담부서 여부, 그리고 재정규모 등이 고려되어야 한다. 끝으로 주민의

적응행동을 촉진하기 위해서는 기후변화로 인한 피해경험과 위험을 줄이려는 지방자치단체와 주민 간 책임분담과 정보 공유 등 지역의 다양성과 지역적 경험을 토대로 한 의사소통을 포함한 지자체 거버넌스에 대한 인식이 포함되어야 한다.

(2) 기후변화 적응 인식의 주체

기후변화 적응의 효과적인 이행에 있어 개개인의 문제의식은 관련 정책에 대한 수용성과 순응도에 영향을 미친다. 지역의 기후변화 적응에서 중요한 역할을 하는 인식의 주체는 누구인가? 기후변화 적응 인식에 관심을 둔 연구자들이 주목한 집단은 기후변화 대응 정책의 소비자인 지역주민(Ariyawardana 2018; Hagen et al. 2015; 반영운 등 2017)과 적응정책 계획과 시행의 책임이 있는 지역의 기후변화 관련 공무원이다.

먼저, 지역주민은 기후변화 적응정책의 주된 수요자이며 기후변화 적응을 통한 기회의 수익자이다. 변화된 정책을 행동으로 실천해야 하는 주체로서의 주민은 가장 중요한 참여자이기 때문에 주민 인식은 지역의 기후변화 대책의 수립 및 이행에 결정적이다 (Jeong and Ha 2015). 반면 오코너(O'Connor 2002)는 일반 시민은 기후변화 문제를 개인수준보다는 지방자치단체나 중앙정부가 접근해야 할 영역으로 인식하는 경향이 있어 행동하지 않는 경향이 있다고 하였다. 스미스와 레이져워위츠(Smith and Leiserowitz 2012; Hagen et al. 2015 재인용)는 일반 시민들의 기후변화 적응 인식은 감축정책으로서의 온실가스 감축 인식에 비해 낮은 편이며, 우선순위에서 밀려나는 경향이 있다고 하였다. 피셔 등(Fisher 2012)은 기후변화가 과연 실재하는지, 그리고 기후변화가 정말 위협적인지와 같은 회의적 태도가 증가하고 있다고 보고하였다. 시몬과 패토릭(Simonet and Fatoric 2016)은 2009년 파리와 몬트리올에 각각 거주하는 기후변화 적응 이해당사자들을 대상으로 진행한 83개의 반구조화 면접(semi-structured interview) 내역을 분석한 결과, 설문대상자들이 기후변화 적응을 '체념(resignation)'과 '기회(opportunity)'라는 이중적 프레임으로 인식하는 경향을 보이며 이는 성별과 나이에 따라 그 양상에 차이를 보인다고 분석하였다.

국내 연구자들도 일반 국민의 기후변화 적응 인식에 주목하고 있는데, 정윤지와 하종식(2015)은 우리나라 일반 국민의 기후변화 적응 인식 연구를 통해 일반 국민들의 기후변화 대응에 대한 인식 수준이 낮은 편이며, 적응정책의 중요성을 감축정책에 비해 낮게 평가하였고, 기후변화 적응 필요성이 높은 대책과 현재 이행 수준이 높은 대책에 대한 인식의 불일치를 보여, 기후변화 적응에 대한 홍보와 교육사업이 필요하다고 하였다.

그럼에도 불구하고 기후변화 문제에 대해 시민이 어떤 인식을 가지고 있는가는 시민의 행동이나 정부 정책의 결정에 상당한 영향을 미친다. 기후변화 적응 인식을 갖춘 시민의 참여는 기후변화 적응정책에 호의적인 정책결정자들에게 정치적 힘을 실어줄 수 있으며, 시민들 스스로가 온실가스 배출 감축이나 에너지 절감과 같은 행동적 변화를 통해 점진적인 기후변화 적응의 효과를 실현할 수 있기 때문이다.

한편, 지역의 기후변화 적응 대책에서 일반 주민 이상으로 중요한 역할을 하는 집단으로 지역의 기후변화 관련 공무원이 지목되고 있다. 지자체 내 기후변화 담당 공무원은 지방 내 이해관계자로서 이들

의 인식은 지역 규모의 적응 계획과 구현에 중요한 역할을 한다. 기후
변화 담당 공무원은 탄소감축정책이나 재생에너지 도입 등 다양한 기
후변화 적응정책을 시행하고 점검해야 하는 입장에 있는데 (반영운 외
2017; 정윤식·하종식 2015; 고재경·김지현 2011; 오도교 등 2010)
이들이 기후변화 적응에 대해 회의적이라면 정책 시행에 적극성을 보
여주기 어렵다. 바로 이와 같은 점에서 기후적응에 대해 관련 공무원
들이 어떻게 인식하고 있느냐가 영향을 미치는 것이다.

　기존 국외 연구에서도 공무원의 인식에 주목하고 있는데, 알만 등
(Allman et al. 2004; 고재경·김재현 2012에서 재인용)은 기후변화
의 피해가 온실가스 배출 책임이 낮은 저개발지역의 저소득계층에게
집중되어 나타난다는 점에서 지역차원의 기후변화 적응 전략이 필요
하므로 지방정부 정책담당자의 기후변화 적응에 대한 지식과 정책 필
요성 인식이 중요하다고 역설하였다. 팻첸(Patchen 2010) 역시 기
후변화 대응 전략 수립은 기후변화 문제에 대한 정책담당자들의 판단
과 밀접한 관련이 있다고 하였다. 특히, 환경부서 소속 공무원이 기후
변화정책수단에 대한 수용도가 높은 것으로 나타났으며 (Borgstede
and Lundquvist 2008), 기후변화에 대한 교육이 이들의 기후변화 적
응 인식을 높여 주므로 정책 수행의 긍정적 태도와 관련이 있다고 하
였다 (Berk and Fovell, 1999).

　국내 연구자들도 지방정부 공무원의 기후변화 적응 인식에 초점을
맞추고 있는데 반영운(2017)은 지역의 기후변화 적응대책의 성공적
이행에는 기초지자체의 행정 실무를 담당하는 공무원의 기후변화에
대한 문제의식도 정책 적용에 영향을 미친다는 점을 지적하였다. 정책
을 만들고 집행하는 개개인의 기후변화 위험성과 적응에 대한 인식 수

준이 기후변화 적응정책의 수준과 관련이 깊기 때문이다. 고재경·김지현(2011)은 경기도 공무원의 기후변화 적응 인식 특성 조사 결과, 이들의 적응에 대한 인식은 일반적인 기후변화 인식에 비해 낮은 편이었고 교육, 담당업무와 조직목표의 기후변화 관련성에 따라 차이가 있는 것으로 보고하였다. 같은 연구자들의 다른 연구(2012)에서는 공무원 본인의 업무가 기후변화와 상관성이 높다고 인식할수록 그리고 본인이 속한 부서가 기후변화 문제와 관련성이 클수록 기후변화 대응에 대한 지방정부의 행동을 지지하는 경향이 있다고 보고하였다. 공무원과 도민의 기후변화 적응 인식을 비교 분석한 반영운 등(2017)의 연구는 이 두 집단 간에 인식 차이가 존재하며, 도민과 공무원 간의 지속적인 의사소통과 교육, 홍보의 필요성이 인식 차이를 줄일 수 있는 방법이라고 하였다. 기후변화에 대한 지식수준이 높을수록 그 피해나 영향에 대한 인식도 높게 나타나고, 기후변화의 피해 심각성 인식이 높을수록 기후변화 적응정책에 대한 지지도 높게 나타난다는 연구결과(Hersch & Viscusi 2006; 김미숙 등 2007)를 고려하면 공무원의 기후변화 지식과 피해에 대한 높은 인식은 적응정책 마련과 이행에 중요한 기반임을 알 수 있다.

3) 지역 기후변화 적응 대책과 거버넌스

(1) 지역의 기후변화 적응 대책

기후변화 문제에 있어서 지방의 역할에 주목하게 된 데에는 기후변화가 지구적인 현상인 동시에 지역단위의 구체적인 현실에서 경험되는 문제이고(윤순진 2009), 기후변화의 영향과 피해가 지역마다 양상이 다르게 나타나기 때문이다. 즉, 기후변화와 그 영향, 취약성과 피해는 지역에 따라 규모나 내용이 달라서 지역 수준에서의 실효성 있는 기후변화 적응 노력이 필요하다. 예상되는 위험을 줄이려는 기후변화 적응 대책 역시 그 지역에서 예상되는 기후변화 위험 유형과 정도를 반영하여 지역 중심으로 진행될 필요가 있다. 더욱이, 지역의 지리적, 사회·경제적 여건에 따라 기후변화 대응을 위한 정책대안 및 프로그램의 우선순위가 달라지기 때문에 지역 활동에 직접적으로 연관이 되어있고 지역의 상황과 기회요인을 더 잘 알고 있는 지방정부가 지자체의 특성을 고려한 효과적인 해결책과 혁신적인 정책수단을 시도할 수 있다 (Bulkeley, et.al 2003).

지역 기후변화 적응 대책 수립의 관건은 기후변화에 적응할 수 있는 기반을 마련하는 것과, 각 피해부문별 적응대책을 수립하는 것이다 (환경부 2010). 적응기반 대책이란, 지역이 기후변화를 감시하고 예측하는 시스템을 마련하여 적응에 필요한 기초자료를 제공하고 불확실성을 최소화하는 것이며, 기후변화 적응산업과 에너지 변환 기반을 마련하여 기후변화를 새로운 산업이나 사업으로 연결하는 기회로 삼는 것이다. 이를 위해서는 교육과 홍보는 결정적 요소이다. 지역공동체가 기후변화 적응이 위기대응인 동시에 기회이기도 함을 인식할 수 있도록 기후변화, 기후변화 위험성, 기후변화 적응에 대한 인식 및 대응 필요성을 홍보하고 직능별로, 연령별로 이를 교육해야 한다.

우리나라에서도 이미 「저탄소 녹색성장 기본법」에 의거, 5년마다 국가 기후변화 적응대책을 수립하고 있으며, 2015년부터 시·도 및 기초지자체도 기후변화 적응대책 세부시행계획 수립이 의무화되었다.

이에 따라 지자체 특성과 수요를 고려하여 지역단위의 적응 추진 강화 기반을 마련하고 참여활성화를 위한 기반을 마련하기 위한 인식 제고 등이 추진되어 왔다 (고재경 외 2015).

적응 기반 대책에 이어, 실제 지역이 적응대책을 수립해야 할 부분에 대한 접근도 필요한데, 기후변화 적응 분야별 정책은 구체적으로 건강, 재난 및 재해, 농업, 산림, 물 관리, 생태계, 해양 및 수산, 기후변화 감시 및 예측, 적응산업 및 에너지, 교육 홍보 및 국제협력으로 나눌 수 있다. 주민의 건강보호를 위한 접근, 재난이나 재해에 대한 대책, 기후변화에 맞는 기후친화형 농업생산체계로의 전환, 생태계 보호와 복원을 통한 지역의 생물다양성 확보 등이 그것이다. 지역 사정에 따라 구체적 부문별 정책의 중요성이나 시급성을 고려하여야 하고, 정책별 우선순위에 대한 검증도 적응대책에서 고려되어야 한다.

(2) 기후변화 적응 거버넌스

거버넌스는 정부중심의 공적조직과 사적 조직의 경계가 무너지면서 나타나는 상호 협력적인 조정양식이라고 정의된다. 거버넌스의 특징적 요소로서 자율성, 상호의존성, 협력과 조정, 네트워크로 본다. 이는 권력과 기관역량이 공공과 민간의 행위자들의 자원 사용과 조정 역량에서 비롯된다는 것을 의미한다 (Peters, et .al. 2001).

기후변화는 원인과 결과가 다중적으로 교차되어 있으며 복합성과 포괄성 등을 지니고 있다는 특성을 고려할 때, 여러 관련 주체들의 합의와 협력이 필요하다는 점에서 거버넌스가 대두되었으며 이는 지역의 기후변화 적응 거버넌스에도 그대로 적용된다. 기후변화 적응 거버넌스는 기후변화 영향과 피해를 최소화하기 위해 공공부문과 민간부문이

상호 협력을 통해 효과적으로 대응해 나가는 것이다. 기후변화 문제는 다양한 이해당사자가 관련된 복잡한 문제로서 단일화된 해결책이 없기에 지방정부 내부에서의 조정과 통합은 물론 지방정부 외부의 정책 네트워크와의 파트너쉽이 중요하다 (Fleming, et. al 2003, Bulkeley, et. al. 2006). 고재경 (2007)은 지방정부는 주민의 실생활과 밀착되어 있어 다양한 정보를 제공하고 주민교육이나 기후변화 인식제고 홍보 등을 활용하여 기후변화 적응 인식을 제고시키고 에너지 절약이나 재생에너지 활용 등 행동변화를 이끌어낼 수 있다고 하였다.

그러면 지역의 기후변화 적응 거버넌스는 어떤 내용으로 구성되는 가? 김영한(2010)은 지방정부와 시민사회와의 상호작용, 지방정부와 기업과의 관계, 지방정부와 유사한 타 지방정부들과의 관계, 지방정부와 다국적 도시네트워크와의 관계, 지방정부내 내부 부서간 네트워크를 거버넌스 내용으로 보았다. 고재경(2007)은 경기도를 대상으로 한 연구에서 외부 정책적 환경(국제적 규제, 중앙의 정책·지원), 내부 제도적 역량(조직·인력·예산), 거버넌스 역량(민관파트너쉽, 교육·홍보)을 중심으로 기후변화 대응 추진체계를 분석하였다.

2015년부터 부과된 시·도 및 기초지자체의 기후변화 적응대책 세부시행계획에서도 지자체들은 거버넌스 접근방식을 도입하여, 산업계·지자체, 학계, 시민단체 등이 적응 정보를 공유하면서 자발적으로 참여하고 기후변화 적응의 복잡성과 불확실성에 대해 유연하게 접근하고자 노력하고 있다 (고재경 외 2015).

본 연구에서는 지자체 기후변화 적응 거버넌스에는 다양한 인식의 주체(주민, 공무원)들이 해당 지역에서 경험 또는 예측하는 기후변화 위험성에 대처하기 위한 적응대책에 대한 인식과, 적응대책을 계획,

이행할 지자체의 역량에 대한 인식을 포함한다고 보았다. 구체적으로, 지방자치단체의 이행구조의 효과성 등에 대한 인식을 포함해야 한다. 특히, 지자체장의 기후변화 적응에 대한 리더십, 적응대책을 책임지는 공무원의 전문성, 조직구조 상 전담부서 여부, 그리고 재정규모 등의 속성에 주의를 기울여야한다.

2. 기후변화 적응 인식 설문조사 문항

위와 같은 기존의 중앙정부/지자체의 설문조사 사례들을 바탕으로 본 연구진은 광역자치단체 지역 일반 시민 및 공무원을 대상으로 하는 기후변화 적응 인식조사에 활용될 설문지를 고안하였다. 따라서 설문지의 대상은 일반 시민, 지자체 공무원으로 나누어진다. 기후변화정책 수립 두 설문지는 일반시민과 지자체 공무원의 다른 성격을 고려하여 문항 간의 차이가 있는 부분이 존재하지만, 대개 같은 질문을 공유한다. 설문지 구성은 기후변화 일반/기후변화 위험성/적응정책/적응 거버넌스 순서로 나누었다.

1) 기후변화 일반

먼저 기후변화 일반 파트에서는 표 10.2와 같은 기후변화에 대한 평소 인식을 묻는 문항을 먼저 제시하였다. 여기에는 응답자가 기후변화에 대해 얼마나 알고 있는지, 기후변화에 대해 관심은 있는지, 기후변화 현상이 우리 사회에 미치는 영향에 대해서 어느 정도 알고 있는지, 이로 인한 우리나라의 상황은 어떻다고 생각하는지를 묻는 문항들이 포함된다 (월드리서치 2014). 이는 기후변화 적응정책을 논하기 이전에 기후변화 자체에 대한 가장 기초적인 지식과 관심정도를 측정한다는 점에서 일반시민 및 지자체 공무원의 적응정책을 고민하는데 필수적인 전제라고 할 수 있다 (신혜선 2014). 즉, 기후변화에 대한 보편적인 인식을 알려주는 데이터가 선행되지 않는다면 적응정책과 관련한 질문에 대해 응답한 데이터는 그 가치를 확신하기가 어려울 것이다.

다음으로 표 10.3에 Q5문항은 응답자가 직접 기후변화로 인한 위험을 느낀 적이 있는지를 묻는 내용이다. 이는 보편적으로 기후변화가 위험하다고 생각하는 것과, 실제로 응답자가 그러한 경험을 한 적이 있는지를 묻는다는 점에서 차이가 있다. 일반적으로 기후변화의 위험성을 인식하는 것은 미디어매체의 프로그램이나, 학교 등의 교육을 통해 만들어질 수 있지만, 개개인이 지역사회에서 기후변화로 인한 위험을 직접 체감하는 정도와 정부가 체감하는 정도의 차이가 존재할 수도 있다. 따라서 이러한 조사를 통해 지역주민들의 기후변화 위험 체

표 10.2 기후변화 일반 인식 설문 문항

번호	문항내용	전혀 그렇지 않다	별로 그렇지 않다	그렇다	어느 정도 그렇다	매우 그렇다
Q1	기후변화에 대해 알고 있다	①	②	③	④	⑤
Q2	기후변화에 대해 관심이 있다	①	②	③	④	⑤
Q3	기후변화 현상이 우리 사회에 미치는 영향을 잘 알고 있다	①	②	③	④	⑤
Q4	우리나라에서도 기후변화의 영향이 심각하다고 생각한다	①	②	③	④	⑤

감 정도가 자치단체의 기후변화정책 특히 적응정책 구상과정에 반영
될 수 있을 것이다.

Q6_1, Q6_2, Q8 문항은 응답자가 기후변화에 대한 교육이나 정보
를 얻는 경로를 묻는다. 일반시민들이 기후변화에 대한 정보를 어떻게

표 10.3 기후변화 경험 설문 문항

Q5. 기후변화에 의해 나타날 수 있는 부정적 영향에는 홍수, 해수면 상승, 열파, 가뭄, 물 부족, 새로운 질병의 출현, 생태계 변화 등이 있습니다. 귀하께서는 기후변화의 영향으로 위험을 느낀 적이 있습니까? ① 위험을 느낀 적이 없다　　　　② 위험을 느낀 적이 있다
Q6_1. 기후변화와 관련된 교육을 받거나 프로그램에 참여한 적이 있습니까? ① 있다　　　　　　　　　② 없다
Q6_2. Q6_1질문에서 '①있다'에 체크하신 분만 답변하시기 바랍니다. 어떤 경로로 기후변화와 관련된 교육을 받거나 프로그램에 참여하셨습니까? ① 학교 교육과정　　② (학교 외)정부　　③ 지자체　　④ 시민단체 ⑤ 종교단체　　　　⑥ 기타 _____
Q7. 기후변화 대응에는 '감축'과 '적응'이 있습니다. 어떤 대응 방식이 더 시급하다고 생각하십니까? ① 기후변화 감축이 적응보다 더 시급하다 ② 기후변화 적응이 감축보다 더 시급하다 ③ 기후변화 감축과 적응 둘 다 동등하게 다루어져야 한다 ④ 두 개념의 차이를 모른다
Q8. 기후변화에 대한 정보를 얻는 데 중요하다고 생각하는 우선순위 경로 3가지를 골라주세요. ① 언론매체(TV,신문,잡지 등)　　② 포털사이트(네이버,다음,구글 등) ③ SNS(페이스북,트위터 등)　　④동영상플랫폼(Youtube 등) ⑤ 전문적인 문헌(보고서,논문 등)　⑥오프라인 교육기관(학교,센터 등) ⑦기타 _____

얻게 되는지를 파악하는 것은 정책결정자들이 기후변화 적응과 관련한 홍보를 포함하여 효과적인 정책을 형성하는 데 도움을 준다. Q7 문항의 경우 기후변화 감축과 적응 중 어떠한 것이 더 시급한 문제인지를 묻는 문항이다 (하종식 외 2014). 응답자가 기후변화 적응에 대해서 잘 모를 것이라고 예상하기 때문에 이를 위해서 설명란을 Q7질문 앞에 추가하였다 (Appendix 1 참고). 한편, 지자체 공무원을 대상으로 한 설문조사지에는 표 10.3의 문항들이 없고 대신 표 10.4의 내용이 있다.

Q5_1문항의 경우 일반시민 설문조사지의 Q7과 유사하지만, 공무원 응답자들이 근무하고 있는 지자체를 기준으로 묻는 다는 점에서 차

표 10.4 공무원 대상 기후변화 적응과 감축 설문 문항

Q5_1. 기후변화 대응에는 '감축'과 '적응'이 있습니다. 귀하께서 근무하고 계시는 지자체 지역의 기준에서 보았을 때 어떤 대응 방식이 더 중요하다고 생각하십니까? ① 지자체에서는 기후변화 감축을 적응보다 더 중요하게 다루어야 한다 ② 지자체에서는 기후변화 적응을 감축보다 더 중요하게 다루어야 한다 ③ 지자체 단위라 할지라도 기후변화 감축과 적응 둘 다 동등한 수준으로 다루어야 한다 ④ 두 개념의 차이를 모른다
Q5_2. 정부의 차원에서 보았을 때 어떤 대응 방식이 더 중요하다고 생각하십니까? ① 중앙정부에서는 기후변화 감축을 적응보다 더 중요하게 다루어야 한다 ② 중앙정부에서는 기후변화 적응을 감축보다 더 중요하게 다루어야 한다 ③ 지자체 단위라 할지라도 기후변화 감축과 적응 둘다 동등한 수준으로 다루어져야 한다 ④ 두 개념의 차이를 모른다

이가 있다. 이와 연장선상에서 Q5_2는 지자체 공무원 입장에서 보았을 때, 중앙정부의 차원에서는 어떠한 감축과 적응 중 어떠한 대응방식이 더 중요하다고 생각하는지를 묻는다 (하종식 외 2014). 이는 지자체와 중앙정부의 권한, 역량 등이 분명한 차이가 있기 때문이다. 한편, 지자체 공무원은 각 지자체의 능력과 권한의 범위를 일반시민들보다 훨씬 더 잘 알고 체감할 것이므로 이러한 문항으로부터 얻어지는 데이터는 각 지자체별 적응정책을 구상하는 데 있어서 중요한 정보이다. 즉, 지자체에서 중앙정부의 기후변화 관련 정책을 수용하여 기후변화 감축과 적응정책을 위한 대책을 마련하려고 하는 상황에서 현장에서 일하는 공무원들이 정책의 실현가능성을 누구보다 더 잘 알 수도 있다. 예를 들어, 기후변화의 원인으로 꼽히는 탄소배출 문제의 심각성이 크지 않지만, 기후변화로 인한 그 결과로 여러 농작물 피해를 겪는 지자체가 있다면 당연히 감축정책보다는 해당 문제와 관련한 적응정책에 많은 예산을 배분해야 할 것이고 이러한 현실은 지자체 공무원들이 더 잘 인식하고 있을 것이다. 즉, 소수의 정책 결정가의 입장에서 지자체 공무원들의 전반적인 인식을 검토한 후 감축과 적응의 중요성에 유의미한 인식 차이가 존재한다면, 정책 결정가는 지자체의 정책 우선순위를 더 현실적으로 파악해야할 필요성을 느끼고 추가적으로 지자체 내 설문조사를 실시하거나 구성원들의 의견을 수렴하여 정책내용을 구체화하는데 방향성을 찾을 수도 있다. 반면, 두 개념의 중요성 인식에 유의미하다고 할 만한 차이가 없다면, 감축과 적응정책을 균형있게 가져가는 방향으로 정책을 구상할 수 있을 것이다.

2) 기후변화 위험성

기후변화 위험성을 측정하는 문항은 다음과 같이 기존의 각 지자체 보고서의 영역 구분을 참고하여 구성하였다. 질문은 기후변화로부터 발생할 수 있는 각 부문별 세부항목의 위험 정도를 묻는 문항이다. 세부항목은 구체적으로 건강(폭염, 한파, 감염병, 대기오염물질, 식품안전성에 의한 건강취약성), 농·축산(재배시설 피해, 가축 폐사, 대체작물 생산성의 농업취약성, 농산물 생산량 감소), 해양/수산(수온 상승으로 인한 질병 발생 및 병원성 미생물 증가, 수산자원 감소, 수온변화로 인한 어장변화, 유해 해양생물 출현 증가), 물 관리(가뭄, 홍수, 하천수량 변화, 용수부족, 수질오염에 대한 취약성), 재해/재난(태풍, 집중호우, 폭설, 가뭄), 산림(임업 생산량 저하, 산불피해, 산사태, 산림 병해충, 산림·식생대 변화), 생태계(서식처 파괴, 먹이사슬 교란, 유해 외래종, 생물 다양성 감소), 국토(도로의 안정성 저해, 건물의 안전성 저해, 상하수도시설의 안정성 저해), 연안(제방의 안정성 저해, 연안 침식 증가)로 나누어진다. 이를 설문조사지에 표 10.5와 같이 제시하였다. 이때 일반시민 대상의 설문조사와 지자체 공무원을 대상으로 하는 설문조사지의 질문이 조금 다르다. 전자의 경우 "응답자가 거주하는 지역"을 기준으로 응답하도록 요구하였고, 후자의 경우 "응답자가 소속된 지자체 지역"을 기준으로 응답하도록 요구하였다. 이처럼 자신의 거주지 또는 소속 지자체를 구분하는 것이 중요한 이유는 실제로 자신과 가까운 환경에서 더 정확한 정보를 얻을 수 있기 때문이며, 이는 실질적인 적응정책 수립에서도 더 도움이 될 수 있기 때문이다.

표 10.5 기후변화 위험성 설문 문항

번호	기후변화 위험 문항내용	기후변화 위험 세부항목	전혀 위험하지 않음	별로 위험하지 않음	보통	약간 위험함	매우 위험함
Q1	건강	폭염	①	②	③	④	⑤
		한파	①	②	③	④	⑤
		감염병	①	②	③	④	⑤
		대기오염물질	①	②	③	④	⑤
		식품안전성 문제에 의한 건강취약성	①	②	③	④	⑤
Q2	농·축산	재배시설 피해	①	②	③	④	⑤
		가축 폐사	①	②	③	④	⑤
		대체작물 생산성의 농업취약성	①	②	③	④	⑤
		농산물 생산량 감소	①	②	③	④	⑤
Q3	해양/ 수산	수온 상승으로 인한 질병발생 및 병원성 미생물 증가	①	②	③	④	⑤
		수산자원 감소	①	②	③	④	⑤
		수온변화로 인한 어장변화	①	②	③	④	⑤
		유해 해양생물 출현 증가	①	②	③	④	⑤
Q4	물관리	가뭄	①	②	③	④	⑤
		홍수	①	②	③	④	⑤
		하천수량 변화	①	②	③	④	⑤
		용수부족	①	②	③	④	⑤
		수질오염에 대한 취약성	①	②	③	④	⑤

계속

번호	기후변화 위험 문항내용	기후변화 위험 세부항목	전혀 위험하지 않음	별로 위험하지 않음	보통	약간 위험 함	매우 위험 함
Q5	재해/ 재난	태풍	①	②	③	④	⑤
		집중호우	①	②	③	④	⑤
		폭설	①	②	③	④	⑤
		가뭄	①	②	③	④	⑤
Q6	산림	임업	①	②	③	④	⑤
		산불피해	①	②	③	④	⑤
		산사태	①	②	③	④	⑤
		산림 병해충	①	②	③	④	⑤
		산림·식생대 변화	①	②	③	④	⑤
Q7	생태계	서식처 파괴	①	②	③	④	⑤
		먹이사슬 교란	①	②	③	④	⑤
		유해 외래종	①	②	③	④	⑤
		생물 다양성 감소	①	②	③	④	⑤
Q8	국토	도로의 안전성 저해	①	②	③	④	⑤
		건물의 안전성 저해	①	②	③	④	⑤
		상하수도시설의 안전성 저해	①	②	③	④	⑤
Q9	연안	제방의 안정성 저해	①	②	③	④	⑤
		연안 침식 증가	①	②	③	④	⑤

참고: 총 16개 지자체의 기후변화적응관련 보고서를 참고하였다. 각 지자체 보고서는 대개 동일한 부문 구분을 따르면서도, 조금씩 차이가 있는 경우들이 있다. 예를 들어, 서울특별시의 경우 건강 부문, 재난 재해, 물관리, 산림·생태계로 구분하며 인천광역시의 경우 건강, 재난·재해, 농업, 산림, 해양·수산, 물관리, 생태계 부문으로 구분한다. 충청북도의 경우 여기에 적응산업, 에너지 적응산업, 에너지/교육·홍보 및 국제협력 부문교육을 추가하기도 하였다. 한편, 본 논문은 기본적으로 지자체 보고서를 참고하되, 본 연구자들이 참여하는 "기후변화 적응대책·기술 선정을 위한 의사결정 지원 시스템 신뢰도 향상 기법 개발" 프로젝트에서 공식적으로 채택한 부문별 구분을 따라 설문지를 구상하였음을 밝힌다.

한편, 응답자가 거주하는 지역(공무원은 소속된 지자체)에 따라 우선적으로 대비되어야 하는 우선순위 부문을 3개 선택하는 질문을 표 10.6과 같이 Q10으로 추가하였다.

3) 적응정책

적응정책에 대한 설문에서는 응답자가 생각하기에 중요하다고 생각하는 각 부문별 정책의 중요도를 묻는 문항으로 구성되었다. 이때 세부항목은 기후변화 위험성 파트에서의 구분방식과 동일하다. 그러나 여기서 일반시민과 지자체 공무원 대상 설문조사 문항에는 차이가 있다. 먼저 일반시민의 경우 표 10.7과 같이 적응정책에서의 질문과 비슷하게 응답자가 거주하는 지역을 기준으로 각 세부항목별 적응정책의 중

표 10.6 기후적응정책 우선순위 설문 문항

Q10. 귀하께서 생각하기에 현재 거주하고 계시는 지역의 지자체에서 기후변화 적응을 위해 우선적으로 대비해야 하는 부문 3가지를 선택하여 주십시오.

① 건강(폭염, 한파, 감염병, 대기오염물질, 식품안정성 문제에 의한 건강 취약성 증가 등)

② 농·축산업 분야(재배시설 피해, 가축 폐사, 대체작물 생산성의 농업 취약성, 생산성 저하, 등)

③ 해양/수산 및 물 관리 분야(수온 상승으로 인한 질병발생 및 병원성 미생물 증가, 수산자원 감소, 수질 악화, 물부족 등)

④ 재난·재해 분야(홍수, 폭설, 강풍, 가뭄 등으로 인한 재산 등 피해)

⑤ 산림 및 생태계 분야(산불, 수종, 변화 등 산림 피해 및 동·식물 생태계 교란)

⑥ 국토·연안 분야(도로·건물·제방·상하수도 시설 안전성 저해, 연안 침식 증가)

요도를 물었고, 지자체 공무원의 경우 표 10.8과 같이 지역(광역/기초
지자체)과 중앙정부 각각의 서로 다른 역할, 역량, 권한을 고려하였을
때, 세부항목의 위험성 대응책의 중요도를 묻는 문항으로 구성하였다.
이는 공무원들이 각 지자체의 역량과 권한에 대해서 잘 알고 있을 것
이며, 이는 중앙정부가 할 수 있는 일과 지자체가 할 수 있는 일에 대
해서 유용한 정보를 제공해 줄 수 있을 것이다. 예를 들어, 농업이 발
달한 작은 규모의 지자체는 기후변화로 인한 농작물 피해에 대하여서
는 스스로 가장 잘 알 것이고 이를 해결할 수 있는 제도적, 기술적 역
량은 갖출 수 있지만, 심각한 감염병 문제가 발생한다면 해당 지자체
가 가지는 의료역량을 고려했을 때 정책 마련이 어렵다고 판단할 수도
있다. 이러한 인식 설문조사는 지자체마다 상이하게 나타날 것이므로
각 지자체의 독립적인 적응정책 구상 및 중앙정부와의 정책협의에 있
어서 중요한 근거로 사용될 수 있을 것이다.

표 10.7 기후변화정책 설문 문항

번호	문항내용	세부항목	전혀 중요하지 않음	별로 중요하지 않음	보통	약간 중요함	매우 중요함
Q1	건강	이상기온 및 기상재해	①	②	③	④	⑤
		감염병	①	②	③	④	⑤
		대기오염	①	②	③	④	⑤
		건강부문 공공서비스	①	②	③	④	⑤
Q2	농·축산	기후적응형 기술개발	①	②	③	④	⑤
		농축산피해 예방 및 대응	①	②	③	④	⑤
		생산여건 개선	①	②	③	④	⑤

계속

표 10.7 계속

번호	문항 내용	세부항목	전혀 중요하지 않음	별로 중요하지 않음	보통	약간 중요 함	매우 중요 함
Q3	해양/ 수산	기후적응형 기술개발	①	②	③	④	⑤
		수산피해 예방 및 대응	①	②	③	④	⑤
		해양생태계	①	②	③	④	⑤
		관리 및 개선					
Q4	물관리	가뭄대책	①	②	③	④	⑤
		홍수대책	①	②	③	④	⑤
		수질 및 수생태계	①	②	③	④	⑤
Q5	재해/ 재난	예방	①	②	③	④	⑤
		대비	①	②	③	④	⑤
		대응	①	②	③	④	⑤
		복구	①	②	③	④	⑤
Q6	산림	임업생산성 유지·증진	①	②	③	④	⑤
		산림재해/병해충 예방·대응	①	②	③	④	⑤
		산림생태계 보전 및 관리	①	②	③	④	⑤
Q7	생태계	생태계 모니터링 및 취약성 평가	①	②	③	④	⑤
		생태계 보전·복원·관리	①	②	③	④	⑤
		생물다양성	①	②	③	④	⑤
Q8	국토	도로교통관리	①	②	③	④	⑤
		건물시설관리	①	②	③	④	⑤
		도시계획	①	②	③	④	⑤
Q9	연안	연안재해예방 및 대응	①	②	③	④	⑤
		연안공간계획	①	②	③	④	⑤

표 10.8 기후변화 중앙정부, 지자체 정책 설문 문항

번호	문항 내용	세부항목	지자체/ 중앙정부	전혀 중요하지 않음	별로 중요하지 않음	보통	약간 중요 함	매우 중요 함
Q1	건강	이상기온 및 기상재해	지자체	①	②	③	④	⑤
			중앙정부	①	②	③	④	⑤
		감염병	지자체	①	②	③	④	⑤
			중앙정부	①	②	③	④	⑤
		대기오염	지자체	①	②	③	④	⑤
			중앙정부	①	②	③	④	⑤
		건강부문 공공서비스	지자체	①	②	③	④	⑤
			중앙정부	①	②	③	④	⑤
Q2	농· 축산	기후적응형 기술개발	지자체	①	②	③	④	⑤
			중앙정부	①	②	③	④	⑤
		농축산피해 예방 및 대응	지자체	①	②	③	④	⑤
			중앙정부	①	②	③	④	⑤
		생산여건 개선	지자체	①	②	③	④	⑤
			중앙정부	①	②	③	④	⑤
Q3	해양/ 수산	기후적응형 기술개발	지자체	①	②	③	④	⑤
			중앙정부	①	②	③	④	⑤
		수산피해 예방 및 대응	지자체	①	②	③	④	⑤
			중앙정부	①	②	③	④	⑤
		해양생태계 관리 및 개선	지자체	①	②	③	④	⑤
			중앙정부	①	②	③	④	⑤
Q4	물관리	가뭄대책	지자체	①	②	③	④	⑤
			중앙정부	①	②	③	④	⑤

계속

표 10.8 계속

번호	문항 내용	세부항목	지자체/ 중앙정부	전혀 중요하지 않음	별로 중요하지 않음	보통	약간 중요 함	매우 중요 함
Q4	물관리	홍수대책	지자체	①	②	③	④	⑤
			중앙정부	①	②	③	④	⑤
		수질 및 수생태계	지자체	①	②	③	④	⑤
			중앙정부	①	②	③	④	⑤
Q5	재해/ 재난	예방	지자체	①	②	③	④	⑤
			중앙정부	①	②	③	④	⑤
		대비	지자체	①	②	③	④	⑤
			중앙정부	①	②	③	④	⑤
		대응	지자체	①	②	③	④	⑤
			중앙정부	①	②	③	④	⑤
		복구	지자체	①	②	③	④	⑤
			중앙정부	①	②	③	④	⑤
Q6	산림	임업생산성 유지·증진	지자체	①	②	③	④	⑤
			중앙정부	①	②	③	④	⑤
		산림재해/ 병해충 예방·대응	지자체	①	②	③	④	⑤
			중앙정부	①	②	③	④	⑤
		산림생태계 보전 및 관리	지자체	①	②	③	④	⑤
			중앙정부	①	②	③	④	⑤
Q7	생태계	생태계 모니터링 및 취약성 평가	지자체	①	②	③	④	⑤
			중앙정부	①	②	③	④	⑤
		생태계 보전· 복원·관리	지자체	①	②	③	④	⑤
			중앙정부	①	②	③	④	⑤

계속

번호	문항 내용	세부항목	지자체/ 중앙정부	전혀 중요하지 않음	별로 중요하지 않음	보통	약간 중요 함	매우 중요 함
Q7	생태계	생물다양성	지자체	①	②	③	④	⑤
			중앙정부	①	②	③	④	⑤
Q8	국토	도로교통관리	지자체	①	②	③	④	⑤
			중앙정부	①	②	③	④	⑤
		건물시설관리	지자체	①	②	③	④	⑤
			중앙정부	①	②	③	④	⑤
		도시계획	지자체	①	②	③	④	⑤
			중앙정부	①	②	③	④	⑤
Q9	연안	연안재해 예방 및 대응	지자체	①	②	③	④	⑤
			중앙정부	①	②	③	④	⑤
		연안공간계획	지자체	①	②	③	④	⑤
			중앙정부	①	②	③	④	⑤

한편 표 10.9는 공무원 설문조사지에만 있는 것으로 표에 있는 각 구분은 적응정책의 예시에 해당한다. 질문은 적응정책에 있어서 각 부문들 중 어떠한 것이 중요하다고 생각하는지를 묻는 것인데, 공무원 설문조사지에 적응정책 1번 질문에 해당한다. 이것 역시 각 지자체의 여건에 따라서 상이한 대답이 나올 확률이 높을 것으로 기대되는데, 이 문항으로부터 얻어지는 정보는 각 지역의 적응정책 개발에 있어서 유용한 데이터를 제공할 것이다.

추가적으로 공무원 설문조사지에는 각 응답자가 소속된 지자체에서 더 효과적인 기후변화 적응정책 시행을 위해 필요한 요인을 묻는

표 10.9 기후변화정책의 우선순위 설문 문항

구분	전혀 중요하지 않음	별로 중요하지 않음	보통	약간 중요함	매우 중요함
기후변화 영향에 관한 시민 교육 및 홍보	①	②	③	④	⑤
재해, 건강, 농림, 산림, 등 부문별 담당자 교육 및 훈련	①	②	③	④	⑤
기후변화의 영향을 고려한 시설물 설치 기준 강화, 홍수 위험지역 개발 금지 등 규제 강화	①	②	③	④	⑤
기후변화가 지역에 미치는 영향 및 취약성 평가	①	②	③	④	⑤
홍수지도, 재해위험지도, 해수 범람 예상도 작성(사건예방 대책)	①	②	③	④	⑤
적응 프로그램 집행을 위한 재정적 지원	①	②	③	④	⑤
댐, 도로, 하수관로, 건물 등 기후변화의 영향에 취약한 인프라 보강을 위한 투자 확대	①	②	③	④	⑤
기후변화 대응 보험 상품 개발	①	②	③	④	⑤

문항을 구성하였다. 세부항목은 표 10.10과 같다. 이 문항은 단순히 중요한 적응정책을 제시하는 것뿐만 아니라, 그 정책을 추진하기 위한 여건들에 어떠한 것들이 필요한지를 묻는다는 점에서 필요한 문항들이라고 할 수 있다. 이러한 정보가 선행되지 않는다면, 시행 가능한 정책 결정 자체에 어려움을 겪게 될 것이다.

표 10.10 지자체 기후변화 적응정책 시행 요인

구분	전혀 중요하지 않음	별로 중요하지 않음	보통	약간 중요함	매우 중요함
일반 시민의 인식 제고	①	②	③	④	⑤
공무원의 높은 인식과 전문성	①	②	③	④	⑤
지역의 기후변화 영향 범위와 시기 등에 관한 정보제공	①	②	③	④	⑤
상위 정부의 지침이나 제도적 근거 보완	①	②	③	④	⑤
관련된 정책들의 연계와 조정	①	②	③	④	⑤
단기적인 성과 위주의 관행이 아닌 장기적인 의사결정 경로 확립	①	②	③	④	⑤
지방자치단체의 재량권 확보	①	②	③	④	⑤
일반시민의 정책참여 기회 확대	①	②	③	④	⑤
지자체장의 높은 관심	①	②	③	④	⑤
기후변화 전담 인력 충원	①	②	③	④	⑤
지자체의 충분한 재정여건	①	②	③	④	⑤
비용 대비 효과의 확실성	①	②	③	④	⑤

4) 적응 거버넌스

적응 거버넌스는 적응정책 의사결정 구조의 효과성을 파악하는 데 있어서 매우 중요하다. 이는 주로 적응정책 시행을 위한 행동주체와 리더십, 시민들의 정책 협력의지를 파악하는 것을 포함한다. 이러한 내용을 따라 적응 거버넌스와 관련한 설문 문항을 구성하였다. 먼저 일반시민과 공무원 설문지의 공통문항은 표 10.11의 내용과 같다. Q1은 기후변화 적응정책에 있어서 우선순위 행동주체 3가지를 선택하는 질문인데, 이는 정책 의사결정 구조에 있어서 누가 주도적인 역할을 해야 하는지를 파악하는 데 도움이 될 것으로 기대된다 (하종식 외 2014; 월드리서치 2014). Q3, Q4는 각 지역의 지자체장 또는 의회가 적응정책을 시행하는 데 있어서 충분히 리더십을 갖추었다고 인식되는지를 평가하는 문항이다. 지자체장의 리더십은 공약에 기후변화 적응정책의 포함 여부와 법제화 정도를 통해 설명된다. 한편 Q4의 지방의회 기후변화 적응 리더십은 지방의회가 제정한 기후변화 대응 조례의 적응대책 조항 포함 여부를 통해 설명된다. 이는 정책 의사결정 과정의 효율성 또는 실제 정책이 잘 시행되고 있다는 효능감에 중요한 역할을 할 것이다. 여기서 공무원 설문지의 경우 거주하고 있는 지자

표 10.11 지자체 기후 적응 우선순위 설문 문항

Q1. 기후변화 적응정책에 있어 중요하다고 생각하는 우선순위 행동주체 3가지를 선택하여 주십시오. ① 중앙정부 ② 광역지자체 ③ 기초지자체 ④ 나를 포함한 개별시민 ⑤ 시민사회단체 ⑥전문가 ⑦기타 _____
Q3. 귀하가 현재 거주하고 있는 지역 지자체장의 기후변화 적응 리더십(기후변화 적응정책을 공약에 포함하고 실행하는 정도)이 어느 정도라고 생각하십니까? ① 리더십이 매우 부족하다 ② 리더십이 부족하다 ③ 보통이다 ④ 리더십이 뛰어나다 ⑤ 리더십이 매우 뛰어나다
Q4. 귀하는 현재 거주하고 있는 지역에 대한 지방 의회(시의회, 군의회)의 기후변화 적응 리더십(기후변화 적응 관련 조례를 만들고 실행하는 정도)이 어느 정도라고 생각하십니까? ① 리더십이 매우 부족하다 ② 리더십이 부족하다 ③ 보통이다 ④ 리더십이 뛰어나다 ⑤ 리더십이 매우 뛰어나다

체가 아닌 소속된 지자체를 기준으로 질문하였다.

표 10.10에 포함되지 않은 Q2의 경우 일반시민 설문지와 공무원 설문지가 다른데, 일반시민의 경우 표 10.12와 질문으로 구성하였다. 정책의 변화로부터 기인하는 행동의 실천에 있어서 각 지역의 시민들이 가장 중요한 참여자이기 때문에(Jeong and Ha 2015), 적응정책에 대한 시민들의 노력의지, 의향 파악은 기후변화 적응 거버넌스에 있어서 매우 핵심적인 요소라고 할 수 있다. 반면, 공무원 설문조사지 Q2의 경우 지자체별 기후변화 적응을 위해 항시적 전담 부서 또는 일시적 프로젝트 팀 중 어느 것이 더 적절하다고 생각하는지를 묻는 문항으로 구성하였다. 이러한 인식 내용도 적응정책의 효율성에 있어서 중요할 수 있다. 예를 들어, 여건이 되지 않는 지자체에서 무리하게 항시적인 전담 부서를 개설할 경우 예산이나 정책과정의 효율성 등에서 문제가 발생할 수 있기 때문이다. 이러한 현실적 고려도 적응 거버넌스에 있어서 중요한 문제이다.

표 10.12 시민의 기후변화 적응 행동 설문

질문	전혀 그렇지 않다	별로 그렇지 않다	보통 이다	어느 정도 그렇다	매우 그렇다
나는 기후변화 적응을 위해 노력하고 있다.	①	②	③	④	⑤
기후변화와 관련한 행사/사업/모임 등이 있다면 참여할 의향이 있다.	①	②	③	④	⑤
거주 지역의 이웃들이 기후변화 적응을 위해 좀 더 노력한다면 나도 노력할 의향이 있다.	①	②	③	④	⑤

이처럼 기후변화 적응 인식에 대한 설문지는 기존 연구 및 보고서를 참고하여 적응정책을 위해 실제적으로 도움이 될 만한 문항들로 구성하였다. 또한, 기후변화 전문가들의 세 차례 자문을 통해 설문 구성과 문항을 수정하였다. 실제 기후변화를 담당하는 공무원들의 자문으로 문항의 난이도, 길이, 구성에 대한 의견을 반영하였다.

3. 기후변화 적응 인식: 무엇을 물을 것인가?

무엇을 물을 것인가? 무엇을 할 것인가에 앞서 물어야 할 질문이다. 기후변화와 기후변화 적응의 중요성을 강조하기 전, 기후변화에 영향을 받는 시민들과 실제로 기후변화 적응정책을 시행할 공무원들의 인식을 아는 것이 선행되어야 한다. 본 연구에서는 지역에서의 기후변화 적응에 대한 인식을 평가하기 위해 이론과 인터뷰를 통해 설문 문항을 제시하였다. 즉, 지역주민들은 기후변화 문제를 어느 정도 심각하게 인식하고 있는지, 사람들은 지역에서 발생하는 어떤 기후 위험을 얼마나 인식하고 있는지, 그리고 지역에서 시급한 기후변화 적응정책과 효과적인 거버넌스 구조는 무엇인지를 파악하는 데 필요한 설문 문항을 제시하고 있다.

17개 광역시와 226개 기초지방자치단체는 기후변화 적응에 있어 지역적으로 차별화된 위험, 정책, 거버넌스를 가질 것이다. 이에, 기후변화 위험, 정책, 거버넌스에 대한 인식 조사는 효과적인 지역 맞춤 기후 적응정책을 수립하고 집행하는 데 필수적인 단계이다. 본 연구는 기후변화 적응 인식에 대한 이론을 바탕으로 인식 조사 설문을 제시하고 있다는 점에서 정책적이고 실용적인 기여를 하고 있다. 기후변화 기본계획과 적응대책에 따라 각 지자체는 시·군·구 단위 적응대책을 수립해야 한다. 시민 인식 조사도 적응 대책의 일부이다. 본 설문 문항을 활용하여 인식 조사를 지속적으로 진행하게 되면, 시계열 교차 분석이 가능한 기후변화 적응 인식에 대한 데이터가 만들어 질 것이다. 이는 각 지역의 기후변화 위험, 정책 우선순위, 거버넌스 구성에 대한 인식 변화와 비교를 가능하게 할 것이다. 그러나 아직 설문이 시행되어 분석이 이루어지지 못함은 본 연구의 한계로 향후 연구에서 밝혀져야 할 과제이다.

　기후변화 감축은 전 지구적인 영향을 줄이기 위해 지역에서 노력해야 하는 문제이다. 기후변화 적응의 문제는 전 지구적인 영향이 지역마다 다른 양상으로 나타나는 문제이다. 지역과 정치에서 기후변화 적응 문제를 심도 있게 다뤄야 하는 이유이다. 기후위기에 회복 탄력성 있는 지역을 만들기 위해, 지역의 인식을 파악하고 자연 과학적인 위험 데이터와 함께 융복합적인 분석을 통해 지역 맞춤형 기후적응 대책을 만들고 시행해야 할 것이다.

❖ **주**

1) 또한, 제1차 국가기후변화 적응대책(2011-2015)와 본 논문의 9개 구성요소가 차이가 나는 이유는 환경부에서 지원하는 "기후변화 적응대책·기술 선정을 위한 의사결정 지원 시스템 신뢰도 향상 기법개발"에서 사용했던 기준을 따랐기 때문임을 밝힌다.

11장

공정한 기후 적응:
노인인구와 적응정책

2003년 여름 폭염으로 인해 유럽인 약 7만 명(프랑스 1만 5,000명 이상, 이탈리아 9,000명, 독일 7,000명, 스페인 6,000명, 영국 2,000명, 네덜란드 500명) 이상이 목숨을 잃었다 (Robine et al. 2008). 이는 지속 가능한 도시 계획에서 기후적응정책을 고려해야 할 필요성이 커졌음을 의미한다 (Sahay 2019). 기존 연구들은 나이가 많아질수록 폭염으로 인한 사망률이 남녀 모두 기하급수적으로 증가한다고 지적하고 있다 (Robine, Michel, & Herrmann 2012). 빈곤, 사회적 고립, 소수인종과 함께, 노인인구는 극단적 기후에 가장 취약한 집단이다. 특히 고령층이 극단적인 기후의 위험에 더 노출될 것으로 예상된다. 이러한 위험과 취약성의 불균등한 분포는 기후정의를 기후 적응정책 논의의 중심에 두어야 함을 역설하고 있다.

기후정의는 기후위기에 가장 취약하지만 가장 주목받지 못하는 사람들의 사회경제적 형평성을 고려한다. 기후정의의 논리는 사실 간단하다. 기회나 자원이 제한된 사람들은 기후변화의 영향을 받을 가능성이 높기 때문에 가치 있는 자원이 구성원들에게 공평하게 할당되도록 보장하는 것이 사회의 책임이라고 보는 것이다 (Barrett 2013; Shi et al. 2016). 이렇게 국가 및 도시 차원에서의 기후변화와 녹색 격차에 대한 사회적 형평성의 중요성에 대한 관심이 증가하고 있지만 (Holland 2017; Kremer, Haase, & Haase 2019; Schrock, Bassett, & Green 2015), 기후 정의에서의 취약집단의 역할과 기후정의와 적응정책 사이의 관계에 대해서는 거의 알려지지 않았다.

본 연구의 목적은 다음의 질문들에 답하고 환경 정의와 도시기후변화정책들 사이의 관계를 더 잘 이해할 수 있도록 돕는 것이다. 연령, 소득 수준 및 교육과 같은 사회경제적 특성이 기후변화 적응정책과 어떻게 연관되어 있는가? 만약 특정 집단이나 개인이 기후위기에 더 영향을 받는다면, 이 격차를 줄이기 위해 무엇을 할 수 있을까? 좀 더 구체적으로 말하자면, 본 연구의 주요 질문을 한줄로 정의하자면, '도시들이 적응 정책을 채택할 때, 취약한 사회집단의 역할을 무엇인가?'로 설명할 수 있다.

이 연구는 먼저 기후변화의 영향이 일부 사회 집단에서 어떻게 불균형적으로 더 불리한지를 이해하기 위해 환경 정의 관련 문헌을 살펴본 다음 그에 관한 가설을 제시하고자 한다. 다음으로 연구 질문과 가설에 답하는 데 사용되는 방법론과 데이터를 설명한다. 분석 부분에서 이 글은 통계분석결과를 검토하고 결과의 중요성에 대해 논의한 후, 마지막으로 연구의 한계에 대해 논의하고 향후 연구를 위한 기후변화와 환경정의에 대한 제안하고자 한다.

1. 환경정의와 도시 적응

지난 10년 동안 도시기후 거버넌스에 관한 문헌의 급증에도 불구하고, 도시의 기후 정의 문제에 대한 관심과 연구는 제한적이었다 (Bulkeley, Carmin, Broto, Edwards, & Fuller 2013; Lee, Yang, & Blok 2020). 기존 연구들은 도시 에너지 전환과 관련된 정의(Hughes & Hoffmann 2020), 기후변화 윤리와 정의에 대한 의제(Byskov et al. 2019), 형평성 및 정의 측면에서 도시 적응(Shi et al. 2016) 및 기타 지속 가능한 스마트시티 접근법과의 상호작용에 초점을 맞추고 있다 (Kremer et al. 2019). 기후 감축 관점에서 기후변화의 영향을 해결하기 위한 노력은 일반적으로 온실가스 배출을 줄이기 위한 정책에 맞춰져 있기 때문에 에너지 정의의 필요성이 중요하게 여겨져 왔다 (Heffron & McCauley 2018). 예를 들어, 저탄소 경제로의 전환은 전통적인 산업(예, 내연기관 자동차, 화석연료 발전소)과 일자리에 부정적 영향을 줄 수 있고, 새로운 경제에 대한 준비가 부족한 사람들에 대한 기업 구조조정과 대규모 해고를 초래할 수 있다 (Heffron & McCauley 2018). 한편 기후 적응의 관점에서 초점은 취약한 공동체와 인구에 더 큰 부정적인 영향을 미칠 수 있는 기후 관련 환경 리스크의 영향에 맞춰져 왔으며, 이는 사회적 환경적 불평등을 재생산하고 악화시키는 원인으로 제시되기도 했다 (Holland 2017).

이러한 주장들의 밑바탕에는 기후 정의를 개념화하는 세 가지 접근 방법들이 있다 (Bulkeley et al. 2013; Holland 2017). 첫째, 환경 정의 문헌을 바탕으로, 분배 정의는 환경재의 공정하고 평등한 분배와 사회 구성원 모두에게 이익이 되는 측면을 강조한다 (Hughes & Hoffmann 2020). 이 접근법은 환경재 분배의 수혜자가 누구인지, 그리고 환경 정의가 어떻게 분배될 것인지를 탐구한다. 즉, 기후적응의 맥락에서는 누가 취약하고 적응정책의 혜택이 어떻게 공유될 것인지에 관한 문제이다. 두 번째, 절차적 정의는 사회의 모든 구성원이 의사결정에 관여하는 것은 아니기 때문에, 의사결정 과정의 공정성을 검토할 필요가 있다고 주장한다 (Hughes & Hoffmann 2020). 기후 적응의 맥락에서, 참여자들이 적응정책과 정치를 형성하는 공식적 및 비공식적인 제도적 절차에서 어떤 역할을 하는가를 주로 살펴본다. 적응 계획은 공식적인 제도적 절차에서부터 네트워크와 개별 행동을 통한 자율적 적응에 이르기까지 다양한 형태들을 취하고 있다. 절차적 정의에 초점을 맞추는 것은 결과로부터 의사결정 과정으로 관심을 확장하고 있다. 이는 어떤 이들이 기후변화 관련 정책 결정 권한을 부여받을 때, 특정 집단이 어떻게 소외되고 간과되는지를 이해할 수 있게 해준다. 셋째, 인식으로서의 정의(justice as recongnition)는 다양성의 필요성을 인정하는 것으로 시작한다. 문화적, 제도적 규범과 실천이 본질적으로 특정 그룹에 불평등한 대표성을 부여할 수 있다는 것을 인정함으로써 정의의 개념을 더욱 확장할 수 있다 (Hughes & Hoffmann 2020).

본 논문의 초점은 적응정책과 불이익 집단의 관계에 맞춰져 있기 때문에 환경 정의에 관한 세 가지 틀이 모두 적용될 수 있다. 이론의 관점에서 여기서 가장 적절한 질문은 누가 적응정책으로부터 이익을 얻는지, 적응계획의 과정과 조치는 어떻게 현재의 불평등과 부당함이 강화되는 것을 식별하고 예방할 수 있는지, 그리고 어떻게 미래의 잠재적 기후 위험들을 관리하는지다 (Byskov et al. 2019). 마찬가지로 중요한 부분은 취약계층이 애당초 정치적 힘이나 적응 결정에 영향을 미칠 능력을 가지고 있는지를 검토하는 것이다. 이는 그들이 직면하고 있는 불평등과 부당함을 극복할 수 있는 기회를 제공할 수 있다고 생각한다 (Holland 2017). 따라서 이러한 그룹들의 적응 계획 참여를 확대하는 것은 정의 문제가 해결되도록 보장하는 데 있어 중요하다 (Shi et al. 2016). 현재의 실증적 연구들은 적응 계획의 참여와 관련한 결정이 공공부문의 자원 운영 책임자(Klein et al. 2018) 같은 공공부문에 의해 결정된다는 것을 보여주고 있다.

지금까지 논의들 중, 이 연구는 기후 정의에 관한 문헌의 두 가지 흐름을 확인했다. 첫 번째는 개별 사례연구로, 한 개 또는 선별적인 도시들에서 적응 계획 과정이나 결과에 있어서 기후 부정의 징후를 강조하는 경우이다. 두 번째는 도시들의 더 큰 표본을 수집하여 실증적 연구를 진행하는 것이다. 실증적 사례의 첫 번째 흐름은 주로 지역 차원의 제도와 취약 집단 사이의 긴장 그리고 의사결정 과정에서의 참여가 제한되는 정도 때문에 부정의를 악화시키는 배경을 강조해 왔다 (Bordner, Ferguson, & Ortolano 2020; Omukuti 2020). 이러한 상황을 개선시키기 위해 취약 집단의 포괄적 참여를 증가시키는 조치를 포함한 많은 해결책들이 제안되었다 (Nurhidayah & McIlgorm 2019).

기존 문헌의 두 번째 흐름은 정의와 형평성 문제가 기후 적응정책에서 얼마나 광범위하게 고려되는가에 대한 포괄적인 관점을 제공하기 위해 더 많은 사례를 조사한다. 일례로, 100개 도시의 데이터베이스를 이용한 버클리 외(Bulkeley et al. 2013)의 연구는 절차적 정의에 관한 주제들이 남반부의 저개발국 도시들의 정책문서들에서 자주 등장한다는 것을 보여준다. 피지본스와 미첼(Fitzibbons & Mitchell 2019)은 31개 도시의 기후 적응을 검토한 결과, 평등과 정의와 관련된 기존 적응 전략이 기껏해야 단편적이고 파편적이고 일부 전략들은 추가적 불평등을 야기할 수 있는 조치들을 포함하고 있다는 것을 발견하였다.

2. 취약 집단과 기후적응정책

기후 적응정책의 채택에 있어 사회적 취약집단의 역할을 이해하기 위해서는 정책의 주요 동인이 무엇인지 탐구할 필요가 있다. 본 논문은 기존 문헌에서 확인된 세 가지 동인 ― 사회적 취약성, 기후 위험에 대한 노출, 정치적 과정의 제도화 ― 을 고려하고 있다.

첫 번째로 도시 환경에서의 기후 위협은 사회적 취약성에 영향을 끼치고 이는 적응정책을 추동한다 (Hatvani-Kovacs et al. 2016). 취약 계층에 대한 연구는 기후변화로 인한 취약성 수준이 사회인구학적, 경제적, 역사적 그리고 정치적 요인에 따라 다르게 나타난다는 것을 보여준다 (Thomas et al. 2019). 고령층은 특히 기후변화 위험성에 가장 취약한 계층으로 간주된다 (Carter et al. 2016; Wolf, et al. 2010). 예를 들어, 열에 대한 취약성은 생리학적 요인뿐만 아니라 고령으로 인하여 위험 인식도가 낮거나, 행동이 제약되는 등의 다양한 요인들로 인하여 나타난다 (Hansen et al. 2011).

마찬가지로 아이들은 기후변화 영향에 취약한 것으로 간주된다. 왜 냐하면 아이들은 극단적인 기후 사건, 물과 위생과 관련된 질병, 감염 성 질병과 전염병, 호흡기 질환, 열 스트레스 또는 다른 종류에 영향 을 받을 가능성이 높기 때문이다 (Bartlett 2008). 더해서 도시 빈곤 은 도시 아이들을 기후변화의 위협에도 노출시키는 중요한 요인이다 (Bartlett 2008).

기후 취약성 증가에는 절차적 부정의가 작용하기도 한다 (Rasanen et al. 2016). 한 예로, 특정 집단이 의사결정 과정에서 제외될 때 기후 취약성을 더 경험하게 되고, 그로 인해 더 취약해질 수 있다 (Tschakert et al. 2013). 대부분의 연구에서 취약 집단이라는 용어는 기후변화의 직접적인 영향을 받는 신체적 특성으로 인해 소외되고 취약성에 노출 된 집단을 지칭하지만, 동시에 의사결정 과정에서의 배제된 집단을 의 미할 수도 있다. 기존 연구들은 취약 집단이 민족 및 인종적 배경과 기 타 문화적, 종교적 및 언어적 배경의 차이로 인해 사회적으로 소외될 수 있다는 것을 보여주고 있다 (Shi et al. 2016). 일례로, 미국의 상황 을 구체적으로 살펴본 소수자의 연구들은 흑인, 저소득층 및 토착 지 역공동체가 환경오염과 오염물질에 불균형적으로 높은 수준으로 노출 되는 경우가 많다는 결론을 내렸다 (Brulle & Pellow 2006; Mohai, Pellow, & Roberts 2009). 아울러, 이민자들은 취약한 사회 네트워크 와 사회 통합의 어려움 때문에 기후 대응을 비롯한 공공 정책 참여에 있어 취약하다고 여겨졌다 (Carter et al. 2016; Rød et al. 2012).

사회적으로 소외된 그룹들이 기후변화의 부정적인 영향에 노출될 가능성이 높기 때문에, 적응정책을 지지할 가능성이 더 높다. 따라서, 변수간의 가설은 다음과 같다.

가설 1.1 노인 인구의 비율이 더 높은 도시들일수록 적응정책을 채택할 가능성이 높다.

가설 1.2 아동 인구의 비율이 더 높은 도시들일수록 적응정책을 채택할 가능성이 높다.

가설 1.3. 이민자 인구의 비율이 더 높은 도시들일수록 적응정책을 채택할 가능성이 높다.

둘째, 기후위기 노출의 영향을 낮추기 위혜 적응정책을 채택할 수 있다. 기존 연구들은 뉴욕시, 함부르크 또는 로테르담과 같이 기후변화의 부정적 영향에 더 크게 노출된 해안 도시들이 적응정책을 빠르게 발전시키고 있다는 것을 보여준다 (Doberstein, Tadgell, & Rutledge 2020; Huang-Lachmann & Lovett 2016). 예를 들어, 기후변화의 영향들 중 해수면 상승에 대한 노출이 도시 적응정책의 주요 동인으로 작용한다 (Ward et al. 2013). 해수면 상승은 서서히 나타나고 있는 위협이지만, 영향을 악화시킬 수 있는 허리케인과 같은 다른 극한 기후와 함께 작용하면 영향력이 커진다 (Forzieri et al. 2016; Giardino, Nederhoff, & Vousdoukas 2018; Solecki, Leichenko, & O'Brien 2011). 게다가 기후변화로 인한 도시 홍수의 증가 또한 저영향 개발 기법과 같은 효과적인 적응 조치를 필요로 한다 (Pour et al. 2020). 기후 영향에 직접 노출될 때, 도시에 상당한 인적, 물적 피해를 가져올 수 있다는 점을 감안할 때, 다음과 같은 가설을 제시한다.

가설 2.1 극한 기후를 경험한 도시들은 적응정책을 채택할 가능성이 높다.

가설 2.2 기후 위험에 노출된 도시들은 적응정책을 채택할 가능성이 높다.

셋째, 적응이 다층적 거버넌스 구조인 것으로 나타났기 때문에 제도적 발전의 정도는 도시의 적응정책 채택에도 영향을 미칠 수 있다 (Hanssen, Mydske, & Dahle 2013; Nalau, Preston, & Maloney 2015). 첫째, 국가 차원에서의 적응정책은 도시 차원에서의 적응정책 채택에 기여할 수 있다 (Lee et al. 2020). 또한, 강력한 국가 차원의 정책이 운영되지 않는 경우 도시 정책 네트워크에 참여하는 것은 적응정책의 채택에 영향을 미칠 수 있다 (Juhola & Westerhoff 2011; Lee 2018). 둘 이상의 기후변화 관련 도시 네트워크에 속해 있으면 적응정책을 더 진전시킬 수 있다 (Heikkinen et al. 2020).

가설 3.1 국가 적응 전략을 가진 나라에 있는 도시들은 적응정책을 채택할 가능성이 높다.
가설 3.2 기후변화 네트워크에 속한 도시들은 적응정책을 채택할 가능성이 높다.

3. 도시기후 적응 데이터 분석

도시기후 적응정책의 채택에 대한 가설을 검증하기 위해, 이 연구는 다층 로짓 회귀 분석에 기초한 정량적 방법을 사용하였다. 도시의 속성은 일반적으로 국가의 특성에 영향을 받으며 다층 분석은 국가 내 도시의 중첩적 특성을 분석하는 방법이다. 이 연구는 로짓 회귀 분석을 활용하여 적응정책의 채택에 대한 독립변수의 영향을 측정하였다.

특히 도시 차원 및 국가 차원의 데이터를 모두 사용한 다층 로짓 회귀 분석을 사용했다.

분석을 위한 데이터 소스는 Climate ADAPT 도시 적응 지도 데이터베이스(https://climate-adapt.eea.europa.eu/knowledge/tools/urban-adaptation)에서 가져왔다. 이 데이터베이스는 유럽 도시들의 현재 및 미래의 기후 적응 위험과 정책을 제공한다. Climate ADAPT는 유럽 위원회 및 유럽 환경청과 협력하여 2019년 현재 유럽 30개국 902개 도시의 도시기후 취약성 및 적응 계획에 대한 공간 분포 데이터를 수집해 왔다.

이 연구의 주요 종속변수는 도시의 적응정책 채택 여부(1:채택, 0: 미채택)이다. 이 변수는 국가 정책과 구별되는 도시의 독립적인 적응 활동을 반영한다. 902개 도시 중 218개 도시(24.17%)가 적응정책을 펴고 있고 684개 도시(75.83%)가 적응정책을 펴고 있지 않았다.

이 연구의 모델은 여섯 가지 변수 그룹과 도시기후 적응정책의 채택 사이의 연관성을 검토한다. 여섯가지 변수 그룹은 사회적 취약성(노인, 어린이, 이민자 비율), 기후 극한의 취약성(열, 기온, 강수, 산불), 토지 피복과 위험 노출(녹지 공간, 밀폐된 면적, 홍수, 해안 도시), 도시의 기후변화 네트워크 멤버십(the Covenant of Mayors 및 100 Resilient Cities), 경제 변수(지역 내 총생산) 및 중앙정부에 의한 국가 차원의 기후 적응정책(국가 적응정책, 평가 및 모니터링)등 도시와 국가 차원의 데이터로 구성된다.

주요 독립변수는 기후 위험에 대한 도시의 인구학적 취약성 수준이다. 첫 번째 변수는 75세 이상의 인구 비율이다. 노인인구의 비율이 높다는 것은 도시가 기후 위험에 취약할 가능성이 높다는 것을 의미하며,

시 정부로 하여금 적응정책에 관심을 쏟게 만든다. EU는 도시 데이터베이스(urban audit database)에서 75세 이상의 비율을 사회적 취약 지표로 설정했다 (EEA 2018). 또 다른 인구학적 변수는 인구에서 5세 이하의 어린이의 비율이다. 노인 인구와 마찬가지로, 어린이의 비율이 높을수록 기후변화에 취약할 가능성이 높아진다. 사회적 취약성의 마지막 변수는 다른 나라에서 태어난 사람들(이민자)의 비율이다.

두 번째 통제 변수는 기후 취약성 지표들이다. 도시의 적응정책이 기존의 극한 기후에 대응한 결과일 수 있기 때문이다. 기후 취약성 지표 변수는 다음과 같다. 1987~2016년 연평균 폭염일 수(최고기온 >35℃), 1981~2010년 평균 산불위험 발생 건수, 1960~2015년 여름철 연간 최대 5일 연속 강수량 추이 관측, 1960~2015년 겨울철 연간 최대 5일 연속 강수량 추이 관측, 기상학적 가뭄 빈도 추이 관측, 특정지역에서 지배적인 건조한 날씨 패턴 등을 1950~2012년의 표준 강수지수, 표준강수증발지수를 결합하여 측정하였다. 이러한 기후 지표는 도시의 적응정책에 영향을 미칠 수 있는 역사적 추세나 평균 기후 위험 사건을 나타낸다. 예를 들어 35℃를 초과하는 온도는 건강에 부정적인 영향을 미치는 기준점이다 (EEA 2018).

본 연구는 기후 지표 외에도 도시 공간의 사용을 설명하는 데 도움이 되는 토지 피복과 위험에 대한 노출을 포함하는 몇 가지 다른 변수를 통제한다. 공공공간과 녹지공간을 포함한 도시공간의 활용은 기후 위험 및 환경 손상에 있어 긍정적 혹은 부정적 영향을 끼친다 (Foshag et al. 2020). 이 데이터는 도시 형태학적 영역(UMZ)에서의 녹지공간의 비율, 도시의 밀폐된 면적 비율의 변화와 마지막으로 지난 100년 동안 적어도 1건의 하천 범람에 노출된 동일한 토지 사용 추세를 가정한다. 즉, 2080년대까지 침수될 위험이 있는 UMZ에서 사용된 땅의 백분율로서 유럽 도시들이 등급지어져 있다. 또한, 해안 도시들이 해수면 상승으로 인해 더 큰 위험에 노출될 수 있기 때문에 도시들이 해안선에 위치하는지 내륙에 위치하는지 나타내기 위해 Eurostat의 데이터를 포함했다. 토지 피복과 위험 노출에 관한 이러한 변수들은 도시가 직면할 수 있는 잠재적 기후 관련 위협을 보여준다.

도시기후변화정책에 대한 네트워크의 참여와 회원가입은 기후변화에 대한 도시의 대응에 영향을 미치는 것으로 알려져 있다 (Heffron & McCauley 2018). 이 변수를 검증하기 위해 도시가 기후와 에너지에 관한 시장 협약(Covenant of Mayors) 적응 프로그램에 서명했는지 여부와, 도시가 100 회복탄력도시(100 Resilient Cities) 이니셔티브의 회원인지 여부를 모델에 포함했다. 아울러 부유한 도시들이 행동할 능력이 더 크고 보호할 이익이 더 크기 때문에 기후변화 의제에 참여할 가능성이 더 높다는 이론에 근거해 도시의 경제적 부유함을 통제변수로 활용했다 (Lee & Hughes 2017).

마지막으로, 다층적 기후 거버넌스 문헌(Lee & Koski 2015; Receien et al. 2018)을 바탕으로 국가 차원의 기후정책 변수를 모델에 포함시켰다. 국가적응정책, 평가방법(영향 및 취약성)이 있는 국가의 도시는 적응정책을 채택할 가능성이 높다 (Lee et al. 2020).

분석 전략은 검증하고자 하는 다양한 제어 변수들을 통계 모델에 반영하는 것이다. 사회적 취약계층(가설1.1-1.3,예: 고령자, 어린이 및 이주민)만을 포함하는 모델 1의 결과는 노령층과 적응정책 사이의 통계적으로 유의미하고 긍정적인 연관성을 확인시켜 주었다. 예상할 수 있듯이, 높은 노인 인구비율은 더 많은 수의 구성원들이 기후 위험에 노출되어 있다는 것을 의미하며, 이것은 도시 정부가 적응정책에 대응해야 한다는 동기가 크다는 것을 의미한다. 취약계층의 상당수를 구성하고 있음에도 불구하고, 아동과 이민자 그룹은 시의 적응정책 채택에 큰 영향을 미치지 않았다. 그 이유는 아이들이 노인과 같은 위험에 노출되어 있지만, 부모의 보호를 받으며, 정책결정 과정에 직접적으로 참여하지 않기 때문일 수 있다. 마찬가지로 이민자들도 의견을 표현하고 정치적 결정 과정에 참여할 수 있는 공식적인 구성원이 되지 못하는 경우가 많기 때문에, 적응정책 채택에 영향을 끼치기 어려울 수 있다.

한편 가설 2.1과 가설 2.2를 시험하기 위한 모델 2는 도시들이 특정 형태의 기후변화정책을 채택하는 주요 동기로 간주되는 기후 위험 변수로만 구성되어 있다. 하지만 통계적으로 약간 유의미한 밀폐 면적 및 홍수에 노출된 면적을 제외하고($p < 0.10$) 기후 지표 변수 중 어느 것도 도시의 적응정책과 관련이 없었다. 지역의 기후 위험이 적응정책을 추동할 것이라는 통념과는 달리, 도시 정부는 이러한 기후 극한에 잘 반응하지 않는 것처럼 보인다. 따라서 가설 2.1과 가설 2.2는 분석 결과에 의해 뒷받침되지 않는다. 이것은 도시의 적응정책의 결정에 관련된 심의 과정이 과학적 데이터 또는 역사적 관측에 기초한 기후 위험의 현실보다는 정치적 추진에 의해 추진될 가능성이 더 높다는 것을 암시한다. 한정된 자원을 감안할 때, 기후변화는 도시 정부의 의제에 필수적이거나 최우선순위로 여겨지지 않을 수 있는데, 이것은 도시들이 노인과 같은 정치적 구성원들이 피해를 입었을 때만 적절한 조치를 취할 용의가 있다는 이전의 주장을 뒷받침한다.

가설 3.1과 가설 3.2를 시험하기 위해 도시 차원(모델 3)에서만의 경우와 도시 및 국가 차원(모델 4)에서의 결과는 양쪽 모두고령인 취약집단의 존재가 유럽 도시의 적응정책 채택에 상당한 영향을 미친다는 것을 보여준다. 기후변화 위험에 대한 지리적, 지형적 노출을 통제한 후에도, 75세 이상의 노인들의 비율이 더 높은 도시들이 적응정책을 가질 가능성이 더 높다는 것을 보여준다. 결과는 또한 부유함이 기후변화에 대처할 수 있는 도시의 잠재력을 보여주는 좋은 지표이기 때문에 GDP가 높은 도시들은 적응정책을 채택할 가능성이 큼을 나타내고 있다. 아울러 모델 3과 모델 4 모두 시장협약(the Covenant of Mayors) 회원도시들이 도시의 적응정책을 발전시킬 가능성이 크다는 것을 보여준다. 시장협약은 전통적으로 기후변화 적응정책에 관심을 가져왔기 때문에 회원도시들은 기후 적응정책에 더욱 적극적으로 참여할 가능성이 높다. 도시들은 서로 긴밀한 협력 네트워크를 통해 다른 도시들의 선진적인 적응정책에 대해 배울 수 있고 그러한 국제 네트워크에 가입하는 것은 지도자들에게 취약 집단이 직면한 도전들과 기후 정의 복원의 중요성을 학습시킬 수도 있다.

　마지막으로 국가 차원의 변수들은 모델 4에 국가 적응정책의 구별된 단계들(예: 계획, 평가 및 모니터링)을 포함하며, 국가 적응정책의 존재 유무가 도시의 적응정책과 통계적으로 유의미한 상관관계가 있음을 보여준다.

　주요 독립변수들과 도시기후 적응정책 사이의 연관성을 더 잘 이해하기 위해, 도표 11.1은 (a) 75세 이상 연령의 백분율, (b) 시장협약(the Covenant of Mayors) 회원도시, (c) 국가 기후 적응정책의 존재에 대하여 예측 확률 로짓 모델을 사용하여 적응정책을 채택할 확률을 보여준다. 예를 들어, 75세 이상 인구가 2.1%인 도시는 도시 적응정책을 채택할 확률이 2.6%에 불과한 반면, 75세 이상 인구 9.8%인 도시는 적응정책을 채택할 확률이 49.2%이다. 시장협약(the Covenant of Mayors) 멤버십 같은 경우, 비회원도시는 기후 적응정책 채택 확률이 22.2%인 반면 회원도시는 36%로, 더 높은 확률을 보인다. 마지막으로 국가 기후 적응정책이 있는 도시는 도시 적응정책을 채택할 가능성이 31.2%로 국가 정책이 없는 도시의 4.3% 확률에 비해 7배 더 높다.

표 11.1 변수설명 및 기술통계

변수종류 및 변수명	변수설명 및 조작화	평균값 (표준편차)	최소–최대값
종속변수			
적응정책	적응정책이 있는 도시(1=정책: 218개 도시; 0=정책부재: 684개 도시)	0.24 (0.42)	0–1
사회취약성 변수			
노인	만 75세 이상의 노령인구(%)	7.13 (1.64)	2.1– 9.9
아동	5세 미만 아동인구(%)	5.4 (1.12)	0.6– 9.7
해외 출생자	해외 출생인구(%)	8.5 (7.29)	0– 45.7
기후지표 변수			
폭염	연평균 폭염 일수 (최고기온>35도) (1987–2016)	1.7 (5.91)	0– 56
산불	평균 산불위험 (1981–2010)	2.77 (2.75)	0.07– 58
여름 강수량	여름 연간 최대 4일 연속 강수량 추이 관측 (1960–2015)[mm/년대]	0.84 (1.08)	−2.7– 2.75

계속

변수종류 및 변수명	변수설명 및 조작화	평균값 (표준편차)	최소-최대값
겨울 강수량	겨울철 연간 최대 5일	−0.4 (3.37)	−9.07-78
가뭄	기상학적 가뭄 빈도 추이 관측(1950-2012)[사건/년대]	0.08 (3.37)	−1.06-17
토지관련 위험변수			
녹지	도시형태학적 영역의 녹지비율	0.02 (0.02)	−0.02 (.06)
밀폐면적	도시지역의 밀폐면적 변화율	0.02 (0.01)	−0.01 (.06)
홍수	UMZ에서 동일한 토지 사용을 가정하여 현재와 2080년대 100년 중 1건의 하천 범람에 노출될 가능성이 있는 토지 사용의 비율	8.4 (8.3)	0.004 (65)
해안도시	해안도시는 도시가 바다 경계선(또는 해안선에 위치)을 가지고 있는지 여부에 따라 정의된다. (0=내륙 도시; 1=해안 도시; 2=해안선 50km 이내에 거주하는 인구가 50% 이상)	0.45 (0.02)	0-2
경제변수들			
도시 GDP	도시의 2014년도 GDP(미화달러) 로그값	23.65 (0.04)	23.58-23.73
도시 적응 네트워크 활동			
CoM	기후 및 에너지에 관한 시장규약 적용에 관한 서명자 (1=서명자: 101개 도시, 0=비서명자: 801개 도시)	0.11 (0.31)	0-1
100RC	'세계 100대 재난회복력 도시(100 Resilient Cities Initiative)'이니셔티브 회원 여부 (1=회원: 44개 도시; 0=비회원: 858개 도시)	0.04 (0.21)	0-1

계속

표 11.1 계속

변수종류 및 변수명	변수설명 및 조작화	평균값 (표준편차)	최소– 최대값
국가기후적응정책			
국가적응 정책	국가기후변화적응정책 채택여부 (1=채택, 0=불채택)	0.76 (0.42)	0–1
국가적응 평가	영향, 취약성, 적응도 평가완료 여부 (1=평가완료; 0=평가기준 개발중)	0.9 (0.27)	0–1
국가적응 모니터링	모니터링, 지표(1=모니터링/지표 개발; 0=지표부재)	0.8 (0.39)	0–1

표 11.2 도시기후변화 적응 계획 수립의 동인에 대한 다층모형분석결과

	모델1: 사회 취약성	모델2: 기후 위험성	모델3: 도시 수준	모델4: 도시 및 국가 수준
도시수준 변수들				
노인	31(.11)**		.49(.16)**	.44(.16)**
아동	−.03(.16)		.02(.24)	−.02(.24)
해외출생자	.03(.02)		−.02(.03)	−.03(.03)
폭염		−05(.04)	−.11(.08)	−.12(.07)
산불		.01(.06)	.10(.16)	.09(.16)
여름강수량		−.12(.21)	−.55(.33)	−.60(.33)
겨울강수량		−.04(.09)	−.002(.12)	−.03(.12)
가뭄		−.88(.76)	−.71(1.00)	−.70(1.03)
녹지		.02(.015)	.02(.02)	.02(.02)
밀폐면적		.02(.01)†	.03(.018)	.03(.02)
홍수		−.26(.016)†	−0.0009	.001(.02)
해안도시		.37(.29)	−.10(.38)	−.07(.38)

계속

	모델1: 사회 취약성	모델2: 기후 위험성	모델3: 도시 수준	모델4: 도시 및 국가 수준
CoM			1.33(.53)*	1.36(.53)*
100RC			1.72(1.02)†	1.69(1.03)
도시 GDP			.40(.19)*	.39(.19)*
국가수준 변수들				
국가적응정책				3.07(1.53)*
국가적응평가				.20(1.60)
국가적응모니터링				−1.19(1.22)
랜덤효과매개변수 (표준편차)	2.24(.62)	1.49(.40)	2.25(.72)	1.85(.63)
N(국가)	621(23)	572(27)	389(22)	389(22)

괄호 안은 표준편차를 나타냄. 통계적 유의수준은 **p < 0.01; *p < 0.05; †p < 0.10으로 표시된다.

도표 11.1 주요 변수를 이용한 로짓 분석의 예측 확률

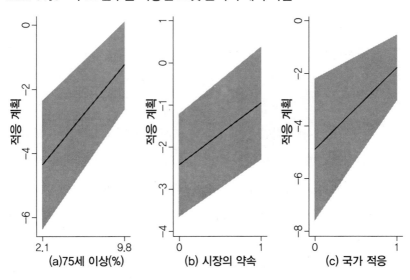

(a)75세 이상(%)   (b) 시장의 약속   (c) 국가 적응

4. 기후정의와 적응정책 연계

기후 정의 문헌은 기후변화가 의사결정 과정 참여가 심각하게 제한되는 취약계층에 더 큰 영향을 미칠 수 있다고 주장한다 (Holland 2017; Thomas et al. 2019, Tschakert et al. 2013). 이 연구는 도시에서 취약 계층과 기후 적응정책의 관계를 실증적으로 검증함으로써 노인, 어린이, 이민자 등의 사회적 약자 집단과 기후변화 적응정책 사이의 관계를 이론화했다. 다층적 모델링을 사용한 902개 유럽 도시들에 대한 실증 분석은 노인 인구 비율이 높은 도시들이 기후변화 적응정책을 채택할 가능성이 더 높다는 것을 시사한다.

　노인 인구와 적응정책 채택 사이의 이러한 연관성은 고령층이 극심한 기후 조건, 특히 폭염과 이례적으로 긴 열대야에 더 취약하기 때문일 수 있다. 이를 해결하기 위해, 폭염(고열증 등)의 건강상 영향을 방지하기 위한 공공 냉방 센터는 극단적인 기후 조건이 발생하는 동안 고령층과 취약계층에 있어 매우 유용한 도시기후 적응 조치라 할 수 있다. 도시들은 사회적 취약계층의 요구를 수용하기 위해 적응 영역으로부터 사전 행동적이고 예방적인 조치를 찾아내어 이러한 위협에 대응해야 한다.

　도시가 특정 취약 집단을 배려하여 도시기후 적응정책을 채택하는 것은 특히 취약한 사회 구성원들에게 환경재의 공정한 분배를 강조하는 분배 정의의 개념에 적합하다 할 수 있다. 만약 노인 인구가 더 많은 도시들이 적응에 관여하지 않는다면, 적응의 혜택이 노령층 뿐만 아니라 다른 구성원들에 의해 동등하게 공유되지 않는다는 것을 의미한다. 이 연구 결과에서 보여지듯 만약 노인 인구의 비율이 더 높은 도시들이 적응정책을 추진할 가능성이 크다면, 이는 적응정책의 이익이 더 평등하게 공유되고, 따라서 적응정책의 분배 정의 측면에 긍정적으로 기여한다는 것을 암시한다.

한편, 이 연구는 도시가 해수면 상승이나 홍수와 같은 극단적인 기후 현상에 노출되더라도, 기후 위험에 대응하기 위한 적응정책을 발전시키지 않을 수 있음을 보여주고 있다. 이는 도시들이 정치적 이유나 경제적 자원 가용성이 적응정책을 추진할 수 있음을 의미한다. 또한, 연구결과는 GDP가 높은 도시들이 적응정책을 채택할 가능성이 더 높다는 것을 보여준다. 이는 덜 부유한 도시에서 환경 정의를 성취하기 더 어려울 수 있고 사회적으로 취약한 집단이 이 도시들에서 더 큰 위협에 노출될 수 있다는 것을 암시한다.

이 연구는 사회적 취약성과 환경 정의 사이의 연관성을 이론화하고 검증함으로써 도시들의 적응정책에 대한 이해에 기여하고 있다. 적응정책의 주요 동기로 기후적, 지리적 그리고 지형적 민감성과 연관짓는 기존 연구들과 달리, 이 연구의 결과는 노령층과 같은 취약 인구 비중이 기후 적응정책 채택에 더 큰 영향을 미친다는 것을 보여준다. 둘째, 도시적응계획과 사회적 취약계층 사이의 관계는 학자와 실무자 모두에게 환경 정의와 사회적 형평성을 적응정책 내에서 주요 주제로 다루어야 함을 보여준다. 기후 취약성을 감축하는 데 필요한 적응정책 결정 참여자와 적확한 목표를 검토할 수 있게 하기 때문이다. 절차적 정의에 초점을 둠으로써 적응 계획 중에 보다 포괄적인 프로세스와 참여 기법을 개발할 필요성을 강조한다. 만약 노인과 취약계층을 포함하여 도시의 적응정책을 형성한다면, 이것은 환경 정의와 사회적 형평성을 직접적으로 반영한 셈이 될 것이다.

기후 정의는 탈탄소 사회로의 전환에 연령, 인종, 성별 및 사회적 경제적 지위가 감축과 동시에 적응에서도 충분히 고려되는 공정하고 평등한 과정을 강조한다 (Hughes & Hoffmann 2020). 기후 위험이 균일하지 않게 분포될 수 있음을 인지하고, 더 취약한 집단을 식별하여, 이들에게도 정치적 의사결정 과정에 개입할 수 있는 권한을 부여하는 절차적 정의가 요구된다. 적응정책을 채택함으로써 환경 불평등을 줄일 수 있는 기회를 제공할 수 있는 것이다 (Holland 2017).

정책의 포용성을 증가시키기 위한 참여 확대 조치가 논의의 최전선에 있어야 한다. 정착 가장 취약한 계층이 적응 계획이나 실행 중에 너무 자주 누락되는 경향이 있기 때문이다 (Kremer et al. 2019). 예를 들어, 폭염에 대응하여 적응정책을 계획하는 동안 모든 사람의 이익이 적절히 표현되도록 하기 위해서는 환경 영향 지표를 측정할 때 서로 다른 이해관계자와 정책입안자의 광범위한 참여를 통합할 것을 제안했다 (Hatvani-Kovacs et al. 2016). 비록 기후 적응정책이 사회적, 환경적으로 정의롭고 보다 효과적이고 의미 있는 통합적 결과를 얻기 위해서는 계획과 실행을 성공시킬 수 있는 신중한 리더십을 필요로 하지만, 논의의 시작에서부터 가장 영향을 많이 받는 취약한 집단들을 포함하는 것이 중요하다. 미래 기후 적응 프로그램과 정책의 수용성에 대한 우려는 기후정책의 정의 측면을 보다 폭넓게 고려할 필요가 있다.

12장

도시기후 감축과 적응정책의 결합

2000년대 중반 이후부터 유럽과 북미의 도시기후정책은 단순히 감축에만 초점을 맞추는 것이 아닌 '감축과 적응정책 둘 다 중요하다'는 방향으로 나아가기 시작했다 (Aylett 2015). 최근에는 도시에서 감축과 적응정책 설정, 그리고 해당 정책들을 이행하는 부분에서 발생할 수 있는 갈등, 상충점과 시너지에 관해 학술적 및 정책 지향적 논의가 증가했다 (Landauer, Juhola, & Söderholm 2015). 도시 감축과 적응정책 사이의 상충점과 갈등은 각 정책의 위험 요소 차이에 기인한다. 감축은 장기적인 영향을 고려한 온실가스 감축을 위해 노력하려고 하는 반면, 적응은 폭우, 홍수, 가뭄, 그리고 극한 기온을 포함한 기후변화로 인한 지역적이고, 즉각적이며, 단기적인 취약성을 줄이기 위한 활동을 포함한다 (Beck 외 2013; Bulkeley et al. 2011).

기후 적응과 감축정책들 사이에 갈등, 절충, 시너지에 기여하는 핵심 요인은 무엇인가? 감축정책은 적응정책 형성에 일조하는가? 일단 적응정책에 영향을 끼치는 요인으로 예산, 도시 규제 역량, 국가 수준의 제도, 초국가 네트워크의 지원과 도시의 제도적 역량을 들 수 있다 (Göpfert, Wamsler, & Lang 2019; Storbjörk & Hedrén 2011). 그러나 아직까지 잘 밝혀지지 않은 것은, 도시의 감축정책이 적응정책 형성에 영향을 끼치는가이다. 레키엔과 연구진(Reckien et al. 2018 2019)은 유럽 도시에서 지역 감축정책의 수가 아직도 적응정책의 수보다 많은 것을 발견했다. 하지만, 흥미롭게도 그 연구의 저자는 자그레브와 볼로냐에서 적응정책의 존재를 확인했지만 감축정책의 부족을 지적하며 "감축 계획이 항상 적응 계획보다 앞서는 것은 아니다"라고 주장했다 (Reckien et al. 2018).

이러한 맥락에서 이 연구는 감축과 적응정책의 결합에 대한 이론을 검토하고, 유럽 도시 적응정책의 동인으로써 감축-적응 결합의 영향을 실증적으로 검증하였다. 이를 통해 도시의 감축과 적응정책 관계 및 결합에 관한 연구에 기여하고자 한다. 본 연구가 지역 지속가능성 개발을 위한 감축과 적응 노력 사이에 일어나는 시너지를 지적한 반면 (e.g. Klein et al. 2007), 다른 연구들은 감축과 적응정책 사이의 다른 목표로 인해 일어나는 본질적인 차이점과 갈등을 지적하였다 (e.g. McEvoy, Lindley, & Handley 2006). 본 연구는 이처럼 대립하는 견해가 있다는 점을 염두에 두고, 도시의 감축정책에 대한 모니터링 시스템이 적응정책에 미치는 영향을 조사했다.

이 연구에서 검증하고자 하는 가설은 감축정책을 시행하고 감시하는 데에 노력을 기울이는 시 정부가 더 활발한 기후변화 적응정책을 채택할 가능성이 높다는 것이다. 이전 연구(Lee 2018)에 따르면 시 정부의 감축정책 모니터링 여부는 탄소 감축 계획을 시행하는 데 중요한 역할을 한다. 감축 모니터링 체계는 제도적 역량 구축의 주요 요소로 도시 거버넌스의 감축-적응 결합을 향상시킨다는 것을 보여준다 (Lee & Painter 2015 참조).

기후 적응정책은 국가와 도시 차원의 요인들에 의해 영향 받을 수 있다. 국가 수준에서는 재생 가능한 에너지 소비율 및 국가 적응정책이 도시의 적응정책에 영향을 끼칠 수 있다. 도시 차원의 변수로는 도시의 사회경제적 위치가 세계도시(Global Cities)인가, 주도(capital)인가, 기후변화에 취약한가 등을 고려할 수 있다 (Blok 2018; Reckien, Flacke, Olazabal, & Heidrich 2015). 이 연구의 주요 종속변수는 (1) 도시가 기후변화 적응정책을 채택했는지, (2) 도시가 기후 적응에 초점을 맞춘 국제 도시 네트워크인 도시기후적응협약(Mayors Adapt)의 회원인지 이다. 방법론은 도시 수준과 국가 수준 요소를 둘 다 통제하여 다층 로짓 회귀 분석을 적용하였다.

다음 절에서는 도시에서 감축과 적응정책의 교차점에 대한 문헌을 검토하고 감축-적응 결합의 이론적인 근거를 명시한다. 세 번째 부분에서는 기후 적응정책에서 도시의 역량, 취약성 및 네트워크의 역할을 설명한다. 네번째 부분에서는 데이터를 보여주고 구체적인 분석을 기술한다. 마지막 부분에서는 결론적으로 발견과 그 기여에 대해 논하고자 한다.

1. 도시기후 감축과 적응정책의 통합

1990년대 이후 북미와 유럽 도시들은 기후변화 감축에 초점을 맞추고 노력해 왔다. 즉 도시차원에서 온실가스 배출을 줄이는 정책을 펴 온 것이다. 이후 기후 적응은 많은 도시기후정책에 통합되었다. 예를 들어, 2013년도에 5개 대륙에 있는 350개의 도시를 대상으로 이루어진 도시기후변화 거버넌스 조사(UCGS: Urban Climate Change Governance Survey)에서 적응정책은 도시 정책의제에서 널리 제도화되어 있다고 밝혔다 (Aylett 2015; Göpfert et al. 2019). 이러한 경향은 미국 도시 (Brody, Grover, Lindquist, & Vedlitz 2010; Woodruff & Stults 2016), 유럽 도시 (Lee 2018; Reckien et al. 2014 2018, Aylett 2015; Lee 2013)에서의 적응정책 적용을 살펴본 연구에서 두드러지게 나타난다.

그중 몇몇 연구들은 도시기후정책에서 감축과 적응 사이에서 발생한 시너지, 절충 혹은 갈등 가능성에 대해 지적하고 있다 (Grafakos, Trigg, Landauer, Chelleri, & Dhakal 2019; Reckien et al. 2019; Swart & Raes 2007). 예를 들어, 에너지 효율과 재난 대비를 위한 건축 규제를 상향하는 것은 명백한 시너지 효과를 제공한다 (Gupta & Gregg 2013). 반면에 감축을 위한 도시 밀집화 전략은 홍수 방지를 위한 녹지 공간을 줄이며 또한 기후변화로 인한 취약성(홍수, 열섬 등)을 증가시켜 정책우선순위에 대한 갈등을 야기할 수 있다 (Walsh et al. 2011).

예를 들어, 코펜하겐과 헬싱키의 공공 부문 기후 감축과 적응 조치 비교 연구는 적응과 감축의 갈등과 시너지가 함께 존재할 수 있음을 밝히고 있다. 코펜하겐에서 도시 적응정책은 건축 분야에서 에너지 효율과 연계하는 반면, 수자원 분야에서는 토지 소유권에 관한 갈등을 야기했다. 이 연구는 다양한 갈등과 시너지가 지방 행정 역량, 제도와 규제, 관할권의 크기, 조정 역량에 의해 달라진다고 주장했다 (Landauer et al. 2015). 이러한 발견은 아홉개의 주요 국제 도시에서 감축과 적응정책의 통합을 위한 제도적 수단, 재정 자원, 이해관계자 참여, 정치적 리더십의 중요성을 강조하는 그라파코스(Grafakos et al. 2019)에 의해 제안된 계획 모델과 유사하다.

도시기후 거버넌스에서 발생하는 부문별, 주체별 난관들을 고려해보면, 도시가 포괄적인 감축과 적응정책을 어느 정도 받아들일 것인지가 주요 관심의 대상이다 (Lee & Painter 2015; Reckien et al. 2019). 최근 연구에 따르면, 유럽은 인구 100만 명 이상의 대도시 중 71%에 적응정책이 있는 것으로 조사되었다 (Araos et al. 2016). 그러나 기후 적응정책의 심화 정도는 각 도시마다 다른 편이다. 기후 취약성 정보의 가용성부터 적응 활동의 모니터링까지 정책의 발전 정도는 도시마다 차이가 있으며, 대부분의 도시는 아직 선언적인 계획단계에 머무르고 있는 경우도 많은편이다.

유럽의 885개 도시에 대한 포괄적인 설문에서 레키엔(Reckien et al. 2018, 2019)은 사례도시의 66%는 감축정책을 제정하였고, 26%는 적응정책을 제정하여 시행하고 있다고 밝혔다. 도시의 적응정책은 국가 정책에 영향을 받고 있다. 예를 들어, 영국, 프랑스, 덴마크의 중앙정부는 자국의 시정부로 하여금 적응정책을 제정하게 한다. 그러나 EU-28개국 중 11개국에서는 이러한 조치가 없다. 독일, 루마니아, 이탈리아 및 기타 다른 아홉개 국가의 1/3 이하의 도시들에는 적응정책이 존재한다 (Pietrapertosa et al. 2019 참조). 이 연구의 저자들은 중앙정부 차원에서의 규제가 도시기후정책에 중요한 영향을 미친다는 것을 밝히고 있다 (Reckien et al. 2018).

도시 적응 역량 구축에 대한 연구들은 도시와 중앙정부 사이에 분야별 통합과 수직적 상호작용의 역할을 강조한다 (Carter 2011; Reckien et al. 2015; Storbjörk & Hedrén 2011). 포괄적인 적응정책에 중앙-지방 협력과 분야별 통합의 부족이 도시 적응정책 시행을 저해하는 경향이 있음을 지적하고 있다. 또 다른 연구에서는 도시들이 부수적으로 적응정책을 실행하려 할 때 감축정책에 '숟가락 얹기'를 할 수도 있다고 설명하고 있다 (Göpfert et al. 2019; Grafakos et al. 2019).

포괄적인 도시기후변화정책(Burton & Mustelin 2013; Lee & Painter 2015)을 기반으로, 본 연구는 '감축-적응 결합'을 '감축과 적응의 시너지를 향상시키기 위하여 종합적인 정책을 설계하고 실행하기 위한 역량 강화와 거버넌스 체계'로 정의한다. 이는 미래 감축 목표를 위한 감축과 적응정책의 결과를 모니터링하고 실행하기 위한 단계별 포괄성 또한 포함한다.

감축-적응 통합 가설은 정치적 이유를 설명한다. 첫째, 기후변화에 대한 여론이 높은 도시에서는 감축과 적응 둘 다 다루는, 즉 포괄적인 정책을 제정하도록 하는 시민적 압박이 있을 것이다. 여기서 환경 NGO(ENGOs)들은 도시의 감축과 적응 책임감을 연결하는 담론적 장을 만들어내는 데 중요한 역할을 한다 (Blok 2018). 둘째, 정책 이해관계자들 사이에서 '녹색 기술'과 '지속가능한'도시가 지니는 이미지와 가치는 포괄적인 지역 감축-적응 결합에 영향을 줄 것이다 (Beck et al. 2013; Lee & Painter 2015; Reckien et al. 2015).

초국가적 네트워크, 인적, 물적 자원, 정책 리더십 같은 도시의 감축정책을 위한 동인에 대한 연구들은 진행되어 왔다 (Blok & Tschötschel 2016; Lee 2013, 2018; Reckien et al. 2015). 그러나 도시 적응을 위한 역량 구축을 다루는 연구는 많지 않다 (예외, Woodruff & Stults 2016). 버클리(Bulkeley et al. 2011)는 적응정책의 동인 요인은 감축정책의 동인 요인과 다르다고 주장하였다. 적응정책은 데이터 접근성, 기관별 정책 조정 능력, 재해 취약성 및 대비를 필요로 한다. 또한, 감축 적응정책이 많은 도시에서 적응정책과 별개의 것으로 여겨져왔다. 그렇기에 효과적인 기후변화 대응을 위해서, 감축정책과 적응정책이 통합적인 거버넌스 결합을 통해 실시될 필요가 있는 것이다 (Göpfert et al. 2019).

폭우, 홍수, 이상 기온과 같은 기후변화 영향에 의한 취약성은 도시들 사이에 차이가 있다. 몇몇 연구는 도시 적응 조치는 특정 지역의 자연재해 혹은 이상 기후에 대한 인식에 따라 다르다고 주장한다 (Lee & Hughes 2017). 다른 연구들은 시정부가 기후변화 대응을 도시 수준의 비전과 목표로 통합하는 것이 적응정책에 영향을 끼친다는 점을 발견했다 (Göpfert et al. 2019; Grafakos et al. 2019; Reckien et al. 2019). 하지만 실질적인 적응정책 수립과 이행에 도시의 감축 노력이 어떤 영향을 끼치는가에 대한 평가는 미비하다 (Lee 2018). 이 연구는 감축정책의 적응정책에 대한 영향을 검증하여, 도시 거버넌스의 감축-적응 결합의 가설을 확인하고자 한다.

2. 도시기후 감축-적응 데이터 분석

감축정책을 시행 여부가 어떤 요인에 의해 영향을 받는지 검증하기 위해, 시정부의 다양한 수준에서의 감축 노력과 다른 요인들을 검토하였다. 먼저 본 연구는 지역 수준의 감축 노력이 기후변화 적응 조치로 이어진다고 가정하였다. 이를 검증하기 위해, EU-28개국의 도시를 포함한 Eurostat의 Urban Audit 사례 도시들을 분석했다. Urban Audit(2015)은 327개의 도시 사례 중 변수값이 된 사례를 누락되어 사례를 제외한 총 261개의 도시를 분석하였다. 샘플의 대표성을 높이기 위해, 25만 명 이상의 인구가 있는 대도시와 5만 명 이하의 큰 소도시 또한 분석에 사용하였다 (Eurostat 2015; Lee 2018).

분석 방법론으로, 국가 내에 있는 도시의 속성을 고려하여 다수준(multilevel) 모델을 이용하였다. 다수준 로짓 회귀 모델은 시정부의 기후 적응 정치에 영향을 미칠 수 있는 도시간, 국가간 차이에서 나올 수 있는 다양한 영향을 고려한다. 역 인과관계의 문제를 줄이기 위해, 연구에 이용된 모든 독립변수 데이터는 종속변수의 시기인 2018년 이전 데이터를 사용하였다. 독립변수들의 상관관계는 다중공선성(multicollinearity) 문제는 없음을 확인했다.

주요 종속변수는 (1) 도시가 기후 적응정책을 채택했는지 여부와 (2) 도시가 2018년 도시기후적응협약(Mayors Adapt) 회원인지 여부이다. 유럽 위원회는 2014년 지방정부가 적응정책을 도입하고, EU 적응정책을 뒷받침하기 위해 도시기후적응협약(Mayors Adapt)을 설립하였다. 이 계획은 시장협약(Covenant of Mayors) 기본 조약에 포함된다. 시장협약 2008년에 형성된 유럽의 지방정부 네트워크이며 지금 9천개의 도시가 협약에 서명했으며, 이 도시들은 2030년까지 배출 감축을 40%까지 줄이겠다는 EU의 목표를 달성하기 위해 노력한다 (Lee 2018; Pablo-Romero Sánchez-Braza, & José Gonzalez-

Limón 2015). 이 네트워크를 통해서 EU는 감축과 적응 기금 프로그램으로 지원해줌으로써 지방정부의 다층적 거버넌스 체제를 돕는다 (Haupt 2018). 이는 다양한 분야와 관할권에 걸쳐서 집합 행동을 용이하게 하는 다중심 거버넌스의 좋은 예이다 (Ostrom 2010).

첫 번째 종속변수인 도시의 기후 적응정책 채택 여부는 시장협약 웹사이트(Covenant of Mayors 2018), 도시 웹사이트 그리고 문헌 검토에서 정보를 수집하였다. 레키엔(Reckien et al.)의 연구와 Climate-ADAPT 웹사이트(Climate-ADAPT 2019)에서도 도시 적응정책을 검토하였다. 시장 협약 웹사이트에서 적응 노력이 있으면 1로, 그렇지 않은 경우에는 0으로 조작화하였다.

주요 독립변수로서는 감축정책의 단계를 조작화하였다. 시장협약의 감축 3단계는 (1) 서명, (2) 조치 계획 제출, (3) 결과 모니터링 수행으로 구성된다. 이 변수는 감축계획이 없는 경우 0, 감축 계획이 있는 경우 1로, 계획과 모니터링 체계를 모두 갖춘 도시는 2로 조작화 하였다. 261개 도시중 65개(24.9%) 도시가 모니터링 체계를 갖춘 감축정책을 가지고 있었으며, 감축정책만 갖춘 도시는 117개(44.8%), 감축계획이 없는 도시는 79개(30.3%) 였다.

이러한 주요 변수에 더하여, 지역 기후변화 적응 조치에 영향을 끼치는 변수(폭염과 홍수 위험 등)을 포함하였다 (Anguelovski et al. 2016). 기존 연구들은 국가 수준의 위험과 취약성에 관한 데이터까지로 제한되었던 반면, 본 연구에서는 지역적 데이터까지 분석에 포함하였다. 기존의 이론과 경험적 분석에 기반하여, 고용률, 교육수준, 인구밀도, 도시가 국가 수도인지, 그리고 세계화된 도시인지 여부를 포함하여 도시 수준의 사회경제적 요소를 통제하였다 (Lee 2013 2018;

Reckien et al. 2018).

장기간의 과거 홍수와 폭염 데이터를 사용하여 도시의 주요 기후 위험 지표로 분석에 활용하였다. 열 관련 위험은 1987~2016년간 년간 35℃ 이상이었던 여름의 일수로서를 측정한 값으로, 폭염에 대한 취약성과 지역주민들의 열 불편감을 나타낸다 (Climate-ADAPT 2019). 홍수 변수에 노출될 수 있는 도시 형태학적 구역(UMZ: Urban Morphological Zone)의 비율이며, 1961~1990년 동안 강 홍수에 의해 영향을 받을 수 있는 주요 도시 구역의 비율을 측정한 것이다 (Climate-ADAPT 2019).

수도(capital)인 도시는 각 나라에서 중추적인 역할을 하며 기후변화에 더 높은 관심사를 보일 수 있다. 수도인 도시들은 또한 국제적 혹은 지역 기후변화 네트워크에 가입할 수 있는 기회가 상대적으로 더 많은 편이다. 분석 사례 중 수도는 27개이고, 수도가 아닌 도시는 234개이다 (Eurostat 2015). 이태동(2013)의 연구에서는 '세계적' 도시는 다른 세계도시에서 배우고, 상호작용하기 쉽기 때문에, 도시기후변화 네트워크에 참여할 가능성이 높다는 것을 발견했다. 도시의 세계화는 세계 생산 체제(global supply chain)의 본부 역할을 어느 정도하는가에 따라 0에서 5까지 측정하였다 (GaWC 2019). 이는 각 도시별로 글로벌 금융 서비스 기업의 숫자로 경제 세계화의 정도를 나타내는 척도이다.

사회경제적 요소들과 관련해서, 교육 수준(천 명당 고등 교육을 받는 학생들의 수 – Eurostat 2015)은 기후변화 활동과 관련된 더 높은 인식과 연결되어 있다. 고학력 시민들은 기후변화의 원인과 효과에 대해 더 잘 아는 경향이 있고 기후 대응 조치에 대해 시 정부의 행동을 요구할 가능성이 더 높다 (Lee 2018). 마찬가지로, 도시의 고용률은 도시가 환경 정책에 할당할 수 있는 관심과 재원의 양을 결정한다. 높은 고용률(천 명당 고용된 사람의 수)은 기후변화 적응을 포함하여 환경적 이슈를 다룰 수 있는 경제적 역량을 나타낸다 (Brody et all. 2010; Lee 2018). 고용률이 낮은 도시들은 기후 문제를 다루는 것 보다 경제와 고용을 증진시키는 정책에 초점을 둘 가능성이 더 높다. 따라서 높은 고용률을 지닌 도시는 적응정책에 개입할 수 있는 여력과 기회가 더 많을 수 있다. 더불어 높은 인구 밀도는 기후변화에 더 취약하게 하는 요소이므로, 인구밀도가 높은 도시들이 기후변화 적응정책을 지지할 가능성이 있다. 따라서 기후변화에 대한 도시 지역의 취약성을 보여주기 위하여 인구 밀도 변수를 분석에 포함하였다 (Eurostat 2015).

각 도시들은 관할권 내의 기후변화정책을 책임진다. 이에 더해, 국가 정책은 일반적으로 지방정부의 기후변화정책을 제정하고 시행하는 데 있어서 중추적인 역할을 한다 (Heidrich et al. 2016). 국가 차원의 변수는 도시가 적응정책을 계획하고 실행하는 데 있어서 중앙정부의 적응정책에 의해 영향을 받는지 여부를 반영한다. 현존하는 이론과 경험적 연구에 기반하여(Lee & Hughes 2017; Reckien et al. 2018) EU 가입 년수, 재생에너지 채택 수준, 기후변화 인식, 그리고 GDP 성장과 같은 국가 수준의 변수를 통제하였다. EU 가입연수는 기후변화정책을 포함한 EU의 전반적인 정책에 얼마만큼 관여하는지에 대한 국가의 노력과 시간을 보여준다. 두 번째 국가 차원 변수로, 민주주의 변수 중 시민 자유는 시민의 관심과 정치 참여도를 보여준다. 시민 자유도가 높은 국가의 도시들은 기후변화와 연관된 환경친화적인 아젠다에 대응할 가능성이 더 높다 (Lee 2018). 더 민주적인 제도를 잘 갖춘 국가의 도시인 경우 기후 관련 정보인지도가 더 높을 있을 가능성이 있다. 각

나라의 시민 자유 수준은 2015년의 Freedom House 데이터를 이용하여 1(적은)부터 7(가장 높은)까지 수치화하였다.

또 다른 변수는 유럽 에너지 기구(EEA: European Energy Agency)의 국가 총 에너지 소비량 중 재생에너지원의 비율이다 (Eurostat 2016). 재생에너지 사용은 국가 저탄소 에너지 계획의 일부이며 대부분의 도시가 이러한 국가의 감축 노력에 참여하고 있다 (Lee 2018; McEvoy et al. 2006). 국가의 기후변화 인식 변수는 기후변화에 대해 '어느 정도' 혹은 '잘' 알고 있는지에 대해 개인에게 설문한 결과에 기반한 것이다 (Gallup Poll 2008). 경제 변수로 GDP 성장(전년 대비 실제 GDP 성장률)은 경제 침체에 직면한 국가의 도시일수록 사회의 다른 측면보다 경제적 성장을 우선시하는 경향이 있기 때문에 고려해야 할 변수이다 (Eurostat 2016).

도시와 국가 수준의 각 변수와 출처는 표 12.1에 요약되어 있다.

표 12.1 변수 설명과 기술 통계

변수	짧은 설명과 작용	출처	평균 (표준편차)
종속변수			
적응정책	적응정책 있는 도시 (1 = 정책; 70개의 도시들; 0 = 정책 x: 191 도시들)	Covenant of Mayors (2018); 도시들 웹사이트; 기후_적응 (2018); Reckien et al. (2018)	
시장 적응 (Mayors Adapt) 회원	CoM 안에서 Mayors Adapt에 가입한 도시 (1=가입: 109 도시; 0 =미가입; 152 도시)	Covenant of Mayors (2018)	

계속

변수	짧은 설명과 작용	출처	평균 (표준편차)
도시 수준 변수			
모니터링 체제를 갖춘 감축정책	모니터링 체제를 갖춘 감축정책이 있는 도시 (2=모니터링 있는 감축정책: 65 도시; 1=감축정책만 있는 도시: 117 도시; 0=감축, 모니터링 둘 다 없는 도시: 79 도시)	Covenant of Mayors, (2018); 도시 웹사이트	
수도인 도시	국가의 수도인 도시(1=수도: 27 도시; 0=비수도: 234 도시)	Eurostat (2015)	.10 (.30)
세계도시	세계화 수준의 5개의 카테고리 (0=세계화 도시에 대한 근거 없음 5=가장 세계화된 도시)	Globalization & World Cities (2019)	.68 (1.38)
고용	고용된 사람의 수 (1000명 당 고용된 사람의 수, 로그화됨)	Eurostat (2015)	5.86 (.73)
교육	도시의 고등 교육을 받는 학생의 수 (1000명당 학생의 수, 로그화됨)	Eurostat (2015)	4.49 (.60)
인구 밀도	인구 밀도(로그화됨)	Eurostat (2015)	5.59 (.92)
폭염	열대야와 폭염인 날(35도 이상)을 포함하여 연간 이상 기온을 가진 날의 수(1987~2016)	Climate-Adapt (2019)	
홍수	하천 홍수(1961-1990)로부터 영향을 받는 도시 지역 면적 (%)	Climate-Adapt (2019)	
국가 수준 변수			
EU회원 기간 (년)	2018년도 이전의 EU에서의 년수	EU website	33.1 (19.2)
시민 자유	국내 시민 자유 수치 (1=가장 낮음부터 7=가장 높음)	Freedom House (2015)	6.1 (.57)

계속

표 12.1 계속

변수	짧은 설명과 작용	출처	평균 (표준편차)
재생에너지	에너지 소비량의 재생에너지 비율 (전기로 표준화된)	Eurostat (2016)	9.28 (8.42)
기후변화 인식	기후변화에 대해서 '어느정도' 혹은 '잘' 안다고 대답한 사람의 비율	Gallup Poll (2008)	91.42 (5.30)
GDP 성장	GDP 성장률(전년 대비 퍼센트 변화, 2007)	Eurostat (2016)	3.64 (1.72)
국가 적응정책	적응정책을 요구한 국가 (1=요구: 66개 도시; 0=비-요구: 195 도시)	EU 웹사이트	.25 (.44)

표 12.2는 우리의 종속변수인 (1) 적응정책의 존재 여부, (2) 도시 기후적응협약(Mayors Adapt) 회원여부의 다층 로짓 분석을 합한 결과이다. 모델 1과 3은 도시 수준 변수로만 구성된 반면, 모델 2와 4는 국가 수준 변수도 포함한다. 전반적으로 지역적 위험 요소는 예상했던 것보다는 적응정책 채택에 그렇게 큰 영향을 미치지 않았지만, 감축정책, 특히 실행하고 모니터링까지 한 도시들은 적응정책을 채택할 가능성이 크다는 것을 보여준다.

통계 분석을 통해 감축과 적응정책 사이에 긍정적인 연관성을 확인할 수 있었다. 도시가 모니터링 체계를 갖춘 감축정책을 수립한 경우에는 적응정책을 위해 노력할 가능성이 크다. 한편 모델 2는 국가 수준의 기후 적응정책이 지역 기후 적응정책과 통계적으로 유의미하고, 긍정적인 상관관계가 있음을 보여주고 있다.

감축정책이 적응정책에 미치는 영향과 도시기후적응협약 회원자격이 적응정책에 미치는 영향 사이에 미묘한 차이가 있다. 모델 1과 2

표 12.2 (a) 기후 적응정책의 존재와 (b) 도시기후적응협약(Mayors Adapt) 회원자격을 예측하기 위한 다층 로짓 회귀 표

변수	기후 적응정책		시장 적응(Mayors Adapt) 회원자격	
	모델 1: 도시 수준	모델 2: 도시와 국가 수준	모델 3: 도시 수준	모델 4: 도시와 국가 수준
도시 수준 변수				
감축정책	−.15 (.38)	−.19 (.38)	1.09 (.51)*	1.00 (.44)*
모니터링 체계를 갖춘 감축정책	1.30 (.48)**	1.39 (.48)**	1.43 (.61)*	1.28 (.52)**
열	.016 (.027)	.02 (.03)	−.05 (.04)	−.04 (.04)
홍수	.015 (.021)	.02 (.02)	−.003 (.02)	−.004 (.02)
수도	−.05 (.77)	.60 (.79)	1.12 (1.07)	.37 (1.15)
세계화 도시	.25 (.19)	.20 (.19)	.54 (.21)*	.51 (.21)**
고용	.53 (.31)	.49 (.31)	1.82 (.36)**	1.83 (.36)**
교육	−.04 (.28)	−.04(.28)	.14 (.33)	.24 (.30)
인구 밀도	−.04 (.20)	−.14(.20)	−.30 (.23)	−.17 (.24)
국가 수준 변수				
EU 회원국 자격		.01 (.02)		.01 (.02)
시민 자유		.26 (.39)		.36 (.5)
재생에너지		−.03 (.03)		.044 (.033)
기후변화 인식		−.01 (.06)		.009 (.04)
GDP 성장		−.16 (.15)		.29 (.18)
국가 적응정책		1.3 (.6)*		.34 (.43)
항수	−3.8 (2.23)	−3.3 (5.9)	−11.17 (3.04)	−14.4 (4.87)
N	261	261	261	261

참고: 숫자는 회귀 분석 항수이며 표준 편차는 괄호로 되어 있다. 유의 수준은 다음과 같이 표시하였다

** p ⟨ 0.01; −3.8(2.23) 261 *p ⟨ 0.05; †p ⟨ 0.10.

에 따르면 도시기후 감축 계획만 있는 도시는 적응정책이 있을 가능성이 적다. 그러나 계획 수립 후, 시행하고 모니터링까지 한 도시들은 기후 적응정책을 수립할 가능성이 더 높다. 이는 단순히 감축정책이 있는 것만으로는 충분치 않은 반면 감축정책의 모니터링 체계를 실행하며 결과를 공개할 때, 기후 적응정책을 채택할 가능성과 강한 긍정적인 연관성이 있음을 보여주었다. 이는 우리의 감축-적응 결합 기본 틀에서 암시하는 포괄적인 거버넌스를 위한 지역적 역량 구축의 개념을 뒷받침 해주고 있다.

반면에 도시기후적응협약에 참여하는 것은 감축정책만 있는 경우와 모니터링 체계를 갖춘 경우 모두에서 긍정적인 상관관계가 존재한다. 감축정책만 있는 도시들은 도시기후적응협약에 가입할 가능성이 있다. 모니터링 체계를 갖춘 감축정책을 수립한 도시들은 도시기후적응협약에 가입할 가능성이 더욱 높다. 모델 3에서 볼 수 있듯이 지역 위험 경관(risk landscape)을 분석에 포함한 뒤에도(열과 홍수 변수) 감축정책은 도시의 기후 적응정책과 유의미하고 긍정적인 연관성을 보여주었다. 이는 모델 4에서 국가 수준의 변수를 포함한 뒤에도 여전히 유효했다.

도시기후적응협약 회원 자격의 경우에도 모델 3은 오직 도시 수준의 변수만 포함한다. 여기서 세계적 도시라는 지위, 고용률, 지역 감축정책은 도시기후적응협약 회원자격과 유의미하게 연관되어 있다. 분석결과는 감축정책을 수립한 도시가 도시기후적응협약에 가입할 가능성이 더 높다는 것을 보여주고 있다. 이는 부분적으로는 도시기후적응협약가 도시기후변화 감축에 초점을 맞춘 시장협약(Covenant of Mayors)의 프로그램임에 기인한다. 모델 4에서 보여줬듯이 국가 적응정책 변수는 도시기후적응협약 회원 자격과 통계적으로 유의하지 않다는 것을 보여준다. 이는 국가의 명령 없이도 도시들은 도시 수준의 적응 네트워크, 특히 도시기후적응협약에 자발적으로 가입한다는 것을 보여준다.

감축과 적응정책의 연결고리를 더 잘 이해하기 위하여, 감축정책(정책 없음; 감축정책만 있는 경우; 모니터링 체계를 갖춘 감축정책)에 따른 적응정책 채택의 예측 확률을 계산하였다. 다른 모든 변수를 평균으로 유지할 때, 감축정책이 없는 도시는 적응정책이 있을 확률이 39%이며, 감축정책만 있는 도시인 경우 그 확률이 35%, 모니터링 체계를 갖춘 감축정책이 있는 도시의 경우 확률은 68%으로 나타났다. 이 결과는 감축-적응 결합을 뒷받침해줄 수 있는 제도적 역량과 노력의 지표로서 감축정책에서 시행과 모니터링 체계의 중요성을 다시 한번 강조하고 있다.

이 패턴은 도시기후적응협약 회원 자격과 사뭇 다르다. 감축정책이 없는 경우, 도시기후적응협약 회원일 확률은 25%이며, 감축정책이 있는 경우 48%이고, 모니터링 체계를 갖춘 도시인 경우 회원일 확률이 55%가 된다. 모니터링 체계를 갖춘 감축정책만 있는 경우에는 도시기후적응협약에 가입할 확률이 더 높지만, 감축정책만 가진 경우에는 가입할 확률이 낮음을 알 수 있다.

국가 적응정책이 있는 도시들이 지역 적응정책이 있을 확률은 65%가 되었지만, 그렇지 않은 경우에는 확률이 38%가 되었다.

3. 기후 감축과 적응의 연계

기후변화에 관한 정부간 협의체(IPCC: Intergovernmental Panel on Climate Change)의 평가 리포트(AR5)의 주요 메시지는 다음과 같다.

> "많은 감축과 적응 선택은 기후변화를 다루는 데 도움을 줄 수 있다. 하지만 둘 중 하나만을 선택하는 것은 충분하지 못하다. 효과적인 실행은 모든 방면에서의 정책과 협력에 달려있으며 그리고 이는 다른 사회적 목표와 아울러 적응과 감축을 연결하는 통합된 대응을 통해 강화될 수 있다 (IPCC 2014. p. 26)."

국가 및 지방정부는 기후변화 영향에 대응하기 위해 다양한 조치를 채택하였다. 하지만 제한된 자원과 지역 수준에서 적응정책을 뒷받침해줄 수 있는 정책의 기본체제가 부족하면, 도시에서 적응정책을 펼치기는 쉽지 않다 (Carter 2011). 전반적으로 도시 적응정책은 감축정책보다는 후순위로 인식되기 때문이다.

도시들의 기후적응정책의 채택 여부를 검증함으로써, 이 연구는 지방정부 감축정책이 적응정책 수립과 높은 상관관계가 있는 것을 발견했다. 궁극적으로 감축정책의 단계적 구축, 특히 시행 후 모니터링 체계까지 갖춘 감축정책의 구축은 적응정책의 수립을 보다 실현 가능한 조건들을 제공하는 것으로 보인다. 특히 감축 활동의 계획, 설계, 실행 모니터링 체계가 있는 감축정책은 도시가 포괄적이고, 시너지를 일으키는 기후변화정책을 추구하고 우선시하게 한다. 감축정책의 실행을 통해 기후변화 관련 역량과 기술이 어느정도 확립되어, 지역 기후변화 적응정책 개발 및 실현에도 긍정적인 영향을 끼치는 것이다.

결론적으로 이 연구는 도시기후변화정책의 구성에 대한 새로운 주장을 제기한다. 도시에서 감축과 적응정책의 제도적 분리가 기후변화를 다루려는 노력의 포괄성을 감소시킬 수 있다는 것이다 (Lee & Painter 2015 참조). 이러한 부작용을 줄이기 위해, 정책결정자들은 감축과 적응정책을 시행하는데 밀접하게 결합될 수 있다는 것을 알아야 한다. 감축 계획의 충실한 이행이 적응정책에 수립에 도움이 된다. 따라서 정책입안자들이 적응정책을 고려할 때, 포괄적인 기후변화와 계획에 초점을 맞추는 것이 바람직하다.

13장

결론:

도시, 기후변화 감축과 적응 혁신의 장

기후변화와 도시 서론에서 국제와 국가 거버넌스는 기후변화에 어떻게 대응하고 있는가의 주요 주제는 무엇인가, 도시는 기후변화 감축정책을 왜, 어떻게 해야하는가, 기후위기에 대응하기 위한 적응정책 강화를 위한 방안은 무엇인가에 대한 질문을 던졌다. 3부의 각 장에서 기후변화와 기후변화 적응 정책(또는 방안)의 필요성 및 요인에 대하여 논의하였다.

1. 기후변화에 국제, 국가, 도시 거버넌스는 어떻게 대응하고 있는가?

전지구적 기후변화는 범지구적인 협력과 대응을 요구한다. 몇몇 국제기구, 국가, 조직 또는, 개인이 해결할 수 있는 문제가 아니다. 기후변화에 대한 국제 대응은 UNFCCC를 중심으로 국가들이 협력함으로써 이루어지고 있다. 제도주의적 관점에서 국제기구는 공동의 과학적 지식과 논의의 장을 제공함으로써 국제협력을 가능하게 한다. 전 세계 과학자들이 IPCC를 통해, 기후변화의 현황과 예측, 정책 논의를 공유하고 있다. IPCC 6차 보고서의 내용은 이전에 비해 기후변화로 인한 온난화가 진행되고 있으며, 이는 인간의 활동에 의한 영향이고, 현재와 미래에 광범위하고 급속한 부정적 영향을 가져올 것이라고 경고하고 있다. 이에 기후국제거버넌스는 선진국만 감축 의무를 가진 교토의정서 체제를 탈피하여, 개발도상국을 포함한 모든 국가들이 자체적으로 온실가스 감축 목표를 설정하고 감축하는 국가결정기여(NDC: Nationally Determined Contribution) 방식의 파리협정으로 전환되었다. 차등적이지만 '공동'의 책임이 더 강조된 것으로, 모든 국가들이 온실가스를 감축하고 이를 국제기구에 보고하면, 검증하는 시스템(MRV: Measurement, Reporting, and Verification)이 중요해졌다. 더 중요한 것은 각 국가가 실질적으로 온실가스 감축을 위해 각고의 노력을 기울여, 목표한 감축량을 달성하는 것이다. 탄소배출권과 무역-투자가 연계된 탄소국경조정제도가 논의되고 있는 글로벌 트렌드를 생각한다면, 기후변화 대응은 선택이 아닌 필수라고 할 수 있다.

　향후 기후변화 감축에서 가장 중요한 주제 중 하나는 각 국가가 선언한 계획들을 어떻게 준수하는가이다. 교토의정서에서도 온실가스 배출에 역사적 책임이 더 있는 국가들이 야심차게 감축 목표를 발표하고 선언했다. 그러나 미국을 비롯하여 선진국들은 자신들의 온실가스 감축 약속을 지키지 못하고 협정에서 탈퇴했다. 특히 소비 수준이 높은 국가들일수록 감축 준수 수준이 낮음을 연구를 통해 밝혔다. 소비 수준을 유지하는 것이 기후변화에 대응하는 것보다 정치적으로 더 우선시되는 어젠다이기 때문일 것이다. 교토의정서에 비해, 파리협약은 의무감축을 규정하지도 않았다. 자율적이고 모든 국가가 참여한다는 장점은 있지만, 각 국가가 세운 감축 목표를 이행하지 않는다면, 협정의 목표를 달성하는 것은 요원해 보인다. 전문가와 시민사회, 그리고 정부와 국제기구가 각 국가의 감축 목표 이행을 면밀히 모니터링하고 감축 목표를 달성하지 못할 경우, 국내외적인 강제 조항 등을 규정하여 적용할 필요가 있다.

다행히 한국을 포함한 몇몇 국가들을 탄소중립(carbon neutrality)를 선언하며 2050년(혹은 2060년)까지 온실가스순배출량을 0으로 만들겠다는 목표를 설정하였다. 이때 간과하지 말아야 할 것은 기후위기를 안보문제로 인식하여, 먼저 사람의 생명, 재산, 생태계 파괴 등 광범위한 영향을 끼치는지 파악하고 적응정책도 함께 고려하고 이행해야 한다는 것이다. 동시에 온실가스 배출에 대한 선진국과 개발도상국의 역할과 책임을 공정하게 살피고, 녹색 ODA 등을 통해서 개발도상국의 기후변화정책적 역량을 향상시킬 필요가 있다. 특히 인구가 밀집되어 있고 도시 인프라 개발이 미비한 개발도상국 도시들의 기후대응 능력을 키우기 위한 도시간 협력도 요구된다.

초지방 관계는 국경을 초월한 도시들의 상호작용과 도시 간 유사점과 차이점을 주된 분석단위로 하였다. 기후변화와 관련하여, 도시와 지방정부들은 다른 국가의 유사한 문제를 가진 도시들과 학습, 공조하며 네트워크를 만들어 공동으로 감축과 적응에 대처한다. 지방정부의 초지방 기후네트워트 참여에 대한 연구는 상당히 진행된 편이다. 이에 더해, 네트워크 참여가 도시 간 학습, 사회화, 협력과 같은 상호작용에 어떤 영향을 끼치는가는 초지방 관계를 이해하는 중요한 요소이다. 또한, 초지방 관계의 도시기후 감축과 적응정책에서의 영향은 선언과 모임을 뛰어넘는 거버넌스의 효과성을 향상시키는 요소로 고려될 수 있다. 예를 들어, 도시들이 폭염에 대응하는 다양한 정책 수단을 공유하고 그 성공과 실패의 교훈들을 나눌 때 기후변화로 인한 폭염 적응을 효과적으로 달성해 나갈 수 있다.

2. 도시의 기후변화 감축 요인과 방법은 무엇인가?

이 책은 도시의 기후변화 감축 요인은 크게 두가지로 보고 있으며, 이는 외부적인 초지방 기후네트워크 참여와 내부적인 다중이해당사자 거버넌스 및 정치적 리더십으로 설명하고 있다. 도시는 유사한 기후변화 감축 문제점들을 공유하고 있다. 초지방 기후네트워크는 건물, 수송, 에너지 등 도시의 기후감축 문제에 대한 대응을 서로 배우고 적용할 장을 제공한다. 동시에 기후변화 관련 정치적 리더십과 거버넌스의 활동 역시 감축정책을 추동하는 요인이다.

도시는 기후변화 감축의 핵심지역이다. 이에 2부는 도시의 기후변화 감축 요인과 방안에 대해 논했다. 우선, 도시가 초지방 기후네트워크 참여는 기후 감축정책에 긍정적인 영향을 준다. 네트워크를 통해 다른 도시가 어떻게 감축정책을 설계하고 이행하는지를 알 수 있게 되었다는 점이 크게 작용한다. 아울러 네트워크를 통해 감축정책의 성과가 공표되는 점도 도시로 하여금 배출량 측정, 감축 목표 설정, 계획 수립, 감축 이행과 평가라는 단계를 진전시키게 하는 요소이다. 초지방 기후네트워크는 도시 간 학습과 사회화의 장으로 정책 협력을 활성화하는 역할을 수행함을 알 수 있다. 5장에서는 도시의 녹색건축물을 통한 감축이 시장의 정치적 리더십의 함수임을 경험적 분석을 통해 보여주었다. 예를 들어, 시장이 초지방 기후네트워크에 서명한 경우, 도시의 녹색건물 수 증가에 긍정적으로 영향을 끼친다. 도시에 수많은 건물들을 고려하면, 기후변화에 대응하기 위한 가장 중요한 분야가 건축물의 전환이 핵심이란 것을 알 수 있다. 덧붙여 친환경 건축물을 확산으로 위한 리더십의 중요성은 간과할 수 없다. 시장의 리더십과 관심은 도시 차원에서 온실가스 감축을 위한 방안을 활성화 시킬수 있으며, 특히 도시 온실가스 배출 상당부분을 차지하는 건축물 분야에서 녹색건축물 건축이라는 감축 방안을 활성화할 수 있다.

다시 강조하자면 도시기후거버넌스는 감축정책의 핵심 주체이다. 다만 시장과 정치적 리더십만으로 해결할 수 있는 문제는 아니라고 본다. 도시의 효과적인 에너지 전환을 통한 기후변화 감축을 위해 다층적인 법제도 근거가 필요함을 6장에서 논했다. 하와이 주정부는 2045년까지 100% 재생에너지 전력 공급을 목표로 기후변화 감축정책을 채택하였다. 이해관계자, 주정부, 사업체, 소비자, 전문가를 구성원으로 하는 거버넌스 구조는 지역을 탄소없는 장소로 만드는 핵심요소이다. 또한, 기후변화 거버넌스의 활발한 활동은 적응정책과 감축정책을 모두 고려한 포괄적인 도시기후정책을 마련하는 밑거름이 된다는 것을 서울, 부산, 시애틀, 애너하임 비교 사례 분석을 통해 7장에서 밝히고 있다. 즉, 이 책에서는 시장의 리더십, 전문가의 과학적 지식, 시민단체의 동원력, 시민들의 참여, 기업의 혁신 경험을 공유하고 비전을 만들어 갈 거버넌스를 잘 구성할 때, 도시에서의 감축정책이 효과적으로 이행될 수 있음을 주장하고 있다.

3. 기후위기에 대응하기 위한 도시 적응 방안은 왜 필요하고, 어떻게 가능한가?

도시는 기후변화에 가장 취약한 지역이다. 따라서 도시는 기후변화 적응의 첨병으로 역할해야 한다. 온실가스 감축에 비해, 적응 문제는 간과되는 경향이 있다. 그러나 기후 적응이야말로 도시와 지방정부가 선도적으로 대응해야 하는 분야이다. 이를 위해 인식, 리더십, 예산, 조직의 제도적 역량을 함양할 필요가 있다. 한국의 17개 광역시도를 제도적 역량 틀에 따라 측정해 본 결과, 각 지방정부는 균형 잡힌 기후인식 증진, 리더십의 주류화, 적절한 예산과 조직이 필요함을 제안한다. 그중 기후 적응 인식의 측정을 위해, 기후변화의 심각성과 기후 위험의 종류, 정책 정책과 거버넌스에 대한 문항을 도출하여 제안하고 있다. 기후변화에 대한 지역주민, 공무원, 전문가의 인식을 알아야, 지역에 적절한 적응정책을 계획하고 시행할 수 있다는 점에서 인식에 대한 조사는 적응정책의 시작점이라 할 수 있다. 기후변화의 심각성에 대한 인식, 적응의 필요성 인식에 대한 공감이 커질 때, 정책의 우선순위가 높아지고 제도적 역량도 향상될 수 있다. 이를 위해 다양한 교육과 홍보 프로그램이 필요하다.

도시에서 기후적응을 시행할 때, 공정성을 고려할 필요가 있다. 기후 정의는 기후변화로 인해 가장 피해를 많이 받는 사회적 약자의 역할에 주목한다. 기후 취약 계층을 정책 시혜의 대상으로 국한하지 않고, 적응 계획을 함께 세울 주체로 정책 과정에 포함시킬 필요가 있다. 특히 거동이 불편한 노령층의 경우, 기후변화 중 열과 관련된 위험에 취약하다. 노령 인구가 많은 도시일수록 적응정책을 수립하고 시행해야 한다. 도시마다 취약층은 다를 수 있다. 많은 경우 저소득층은 도시 열섬 현상 등을 피할 경제적 여유가 없는 경우가 많다. '공정한 전환'은 아무도 뒤처지게 두지 않는다(no one left behind)라는 원칙 하에 논의되고 있다. 공정한 기후 전환을 위해서는 누가 뒤처져 있는가, 혹은 가장 취약한가에 대한 파악이 우선시되어야 한다. 도시의 기후 적응정책에서 취약 계층의 목소리를 듣고, 적응대책 수요 귀 기울여 실효성 있는 정책들을 시행해야 한다.

이 책의 관심사 중 하나는 어떻게 하면 감축정책과 적응정책을 통합적으로 접근하는가이다. 8장에서도 포괄적 도시기후정책은 감축과 적응을 동시에 고려하는 것이라고 밝혔다. 유럽 도시에 대한 통계 분석결과를 통해 실질적으로 온실가스를 감축하는 도시(계획, 시행, 모니터링)인 경우, 적응 계획이 있을 가능성이 매우 높은 편이다. 다시말해 감축과 적응 방안을 별개로 생각하지 않고, 종합적으로 고려하는 도시들이 있다는 의미이다. 또한, 국가의 적응 계획 유무도 도시의 적응 계획에 영향을 미치기에, 다층적 거버넌스의 영향을 고려해야 하는 이유이다. 중앙정부에서 적응정책에 대한 적절한 가이드를 주고, 예산과 조직, 기술과 정보를 제공한다며 기후위기의 첨병인 도시의 기후 재난 극복을 용이하게 할 수 있다. 여기서 문제는 기후 감축도 적응도 모두 관심이 없거나 역량이 부족한 도시들이다. 특히 다른 도시문제(도시 빈곤, 슬럼, 범죄, 실업, 복지 서비스의 미비)에 시달리는 도시일수록 기후변화 감축과 적응의 문제는 먼 미래의 일로 여길 가능성이 크다. 또한, 기후변화의 문제가 기존의 문제에 작용하여 위험 요소를 증폭시킬 가능성도 있다. 이에 도시문제를 종합적으로 고려하며, 기후변화 감축과 적응의 문제가 각 다른 도시문제와 어떤 영향을 주고 받는지 살펴볼 필요가 있다. 특히 지속가능발전목표(SDGs)와의 상충과 시너지를 파악함으로써 기후변화 문제를 주류화시킬 수 있을 것이다.

4. 초지방 관계는 도시의 기후변화 혁신에 어떻게 영향을 끼치는가?

이 책의 4장에서 초지방 관계에 대한 내용을 간략하게 다뤘다. 향후 연구는 도시 간의 초지방 관계가 기후변화 대응 혁신에 어떻게 영향을 끼치는가를 살펴볼 계획이다. 초지방 관계는 도시 간의 국제관계와 비교 정책을 다룬다. 국가가 주된 분석대상인 국제관계에 도시를 새로운 주체이자 연구 대상으로 삼는다. 어떤 도시가, 어떤 도시에게 어떤 기후변화정책을 배우는가? 초지방 기후네트워크에서 도시의 학습 네트워크는 어떤 패턴을 형성하는가? 네트워크에서의 사회화와 학습 상호 작용이 협력에는 어떤 영향을 끼치는가? 초지방 기후네트워크는 어떤 조건하에서 지속적으로 활동하는가? 지역 기반, 기능에 따라 네트워크의 지속성에 영향을 끼치는 점은 무엇인가? 와 같은 질문에 답함으로써 도시 간의 기후변화 문제를 둘러싼 협력과 상호작용을 파악할 수 있다.

아울러 도시의 제도적 역량인 지방 에너지 기구의 역할이 도시들이 초지방 네트워크 참여에 어떤 영향을 끼치는가? 국가와 도시와 같이 다층적인 구조에서 국가가 도시의 온실가스 저감에 미치는 영향을 무엇인가? 지방정부의 솔선수범을 통해 도시의 녹색건물 수를 증대시킬 수 있는가? 기후변화 이외에 어떤 분야에서 도시의 초지방 관계가 활발히 일어날 수 있을까? 도시 외교는 왜 발생하며, 어떤 형태로 진행되고 있는가? 향후 초지방 관계의 도시 간 관계와 도시 정책 혁신에의 영향을 이해하기 위한 위의 질문에 답함으로써 도시 연구와 국제 관계를 접목하는 새로운 학문 분야를 발전시킬 수 있다.

사람과 조직, 기술과 지식이 밀집한 도시는 역사적으로 혁신의 중심지 역할을 해 왔다. 기후변화 감축과 적응에 있어서도 도시는 혁신적인 기술과 정책, 참여 방안들을 이끌어 낼 수 있다. 기후변화에 대한 국제적, 국가적 관심과 압박이 높아질 때, 도시와 시민들은 기후위기를 학습과 녹색일자리 창출, 생태계 보존의 기회로 삼을 수 있다. 적응과 감축을 통해 지속가능한 도시를 만드는 것은 시민들의 삶의 질과 생태계의 질을 향상시키는 방안이다. 도시의 기후변화 감축과 적응이 중요한 이유이다.

참고문헌

한글문헌

IPCC. 『기후변화 2021: 과학적근거 정책결정자를 위한 요약본 번역』. 뉴욕: 캠
    브리지 대학 출판부, 2021.

강연화. "기후변화 대응과 녹색 ODA." 『국제개발협력』 제4호 (2009).

강지윤·이태동. "중간지원조직과 에너지레짐전환: 한국 에너지자립마을의 사례
    비교." 『공간과 사회』 제26권 1호 (2016).

고경훈. "지방자치단체 정책형성 요인에 관한 연구: K시의 공무원의 인식 및 행
    태를 중심으로." 『한국정책연구』 제10집 3호 (2010).

고인환. "기후클럽(climate club)에 대한 소개와 비판적 고찰." 이태동 편. 『기후
    변화와 세계정치』 서울: 사회평론아카데미, 2019.

고재경. "기후변화에 대한 지방자치단체의 대응방안 연구―경기도를 중심으로."
    『한국지방자치학회보』 제19권 4호 (2007).

_____. "지방자치단체 기후변화 취약성 유형 및 적응방안 연구: 경기도 사례를
    중심으로." 『한국사회와행정연구』 제22권 2호 (2011).

고재경·김지현. "지방공무원들은 기후변화 적응정책의 필요성을 인식하고 있는
    가?" 『한국도시행정학회 도시행정학보』 제24권 3호 (2011).

고재경·이우평. 『지역의 기후변화 적응 거버넌스 연구』. 경기: 경기연구원, 2015.

고재경·최종익·김희선. "지방자치단체 기후변화 적응정책의 특성 연구: 자연재
    해를 중심으로." 『한국지역개발학회지』 제22권 1호 (2010).

공성용·백승아·추장민. "저소득계층의 기후변화 적응역량 강화를 위한 정책방안
    연구 1". 『기본연구보고서』 (2010).

관계부처합동. 『제2차 국가 기후변화적응대책 2016-2020』 (2015).

김미숙·고재경·김지현. "기후변화정책에 대한 주민지지 결정요인―경기도 4개 시·
    군 주민을 대상으로." 『대한국토·도시계획학회 국토계획』 제42권 4호 (2007).

김병석. "기후변화에 대한 도시 적응방안에 관한 연구." 중앙대학교 석사학위논문 (2009).

김성진. "해외 탄소국경조정의 동향과 한국에의 함의." 한국환경연구원. 『해외환경정책동향』 1호 (2021).

김성진·신범식 외. "환경과 무역." 『지구환경정치의 이해』. 서울: 사회평론, 2019.

김영한. "대도시정부의 기후변화 거버넌스에 관한 연구 – C40을 중심으로." 서울시립대학교 박사학위청구논문 (2010).

김영현. "인도 '개도국, 화석연료 쓸 자격'…COP26서 '석탄 중단' 뒤집어". 『연합뉴스』. 2021년 11월 14일. https://news.naver.com/main/read.naver?mode=LSD&mid=sec&sid1=104&oid=001&aid=0012791112 (검색일: 2022. 2.11).

김유철. "신안보 이슈의 안보화 과정: 기후변화와 팬데믹 이슈의 비교를 중심으로." 『국가안보와 전략』 제21집 3호 (2021).

김진아. "광역지자체의 기후변화 적응계획 수립과정 평가." 서울대학교 석사학위논문 (2013).

문승민·김은미·나태준. "한국 녹색 ODA의 결정요인에 관한 연구." 『현대사회와 행정』 제28집 1호 (2018).

박덕영. "파리협정의 주요 내용과 우리의 대응." 『국제법평론』 제57호 (2020).

박시원. "미국 오바마 행정부의 기후변화 에너지 정책." 『환경법연구』 제37권 1호 (2015).

반영운·고인철·백종인. "기후변화 적응에 대한 공무원 및 도민의 인식 비교 분석: 충청북도를 중심으로." 『지역연구』 제33권 4호 (2017).

신학수. "기초지자체 기후변화 적응대책 세부시행계획 수립 영향요인 탐색: 인천광역시를 중심으로." 서울대학교 석사학위논문 (2017).

안소은·한화진. "기후변화영향평가 및 적응시스템 구축 2." 『기본연구보고서』 (2006).

양주영, 임소영, 김정현. "탄소국경조정에 대한 주요국의 입장과 국내 무역 경쟁력 변화." 『산업연구원』 (2021).

엄태석. "지방자치단체 통합의 로컬 거버넌스:여수시와 청주시 사례를 중심으로." 『의정논총』 제5집 2호 (2010).

오도교·김세빈·곽경호·노희경·고영웅. "기후변화정책에 대한 시민들의 인식분석 – 대전광역시 산림부분 정책을 중심으로." 『JOURNAL OF AGRICULTURAL SCIENCE』 제37권 1호 (2010).

윤경호. "미국 에너지정책의 변천과 신재생에너지 확대에 관한 연구." 『지역발전연구』 제8권 1호 (2008).

윤순진. "기후변화 대응을 둘러싼 사회갈등 예방과 감축을 위한 거버넌스의 모색." 한국사회학회 2009 국제사회학대회 (2009).

이상윤·이승준. "국제기후변화 협상동향과 대응·전략(1)." 한국환경정책평가연구원. 『기후환경정책연구』 (2014).

이수진·윤순진. "재생가능에너지 의무할당제의 이론과 실제." 『환경정책』 제19권 3호 (2011).

이신화. "기후변화와 국제정치적 쟁점." 『평화연구』 제16집 2호 (2008).

이재승·김성진·정하윤. "환경협력을 통한 평화구축의 이론과 사례." 『한국정치연구』 제23집 3호 (2014).

이재현. "지방과 그린뉴딜." 환경정치연구회 편. 『탄소중립과 그린뉴딜』. 서울: 한울, 2021.

이재협. "기후변화의 도전과 미국의 에너지법정책." 『경희법학』 제46권 4호 (2011).

이재형·이천기. "Post-2020 기후변화체제의 '공동의 그러나 차별화된 책임'에 관한 연구– 국제법적 분석과 최근 ADP 협상 동향을 중심으로–." 『환경법연구』 제37집 3호 (2015).

이태동. "환경안보와 기후변화안보." 김상배 편. 『신흥안보의 미래전략』. 서울: 사회평론아카데미, 2016.

_____. 『기후변화와 세계정치』 서울: 사회평론, 2019.

_____. 『환경에너지 정치』. 서울: 청송미디어, 2018.

이태동·류소현·정혜윤·김한샘·고인환·박재영. "지방자치단체의 기후변화 적응을 위한 제도적 역량 측정과 유형화." 『사회과학논집』 제51권 2호 (2020).

임소영. "지속가능발전목표의 국내이행과 개발협력 간 일관성에 관한 국별 비교와 시사점–기후변화 분야." 『국제지역연구』 제22집 4호 (2018).

임은진. "유엔 "20년간 자연재해 약 2배 증가…기후변화가 원인"" 『연합뉴스』. 2020년 10월 13일. https://www.yna.co.kr/view/AKR20201013001000088?input=1195m

정수현. "기후변화체제에서의 EU의 에너지 안보 전략과 성과." 『동서연구』 제28집 2호 (2016).

정윤지·하종식. "일반국민 및 이해관계자의 기후변화 적응 인식 비교 연구." 『한국기후변화학회지』 제6집 2호 (2015).

정의룡·양재진. "서구와 한국 복지국가의 변화와 지속: 퍼지셋 이상형 분석을 중심으로." 『한국정치학회보』 제46집 1호 (2015).

정하윤·이재승. "미국의 기후변화 및 신재생에너지 정책의 전개과정 분석: 행정부별 특징을 중심으로." 『국제관계연구』 제17권 2호 (2012).

제주도. 『제주의 새로운 미래비전: Carbon Free Island Jeju by 2030』. 제주특별자치도 발표자료 (2013).

최봉석. "미국 환경에너지법의 체계와 사법심사 진단." 『미국헌법연구』 제24권

2호 (2013).

최용철. "멈춰 선 '카본프리 아일랜드' 상징 가파도 풍력." 『제주의소리』 (2015).

최현준. "기후변화에 위험수위 치닫는 나일·메콩·리오그란데강 '물 분쟁'." 2021년 08월 03일. https://www.hani.co.kr/arti/international/international_general/ 1006227.html (검색일: 2022.2.20.).

한정현. "국제 무역규범과 환경규범의 경쟁과 공존: EU 탄소국경조정제도를 중심으로." 『국제지역연구』 제30권 1호 (2021).

환경부. "국토 기후변화 적응대책(2011~2015)." (2010).

영어문헌

Acuto, Michele, and Steve Rayner. "City networks: Breaking gridlocks or forging (new) lock-ins?" *International Affairs* 92−5 (August, 2016).

Adelle, Camilla, and Duncan Russel. "Climate policy integration: a case of Déjà Vu?" *Environ Policy Gov.* 23 (2013).

Ajay Gajanan Bhave et al. "A combined bottom-up and top-down approach for assessment of climate change adaptation options." *Journal of Hydrology* 518−A (2014).

Aleksi Räsänen, Sirkku Juhola, Anja Nygren, Mira Käkönen, Maarit Kallio, Adrián Monge Monge and Markku Kanninen. "Climate change, multiple stressors and human vulnerability: A systematic review." *Regional Environmental Change* 16−8 (2016).

Allen, Katrina. "Community-based disaster preparedness and climate adaptation: Local capacity building in the Philippines." *Disaters* 30−1 (2006).

Allman, L. Paul Fleming, A. Wallace. "The progress of English and Welsh local authorities in addressing climate change." *Local Environment* 9−3 (2004).

Allman, Lee, Paul Fleming and Andrew Wallace. "The progress of English and Welsh local authorities in addressing climate change." *Local Envir-onment* 9−3 (2004).

Amanjeet Singh et al. "Effects of green buildings on employee health and productivity." *American Journal of Public Health* 100−9 (2010).

Andonova, Liliana B., Michele M. Betsil and Harriet Bulkeley. "Transnational climate governance." *Global Environmental Politics* 9−2 (2009).

Andrew P. Kythreotis, Andrew E. G. Jonas, Theresa G. Mercer and Terry

K. Marsden. "Rethinking urban adaptation as a scalar geopolitics of climate governance: climate policy in the devolved territories of the UK." *Territory Politics Governance* 1–21 (2020).

Anguelovski et al. "Equity Impacts of Urban Land Use Planning for Climate Adaptation: Critical Perspectives from the Global North and South." *Journal of Planning Education and Research* 36 (2016).

Anke Fischer et al. "Energy use, climate change and folk psychology: Does sustainability have a change? Results from a qualitative study in five European countries." *Global Environmental Change* 21–3 (2011).

Araos et al. "Climate change adaptation planning in large cities: A systematic global assessment." *Environmental Science & Policy* 66 (2016).

Ariyawardana et al. "Consumer Response to Climate Adaptation Strategies in the Food Sector: An Australian Scenario." *Ecological Economies* 154 (2018).

Aylett, Alex. "Institutionalizing the urban governance of climate change adadptation: Results of an international survey." *Urban Climate* 14 (2015).

_____. "Networked urban climate governance: neighborhood-scale residential solar energy systems and the example of Solarize Portland." *Environ. Plan. C Gov. Policy* 31 (2013).

Bai, Xuemei. "Integrating global environmental concerns into urban management: The scale and readiness arguments." *Journal of Industrial Ecology* 11–2 (2002).

Barnett, Jon. "Security and climate change." *Global environmental change* 13–1 (April, 2003).

Barrett, Sam. "Local level climate justice? Adaptation finance and vulner-ability reduction." *Global Environmental Change* 23–6 (2013).

Bartlett, Sheridan. "Climate change and urban children: Impacts and implications for adaptation in low-and middle-income countries." *Environment and Urbanization* 20–2 (2008).

Berk, Richard A., and Robert G. Fovell. "Public Perception of Climate Change: A 'Willingness to Pay' Assessment." *Climatic Change* 41 (1999).

Betsill, Michele M., and Harriet Bulkeley. "Looking back and thinking ahead: A decade of cities and climate change research." *Local Environment* 12–5 (2007).

_____. "Transnational networks and global environmental governance: The Cities for Climate Protection program." *International Studies Quarterly*

48-2 (2004).

Betsill, Michelle M. "Mitigating climate change in US cities: Opportunities and obstacles." *Local Environment* 6-4.

Biermann, Frank. "'Earth system governance' as a crosscutting theme of global change research." *Global Environmental Change* 17 (2007).

Blok, Anders, and Robin Tschötschel. "World port cities as cosmopolitan risk community: Mapping urban climate policy experiments in Europe and East Asia." *Environment and Planning C: Government and Policy* 34 (2016).

Blok, Anders. "The politics of urban climate risks: theoretical and empirical lessons from Ulrich Beck's methodological cosmopolitanism." *Journal of Risk Research* 21 (2018).

Bodansky, Daniel, and Elliot Diringer. "The Evolution of multilateral regimes: Implications for climate change." *Arlington, VA: Pew Center on Global Climate Change* (2010).

Bond, Meghan. "Localizing climate change: Stepping up local climate action." *Management of Environmental Quality* 21-2 (2009).

Bordner, Autumn S., Caroline E. Ferguson and Leonard Ortolano. "Colonial dynamics limit climate adaptation in Oceania: Perspectives from the Marshall Islands." *Global Environmental Change* 61 (2020).

Borgstede, Chris von, and Lennart J. Lundqvist. "Whose responsibility? Swedish Local Decision Makers and the Scale of Climate Change Abatement." *Urban Affairs Review* 43-3 (2008).

Brody, Samuel D., Sammy Zahran, Himanshu Grover and Arnold Vedlitz. "A spatial analysis of local climate change policy in the United States: Risk, stress, and opportunity." *Landscape and Urban Planning* 87-1 (2008).

Brody, Samuel, et al. "Examining climate change mitigation and adaptation behaviours among public sector organisations in the USA." *Local Environment* 15 (2010).

Broto, Vanesa Castán, Harriet Bulkeley. "A survey of urban climate change experiment in 100 cities." *Glob. Environ. Chang* 23 (2013).

Brulle, Roberts J., and David N. Pellow. "ENVIRONMENTAL JUSTICE: Human health and environmental inequalities." *Annual Review of Public Health* 27-1 (2006).

Bulkeley, Harriet, and Kristine Kern. "Local Government and the Governing of Climate Change in German and the UK." *Urban Studies* 43–12 (2006).

Bulkeley, Harriet, and Michelle Betsill. *Cities and Climate Change: Urban Sustainability and Global Environmental Governance.* London and New York: Routledge, 2003.

Bulkeley, Harriet, and Susanne Moser. "Responding to climate change: Governance and social action beyond Kyoto." *Global Environmental Politics* 7–2 (2007).

Bulkeley, Harriet, et al. "Climate justice and global cities: Mapping the emerging discourses." *Global Environmental Change* Part A 23–5 (2013).

Bulkeley, Harriet, et al. "The role of institutions, governance, and urban planning for mitigation and adaptation." Washington D.C.: The World Bank, 2011.

Bulkeley, Harriet. "Cities and the governing of climate change." *Annu. Rev. Environ. Resour* 35 (2010).

Burch, Sarah. "Transforming barriers into enablers of action on climate change: insights from three municipal case studies in British Columbia, Canada." *Global Environmental Change* 20–2 (2010).

Burton, Paul, and Johanna Mustelin. "Planning for climate change: is greater public participation the key to success?" *Urban Policy Res* 31 (2013).

Busan City. *Introduction to Busan.* Busan: Busan Metropolitan Government, 2009.

C40 Cities. *Climate Action in Megacities: C40 Cities Baseline and Opportunities.* New York: Arup, 2011.

Cameron, Colin, and Pravin K Trivedi. *Microeconometrics using Stata.* College Station: A Stata Press Publication, 2010.

Carley, Sanya. "State Renewable Energy Electricity Policies: An empirical Evaluation of Effectiveness." *Energy Policy* 37 (2009).

———. "The era of state energy policy innovation: A review of policy instruments." *Review of Policy Research* 28–3 (2011).

Carmin, JoAnn, David Dodman and Eric Chu. "Urban climate adaptation and leadership: From Conceptual Understanding to Practical Action." Paris: OECD Publishing, OECD Regional Development Working Papers, 2013.

Carney, Sebastian, and Simon Schakley. "The greenhouse Gas Regional Inventory Project (GRIP): designing and employing a regional greenhouse gas measurement tool for stakeholder use." *Energy Policy* 37 (2009).

Caroline J. Uittenbroek et al. "Political commitment in organising municipal responses to climate adaptation: the dedicated approach versus the mainstreaming approach." *Environ. Polit* 23 (2014).

Carter, Jeremy G. "Climate change adaptation in European cities." *Current Opinion in Environmental Sustainability* 3 (2011).

Carter, Jeremy G., et al. "Characterising vulnerability of the elderly to climate change in the Nordic region." *Regional Environmental Change* 16-1 (2016).

Castro, Paula, Lena Hörnlein and Katharina Michaelowa. "Constructed peer groups and path dependence in international organizations: The case of the international climate change negotiations." *Global Environmental Change* 25 (March, 2014).

ClimateADAPT. *Urban Adaptation Map Viewer* (2019).

Clingermayer, James C., and Richard Feiock. "The adoption of economic development models by large cities: A test of economic, interest group, and institutional explanations." *Policy Studies Journal* 18-3 (1990).

CL Walsh et al. "Assessment of climate change mitigation and adaptation in cities." *Proceedings of the Insitution of Civil Engineers* 164 (2011).

Codiga, Douglas A. "Hot Topics in Hawaii : Solar Energy." *Hawaii Bar Journal* 17-5 (2009).

Compston, Hugh. "Networks, resources, political strategy and climate policy." *Environmental Politics* 18-5 (2009).

Corburn, Jason. "Cities, climate change and urban heat island mitigation: Localising global environmental science." *Urban studies* 46-2 (February, 2009).

Corner, Adam, Ezra Markowitz and Nick Pidgeon. "Public engagement with climate change: the role of human values." *WIREs Climate Change* 5-3 (2014).

CovenantofMayors. *Climate Change Plans & Actions* (2018).

Cynthia Rosenzweig et al. "Cities lead the way in climate change action." *Nature* 467 (2010).

Davies, Lincoln, et. al. *Energy Law and Policy*. St. Paul, MN: West Academic, 2014.

DeAngelo, Benjamin J., and L.D. Danny Harvey. "The jurisdictional framework for municipal action to reduce greenhouse gas emissions: Case studies from Canada." *Local Environment* 3-2 (1988).

Deyle, Robert E., Mark Meo and Thomas E. James. "State policy innovation and climate change: A coastal erosion analog." in D. L. Feldman (ed.). *Global climate change and public policy.* Chicago, IL: Nelson-Hall, 1994.

Doberstein, Brent, Anne Tadgell and Alexandra Rutledge. "Managed retreat for climate change adaptation in coastal megacities: A comparison of policy and practice in Manila and Vancouver." *Journal of Environmental Management* 253 (2020).

Dolšak, Nives and Aseem Prakash. "The politics of climate change adaptation." *Annual Review of Environment and Resources* 43 (2018).

D. Reckien et al. "Dedicated versus mainstreaming approaches in local climate plans in Europe." *Renewable and Sustainable Energy Reviews* 112 (2019).

D. Reckien et al. "How are cities planning to respond to climate change? Assessment of local climate plans from 885 cities in the EU-28." *Journal of Cleaner Production* 191 (2018).

D. Reckien et al. "The influence of drivers and barriers on urban adaptation and mitigation plans: an empirical analysis of European cities." *PLoS ONE* 10 (2015).

D. Reckien, J. Flacke, R. J. Dawson, O. Heidrich, M. Olazabal, A. Foley, J. J.-P. Hamann, H. Orru, M. Salvia, S. De Gregorio Hurtado, D. Geneletti and F. Pietrapertosa. "Climate change response in Europe: what's the reality? Analysis of adaptation and mitigation plans from 200 urban areas in 11 countries." *Climatic Change* 122 (2014).

Driessen, Paul. "The real cliamte change morality crisis: Climate change initiatives perpetuate poverty, disease and premature death." *Energy and Environment* 20-5 (2009).

EEA. *Unequal exposure and unequal impacts: Social volnerability to air pollution, noise, and extreme temperatures in Europe.* Luxembourg: European Environment Agency, 2018.

Endress, Lee H. "Sustainable Development and the Hawaii Clean Energy Initiative: An Economic Assessment." UHERO Working Paper 2013-4 (2013).

Engel, Kirsten. "State and local climate change initiatives: What is motivating state and local governments to address a global problem and what does this say about federalism and environmental law?" *Urban Lawyer*

38-4 (2006).

Eurostat. *Energy from renewable sources/economy and finance* (2016).

_____. *Statistics on European Cities* (2015).

Feiock, Richard C., and Jungah Bae. "Politics, institutions and entrepreneurship: City decisions leading to inventoried GHG emissions." *Carbon Management* 2-4 (2011).

Fetzek, Shiloh, and Jeffrey Mazo. "Climate, Scarcity and Conflict." *Survival* 56-5 (Semptember, 2014).

Fitzgibbons, J., & Mitchell, C. L. "Just urban futures? Exploring equity in '100 Resilient Cities'." *World Development* 122 (2019).

Fleming, Paul D. and P.H Webber. "Local and regional greenhouse gas management." *Energy Policy* 32-6 (2004).

Filomena Pietrapertosa, Monica Salvia, Sonia De Gregorio Hurtado, Valentina Alonzo, Jon Marco Church, Davide Geneletti, Francesco Musco and Diana Reckieng. "Urban climate change mitigation and adaptation planning: Are Italian cities ready?" *Cities* 91 (2019).

Frank Davenport et al. "Child health outcomes in sub‐Saharan Africa: A comparison of changes in climate and socio-economic factors." *Global Environmental Change* 46 (2017).

Füssel, Hans-Martin. "Adaptation planning for climate change: concepts, assessment approaches, and key lessons." *Sustain. Sci.* 2 (2007).

GaWC. *World City Relational Data* (2019).

Gelman, Andrew, and Jennifer Hill. *Data analysis using regression and multilevel/hierarchical models.* Cambridge: Cambridge University Press, 2007.

Gertrud Hatvani-Kovacs et al. Heat stress risk and resilience in the urban environment. *Sustainable Cities and Society* 26 (2016).

Giardino, Alessio, Kees Nederhoff and Michalis Vousdoukas. "Coastal hazard risk assessment for small islands: Assessing the impact of climate change and disaster reduction measures on Ebeye (Marshall Islands)." *Regional Environmental Change* 18-8 (2018).

Giovanni Forzieri et al. "Multi-hazard assessment in Europe under climate change." *Climatic Change* 137-1-2 (2016).

Göpfert, Christian, Christine Wamsler and Werner Lang. "A framework for the joint institutionalization of climate change mitigation and adaptation in city administrations." *Mitigation and Adaptation Strategies for Global Change* 24 (2019).

Gore, Christoper D. "The limits and opportunities of networks: Municipalities and Canadian climate change policy." *Review of Policy Research* 27-1 (2010).

GRC. *Green Ribbon Commision Recommendation.* Seattle: Seattle City Government, 2012.

Gupta, Rajat, and Matt Gregg. "Preventing the overheating of English suburban homes in a warming climate." *Building Research & Information* 41 (2013).

Guri Bang et al. "The United States and international climate cooperation: International 'pull' versus domestic 'push'." *Energy Policy* 35-2 (2007).

Gustavsson, Eva, Ingemar Elander and Mats Lundmark. "Multilevel governance, networking cities, and the geography of climate-change mitigation: two Swedish examples." *Environment and Planning C: Government and Policy* 27-1 (2009).

Hagen, Bjoern, Ariane Middel and David Pijawka. "European Climate Change Perceptions: Public support for mitigation and adaptation policies." *Environmental Policy and Governance* 26-3 (2015).

Hallegatte, Stéphane. "Strategies to adapt to an uncertain climate change." *Glob. Environ. Chang.* 19 (2009).

Hamin, Elizabeth M., and Nicole Gurran. "Urban form and climate change: balancing adaptation and mitigation in the U.S. and Australia." *Habitat Int.* 33 (2009).

Hanssen, Gro Sandkjaer, et al. "Older persons and heat-susceptibility: The role of health promotion in a changing climate." *Health Promotion Journal of Australia*, 22-4 (2001).

Hanssen, Gro Sandkjaer, Per Kristen Mydske and Elisabeth Dahle. "Multilevel coordination of climate change adaptation: by national hierarchical steering or by regional network governance?" *Local Environment* 18-8 (2013).

Happaerts, Sander, and Karoline Van Den Brande. "Sustainable development and transnational communication: Assessing the international influence on subnational policies." *Journal of Comparative Policy Analysis: Research and Practice* 13-5 (2011).

Harris, Paul, and Taedong Lee. "Compliance with Climate Change Agreements: The Constraints of Consumption." *International Environmental*

Agreement 17−6 (March, 2017).

Harrison, Kathryn. "The United States as outlier: Economic and institutional challenges to US climate policy." in Kathryn Harrison & Lisa McIntosh Sundstrom (eds.). *Global commons, domestic decisions: The comparative politics of climate change.* Cambridge, MA: MIT Press, 2010.

Haupt, Wolfgang. "European Municipalities Engaging in Climate Change Mitigation and Adaptation Networks: Examining the Case of the Covenant of Mayors." in Y. Yamagata, & A. Sharifi (Eds.). *Resilience-Oriented Urban Planning: Theoretical and Empirical Insights,* Cham: Springer, 2018.

Heffron, Raphael, and Darren McCauley. "What is the 'just transition'?" *Geoforum* 88 (2018).

Heikkinen, Milja, Aasa Karimo, Johannes Klein, Sirkku Juhola and Tuomas Ylä-Anttila. "Transnational municipal networks and climate change adaptation: A study of 377 cities." *Journal of Cleaner Production* 257 (June, 2020).

Heikkinen, Milja, et al. "Transnational municipal networks and climate change adaptation: A study of 377 cities." *Journal of Cleaner Production* 257 (2010).

Hersch, Joni, and W. Kip Viscusi. "The Generational Divide in Support for Environmnetal Policies: European Evidence." *Climatic Change* 77 (2006).

Hodson, Michael, Simon Marvin and Harriet Bulkeley. "The intermediary organisation of low carbon cities: a comparative analysis of transitions in greater London and greater manchester." *Urban Stud.* 50 (2011).

Hoffmann, M. J. *Climate Governance at the Crossroads.* New York: Oxford University Press, 2011.

Holland, Breena. "Procedural justice in local climate adaptation: Political capabilities and transformational change." *Environmental Politics* 26−3 (2017).

Huang-Lachmann, Jo-Ting and Jon C. Lovett. "How cities prepare for climate change: Comparing Hamburg and Rotterdam." *Cities* 54 (2016).

Hughes, Sara, and Matthew Hoffmann. "Just urban transitions: Toward a research agenda." *Wiley Interdisciplinary Reviews Climate Change* 11−3 (2020).

Hunt, Alister, and Paul Watkiss. "Climate change impacts and adaptation in cities: A review of the literature." *Climatic Change* 104–1 (2011).

ICLEI. *ICLEI Climate Program*. 2012. Available at http://www.iclei.org/index.php?id=800 (검색일: 5 July 2012).

Ingrid Baker et al. "Local government response to the impacts of climate change: an evaluation of local climate adaptation plans." *Landscape Urban Plan* 107 (2012).

IPCC. *Climate Change 2014: Synthesis Report*. Contribution of Working Group I, II, and III to the Fifth Assessment Report of the Intergovernmental Panel on Climate Change [Core Writing Team, R.K. Pachauri and L.A. Meyer (eds.)]. IPCC, Geneva (2014).

_____. *Climate Change 2014: Impacts, adaptation and vulnerability. Part A: Global and sectoral aspects*. Contribution of Working Group 11 to the Fifth Assessement Report of the Intergovernmental Panel on Climate Change (2014).

_____. *Climate Change 2022: Impacts, Adaptation and Vulnerability* (2022). https://www.ipcc.ch/report/ar6/wg2/

Jan Corfee-Morlot et al. "Multilevel risk governance and urban adaptation policy." *Clim. Change* 104 (2011).

Jan Ketil Rød et al. "Integrated vulnerability mapping for wards in Mid-Norway." *Local Environment* 17–6–7 (2012).

Jenkins, Kirsten. Setting energy justice apart from the crowd: Lessons from environmental and climate justice. *Energy Research & Social Science* 39 (2018).

Jeong, Yunji, and Jongsik Ha. "The comparative study of perception of the public and stakeholder to climate change adaptation." *Journal of Climate Change Research* 6–2 (2015).

Johanna Wolf et al. "Social capital, individual responses to heat waves and climate change adaptation: An empirical study of two UK cities." *Global Environmental Change* 20–1 (2010).

Johannes Klein, Malcolm Araos, Aasa Karimo, Milja Heikkinen, Tuomas Ylä-Anttila and Sirkku Juhola. "The role of the private sector and citizens in urban climate change adaptation: Evidence from a global assessment of large cities." *Global Environmental Change* Part A 53 (2018).

Jonas, Andrew E. G., David Gibbs, Aidan While. "The new urban politics as a politics of carbon control." *Urban Stud.* 48 (2011).

Joyeeta Gupta et al. "The adaptive capacity wheel: a method to assess the inherent characteristics of institutions to enable the adaptive capacity of society." *Environmental Science and Policy* 13 (2010).

Juhola, Sirkku, and Lisa Westerhoff. "Challenges of adaptation to climate change across multiple scales: A case study of network governance in two European countries." *Environmental Science & Policy* 14-3 (2011).

Kalafatis, Scott E., Ashlee Grace and Elizabeth Gibbons. "Making Climate Science Accessible in Toledo: The Linked Boundary Chain Approach." *Climate Risk Management* (2015).

Kathrin Foshag et al. "Viability of public spaces in cities under increasing heat: A transdisciplinary approach." *Sustainable Cities and Society* (2020).

Keeler, Andrew G. "State greenhouse gas reduction policies: A move in the right direction?" *Policy Sciences* 40-4 (2007).

Keiner, Marco, and Arley Kim. "Transnational city networks for sustainability." *European Planning Studies* 15-10 (2007).

Keohane, Robert O., and Lisa L. Martin. "The Promise of Institutionalist Theory." *International Security* 20-1 (June, 1995).

Kern, Kristine, and Harriet Bulkeley. "Cities, Europeanization and multi-level governance: Governing climate change through transnational municipal networks." *Journal of Common Market Studies* 47 (2009).

Kimberley Thomas et al. "Explaining differential vulnerability to climate change: A social science review." *WIREs Climate Change* 10-2 (2019).

Kim, Woonsoo, Seongil Shin and Jeongah Kim. *A Preliminary Study on Seoul's Vision for Climate Protection Initiative in 2030*. Seoul: Seoul Development Institute, 2009.

Kingdon, John W. *Agendas, alternatives, and public policies* (2nd ed.). New York: Longman, 1984.

KISS. *A Report on Evaluation of Climate Change Policy in Eight Large Cities*. Seoul: KISS, 2009.

Ko, Inhwan, and Lee Taedong. "Carbon Pricing and Decoupling between Greenhouse Gas Emissions and Economic Growth: A Panel Study of 29 European Countries, 1996-2014." *Review of Policy Research* (October, 2021).

Koff, Wayne C., and Michelle A. Williams. "Covid-19 and immunity in aging populations – A new research agenda." *The New England Journal of Medicine* (2020).

Koski, Chris. "Greening America's skylines: The diffusion of low-salience policies." *Policy Studies Journal* 38−1 (2010).

Kotter, John P. "What leaders really do." *Harvard Business Review* (December, 2001).

Krause, Rachel M. "An assessment of the impact that participation in local climate networks has on cities'implementation of climate, energy, and transportation policies." *Rev. Policy Res.* 29 (2012).

Krause, Rachel M. "Policy innovation, intergovernmental relations, and the adoption of climate protection initiatives by U.S. cities." *Journal of Urban Affairs* 33 (2011).

Krause, Rachel M. An assessment of the greenhouse gas reducing activities being implemented in US cities. *Local Environment* 16−2 (2011a).

Kremer, Peleg, Annegret Haase and Dagmar Haase. "The future of urban sustainability: Smart, efficient, green or just? Introduction to the special issue." *Sustainable Cities and Society* 51 (2019).

Kuik, Onno, and Marjan Hofkes. "Border adjustment for European emissions trading: Competitiveness and carbon leakage." *Energy policy* 38−4 (April, 2010).

Landauer, Mia, Sirkku Juhola and Johannes Klein. "The role of scale in integrating climate change adaptation and mitigation in cities." *Journal of Environmental Planning and Management* 62−5 (2019).

Landauer, Mia, Sirkku Juhola, Maria Söderholm. "Inter-relationships between adaptation and mitigation: a systematic literature review." *Climatic Change* 131 (2015).

Lee, Taedong, and Chris Koski. "Building green: Local political leadership addressing climate change." *Review of Policy Research* 29−5 (2012).

_____. "Multilevel governance and urban climate mitigation environment and planning C." *Government and Policy* 47 (2015).

Lee, Taedong, and Lee Taewha. "Evolutionary urban climate resilience: assessment of Seoul's policies." *International Journal of Climate Change Strategies and Management* 8−5 (2015).

Lee, Taedong, and Martin Painter. "Comprehensive Local Climate Policy: the Role of Urban Governance." Presented at the GARC (Goverance in Asia Research Centre), Hong Kong (2012).

_____. "Comprehensive local climate policy: The role of urban governance." *Urban Climate* 14 (2015).

Lee, Taedong, and Sara Hughes. "Perceptions of urban climate hazards and their effects on adaptation agendas." *Mitigation and Adaptation Strategies for Global Change* 22-5 (2017).

Lee, Taedong, and Susan van de Meene. "Comparative Studies of Urban Co-benefits in Asian Cities." *Journal of Cleaner Production* 58 (2013).

_____. "Who teaches and who learns? Policy learning through the C40 cities climate network." *Policy Sciences* 45-3 (2012).

Lee, Taedong, Hyuk Yang and Anders Blok. "Does mitigation shape adaptation? The urban climate mitigation-adaptation nexus." *Climate Policy* 20-3 (2020).

Lee, Taedong, Taewha Lee, and Yujin Lee. "An experiment for urban energy autonomy in Seoul: the one less nuclear power plant policy." *Energy Policy* 74 (2014).

Lee, Taedong. *Global Cities and Climate Change: Translocal governance of environmental governance.* New York: Routledge, 2015.

_____. "Global cities and transnational climate change networks." *Global Environmental Politics* 13-1 (2013).

_____. "Local Energy Agencies and Cities' Participation in a Translocal Climate Governance." *Environmental Policy and Governance* 28-3 (2018).

Leinaweaver, Justin, and Robert Thomson. "The Elusive Governance of Climate Change: Nationally Determined Contributions as Commitments and Negotiating Positions." *Global Environmental Politics* 21-2 (April, 2021).

Levina, Ellina, and Dennis Tirpak. "Key Adaptation Concepts and Terms." OECD: Draft paper | Agenda document 1 (2006).

Li, Dmitriy D., Meenakshi Rishi and Jeong Hwan Bae. "Green official development Aid and carbon emissions: Do institutions matter?" *Environment and Development Economics* 26-1 (2021).

Lieberman, Joyce M. "Three streams and four policy entrepreneurs converge." *Education and Urban Society* 34-4 (2002).

Linda Shi et al. "Roadmap towards justice in urban climate adaptation research." *Nature Climate Change* 6-2 (2016).

Lutsey, Nicholas, and Daniel Sperling. "America's bottom-up climate change mitigation policy." *Energy Policy* 36-2 (2008).

Mark Lubell and Arnold Vedlitz. "Collective action, environmental activism, and air quality policy." *Political Research Quarterly* 59-1 (2006).

Matthew Jurjonasa, Erin Seekampa, Louie Rivers and Bethany Cutts.

"Uncovering climate (in) justice with an adaptive capacity assessment: A multiple case study in rural coastal North Carolina." *Land Use Policy* 94 (2020).

May, Peter J., and Chris Koski. "State environmental policies: Analyzing green building mandates." *Review of Policy Research* 24-2 (2007).

McCauley, Darren, and Raphael Heffron. "Just transition: Integrating climate, energy and environmental justice." *Energy Policy* 119 (2018).

McCauley, Darren, et al. *Climate Change 2001: Impacts, Adaptation & Vulnerability*. Cambridge University Press, UK. IPCC Third Assessment Report (2001a).

McEvoy, D., S. Lindley and J. Handley. "Adaptation and Mitigation in Urban Areas: Synergies and Conflicts." *Municipal Engineer* 159 (2006).

McGranahan, Gordon, Deborah Balk, and Bridget Anderson. "The rising tide: assessing the risks of climate change and human settlements in low elevation coastal zone." *Environ. Urban.* 19 (2007).

McManus, Phil., Krishna K. Shrestha and Donna Yoo. "Equity and climate change: Local adaptation issues and responses in the City of Lake Macquarie, Australia." *Urban Climate* 10 (2014).

Meijerink, Sander, and Sabina Stiller. "What kind of leadership do we need for climate adaptation? A framework for analyzing leadership objectives, functions, and tasks in climate change adaptation." *Environment and Planning C: Government and Policy* 31-2 (2013).

Mills, Gerald. "Cities as agents of global change." *International Journal of Climatology* 27-14 (2007).

Mintrom, Michael, and Sandra Vergari. "Policy networks and innovation diffusion: The case of state education reforms." *The Journal of Politics* 60-1 (1998).

Mintrom, Michael. "Policy entrepreneurs and the diffusion of Innovation." *American Journal of Political Science* 41-3 (1997).

MoE. *Report on Exemplary City for Tackling Climate Change*. Ministry of Environment, Korea, Seoul (2009).

Mohai, Paul, David Pellow and J. Timmons Roberts. "Environmental justice." *Annual Review of Environment and Resources* 34-1 (2009).

Morten Fibieger Byskov et al. "An agenda for ethics and justice in adaptation to climate change." *Climate and Development* (2019).

Moser, Susanne C., and Julia A. Ekstron. "A framework to diagnose barriers to climate change adaptation." Proceedings of the National Academy of Sciences of the United States of America 107-51 (2010).

Mukuti, Jessica. "Challenging the obsession with local level institutions in country ownership of climate change adaptation." *Land Use Policy* 94 (2020).

Nalau, Johanna, Benjamin L. Preston and Megan C. Maloney. "Is adaptation a local responsibility?" *Environmental Science & Policy* 48 (2015).

Nerlich, Brigitte, Nelya Koteyko and Brian Brown. "Theory and language of climate change communication." *Wiley Interdisciplinary Reviews: Climate Change* I-I (2010).

Neumayer, Eric. "Do democracies exhibit stronger international environmental commitment? A cross-country analysis." *Journal of Peace Research* 39-2 (2002).

Newig, Jens. "Climate Change as an Element of Sustainability Communication." in Jasmin Godemann and Gerd Michelson (eds.). *Sustainability Communication: Interdisciplinary Perspectives and Theoretical Foundation.* Netherlands: Springer, 2011.

Nguyen Thi Minh Phuong, Kathryn Davidson and Lars Coenen. "Understanding how city networks are leveraging climate action: experimentation through C40." *Urban Transform* 2-12 (October, 2020).

Nordhaus, William. "Climate Clubs: Overcoming Free-riding in International Climate Policy." *American Economic Review* 105-4 (April, 2015).

Nurhidayah, Laely, and Alistair McIlgorm. "Coastal adaptation laws and the social justice of policies to address sea level rise: An Indonesian insight." *Ocean & Coastal Management* 171 (2019).

O. Heidrich et al. "National climate policies across Europe and their impacts on cities strategies." *Journal of Environmental Management* 168 (2016).

Olsson, Per, and Carl Folke. "Local Ecological Knowledge and institutional Dynamics for Ecosystem Management: A Study of Lake Racken Watershed, Sweden." *Ecosyst.* 4 (2001).

Ostrom, Elinor. "Institutional rational choice: An assessment of the institutional analysis and development framework." in Paul A. Sabatier (ed.). *Theories of the Policy Process* Boulder, CO: Westview Press, 2007.

Ostrom, Elinor. "Polycentric systems for coping with collective action and global environmental change." *Global Environ. Change* 20 (2010).

Ostrom, Elinor. *Governing the commons: The evolution of institutions for collective action.* Cambridge: Cambridge University Press, 1990.

Pablo-Romero, M., A. Sánchez-Braza and José Gonzalez-Limón. "Covenant of Mayors: Reasons for Being an Environmentally and Energy Friendly Municipality." *Review of Policy Research* 32–5 (2015).

Patchen, Martin. "What Shapes Public Reactions to Climate Change? Overview of Research and Policy Implications." *Analysis of Social Issues and Public Policy* 10–1 (2010).

Peters, Guy, and Jon Pierre. "Developments in intergovernmental relations: towards multi-level governance." *Policy & Politics* 29–2 (2001).

Petra Tschakert et al. "Inequality and transformation analyses: A complementary lens for addressing vulnerability to climate change." *Climate and Devel-opment* 5–4 (2013).

Pitt, Damian, and Ellen Bassett. "Innovation and the role of collaborative planning in local clean energy policy." *Environ. Policy Gov.* 24–6 (2014).

Pizzaro, Rafael E., Edward Blakely and John Dee. "Urban Planning and Policy Faces Climate Change." *Built Environment* 32–4 (2006).

P. J. Ward et al. "Governance of flood risk management in a time of climate change: The cases of Jakarta and Rotterdam." *Environmental Politics* 22–3 (2013).

Polk, Merritt. "Institutional capacity-building in urban planning and policy-making for sustainable development: success or failure?" *Planning, Practice and Research* 26–2 (2011).

Portney, K.E. *Taking Sustainable Cities Seriously.* The MIT Press, Cambridge, 2003.

Public Utilities Commission State of Hawaii. *Report to the 2014 legislature on Hawaii's Energy Efficiency Portfolio Standard* (December, 2013).

Rabe, Barry G. "States on steroids: The intergovernmental odyssey of American climate policy." *Review of Policy Research* 25–2 (2008).

Rabe, Barry G. *Statehouse and greenhouse.* Washington, DC: Brookings Institution Press, 2004.

Rabe, Barry G. *Statehouse and Greenhouse: The Emerging Politics of American Climate Change Policy.* Washington D.C.: Brookings Institution Press, 2004.

Rappaport, Jordan, and Jeffrey D. Sachs. "The United States as a coastal nation." *Journal of Economic Growth* 8–1 (2003).

Rasmussen Reports. *Energy update: Support for renewable energy resources reaches highest level yet.* Retrieved from http://www.rasmussenreports.com/public_content/politics/current_events/environment_energy/energy_update (2011).

R.Berndtsson et al. "Drivers of changing urban flood risk: A framework for action." *Journal of Environmental Management* 240 (2019).

Rhodes, Roderick A. W. "The new governance: governing without government." *Polit. Stud.* 44 (1996).

Richard Friend et al. "Mainstreaming urban climate resilience into policy and planning; reflections from Asia." *Urban Clim* 7 (2013).

Richard J. T. Klein, Siri E. H. Eriksen, Lars Otto Næss, Anne Hammill, Thomas M. Tanner, Carmenza Robledo & Karen L. O'Brien. "Portfolio screening to support the mainstreaming of adaptation to climate change into development assistance." *Climatic Change* 84 (2007).

Robert E. O'Connor, Richard J. Bord, Brent Yarnal and Nancy Wiefek. "Who wants to Reduce Greenhouse Gas Emissions?" *Social Science Quarterly* 83–1 (2002).

Roberts, J. Timmons, Bradley C. Parks and Alexis A. Vásquez. "Who ratifies environmental treaties and why? institutionalism, structuralism and participation by 192 nations in 22 treaties." *Global Environmental Politics* 4–3 (2004).

Robine, J. M., et al. (2008). Death toll exceeded 70,000 in Europe during the summer of 2003. *Comptes Rendus Biologies* 331–2.

Robine, J. M., J. P. Michel and F. R. Herrmann. Excess male mortality and age specific mortality trajectories under different mortality conditions: A lesson from the heat wave of summer 2003. *Mechanisms of Ageing and Development* 133–6 (2012).

Rutland, Ted, and Alex Aylett. "The Work of Policy: Actor Networks, Governmentality, and Local Action on Climate Change in Portland, Oregon." *Environment and planning D: Society and Space* 26 (2008).

Sahar Hadi Pour, Ahmad Khairi Abd. Wahab, Shamsuddin Shahid, Asaduzzaman, A. Dewan. "Low impact development techniques to mitigate the impacts of climate-change-induced urban floods: Current trends, issues and challenges." *Sustainable Cities and Society* (2020).

Sahay, Samraj. "Adaptation to health outcomes of climate change and variability at the city level: An empirical decision support tool." *Sustainable Cities and Society* 47 (2019).

SAP. *Seattle Climate Partnership: Seattle Area Employers Working Together to Reduce Greenhouse Gas Emissions and Improve Quality of Life Partnership Agreement.* Seattle City Government, Seattle (2009).

Sassen, Saskia. "Cities in today's global age." *SAIS Review* 29–1 (2009).

Saxena, Alark, Kristin Qui and Stacey-ann Robinson. "Knowledge, attitudes and practices of climate adaptation actors towards resilience and transformation in a 1.55°C world." *Environmental Science and Policy* 80 (2018).

Scholz, John T., and Cheng-Lung Wang. "Cooptation or transformation? Local policy networks and federal regulatory enforcement." *Am. J. Polit. Sci.* 50 (2006).

Schrock, Greg, Ellen M. Bassett and Jamaal Green. "Pursuing equity and justice in a changing climate: Assessing equity in local climate and sustainability plans in US cities." *Journal of Planning Education and Research* 35–3 (2015).

Scott. Shirley V. "The securitization of climate change in world politics: how close have we come and would full securitization enhance the efficacy of global climate change policy?" *Review of European Community & International Environmental Law* 21–3 (November, 2012).

Selin, Henrik, and Stacy D. VanDeveer. "Political science and prediction: What's next for U.S. climate change policy?" *Review of Policy Research* 24–1 (2007).

Seoul Metropolitan Government. *Climate and Energy Map.* Seoul Metropolitan Government, Seoul (2009).

Sharp, Elaine B., Dorothy M. Daley and Michael S. Lynch. "Understanding local adoption and implementation of climate change mitigation policy." *Urban Aff. Rev.* 47 (2011).

Simonet, Guillaume, and Sandra Fatoric. "Does adaptation to climate change mean resignation or opportunity?" *Regional Environmental Change* 16 (2016).

Sining C. Cuevas, et al. "Challenges in mainstreaming climate change adaptation into local land use planning: evidence from Albay, Philippines." *The International Journal of Climate Change: Impacts and Responses* 7–3 (2015).

Skovgaard. Jakob. "Learning about Climate Change: Finance Ministries in International Climate Change Politics." *Global Environmental Politics* 12–4 (November, 2012).

Slavin, Matt, Douglass Codiga and Jason Zeller. "Wind Wave and Watts: Creating a Clean Energy Future for Honolulu." in Matt Slavin (ed.). *Sustainaility in American Cities*. Washington, DC: Island Press, 2011.

Smith, Nicholas, and Anthony Leiserowitz. "The Rise of Global Warming Skepticism: Exploring Affective Image Associations in the United States Over Time." *Risk Analysis* 32-6 (2012).

Solecki, William, Robin Leichenko and Karen O'Brien. "Climate change adaptation strategies and disaster risk reduction in cities: Connections, contentions, and synergies." *Current Opinion in Environmental Sustainability* 3-3 (2011).

Sonia Graham et al. "Local values and fairness in climate change adaptation: Insights from marginal rural Australian communities." *World Development* 108 (2018).

Steenbergen, Marco R., and Bradford S. Jones. "Modeling multilevel data structures." *American Journal of Political Science* 46-1 (2002).

Stelios Grafakos et al. "Analytical framework to evaluate the level of integration of climate adaptation and mitigation in cities." *Climatic Change* 154-1-2 (2019).

Storbjörk, Sofie, and Johan Hedrén. "Institutional capacity-building for targeting sea-level rise in the climate adaptation of Swedish coastal zone management." Lessons from Coastby. *Ocean & Coastal Management* 54 (2011).

Swart, Rob, and Frank Raes. "Making integration of adaptation and mitigation work: mainstreaming into sustainable development policies?" *Climate Policy* 7 (2007).

Tabara, J. David, and Claudia Pahl-Wostl. "Sustainability learning in natural resource use and management." *Ecology and Society* 12-2 (2007).

TAG. *Technical Advisory Group Recommendations for the Seattle Climate Action Pland Update: Transportation and Land Use Sectors*. City of Seattle, Office of Sustainability & Environment, Seattle (2012).

Taylor, Peter J. "New political geographies: Global civil society and global governance through world city networks." *Political Geography* 24-6 (2005).

Thompson, Genevieve N., and Carole A. Estabrooks and Lesley F. Degner. "Clarifying the concepts in knowledge transfer: A literature review." *Journal of Advanced Nursing* 53-6 (2006).

Toly, Noah J. "Transnational municipal networks in climate politics: From global governance to global politics." *Globalizations* 5–3 (2008).

UK CIP. *Climate Adaptation: Risk, Uncertainty and Decision-making.* Oxford, UK. UKCIP Technical Report, 2003.

Ulrich Beck et al. "Cosmopolitan communities of climate risk: conceptual and empirical suggestions for a new research agenda." *Global Networks* 13 (2013).

UNDP. *Adaptation policy frameworks for climate change: Developing strategies, policies, and measures.* Cambridge, MA, USA: Cambridge University Press, 2004.

UNFCCC. *Compendium on methods and tools to evaluate impacts of, and vulnerability and adaptation to, climate change;* Final draft report. Stratus Consulting Inc. (2009).

Urpelainen, Johannes. "Explaining the Schwarzenegger phenomenon: Local frontrunners in climate policy." *Global Environmental Politics* 9 (2009).

Valente, Thomas. W. and Rebecca L. Davis. (1999). Accelerating the diffusion of innovations using opinion leaders. *The Annals of the American Academy of Political and Social Science* 566–1.

Vasi, Ion Bogdan. (2007). Thinking globally, planning nationally and acting locally: Nested organizational fields and theadoption of environmental practices. *Social Forces* 86–1.

Volden, Craig. (2006). State as Policy Laboratories: Emulating Success in the Children's Insurance Program. *American Journal of Political Science* 50–2.

Walker, Jack L. "The diffusion of innovations among the American States." *American Political Science Review* 63–3 (1969).

Wei, Ting, et al. "Developed and developing world responsibilities for historical climate change and CO2 mitigation." *Proceedings of the National Academy of Sciences* 109–32 (July, 2012).

Wellstead, Adam M., and Richard C. Stedman. "Climate change policy capacity at the sub-national government level." *Journal of Comparative Policy Analysis: Research and Practice* 13–5 (2011).

Wheeler, Stephen M. "State and municipal climate change plans: The first generation." *Journal of the American Planning Association* 74–4 (2008).

Whitford, Andrew B. "Decentralized policy implementation." *Political Research Quarterly* 60–1 (2007).

Woodruff, Sierra C., and Missy Stults. "Numerous strategies but limited implementation guidance in US local adaptation plans." *Nature Climate Change* 6 (2016).

Woods, N. D. "Primacy implementation of environmental policy in the U.S. states." *Publius* 36−2 (2006).

Yang, J. *Busan's Policy Response to Kyoto Protocol.* Busan Development Institute, Busan (2005).

Yin, Robert K. *Case Study Research: Design and Methods.* New York: Sage Publications, 2009.

Young, Robert F. "The greening of Chicago: Environmental leaders and organisational learning in the transition toward a sustainable metropolitan region." *Journal of Environmental Planning and Management* 53−8 (2010).

Zahran, Sammy, et al. "Risk, stress, and capacity: Explaining metropolitan commitment to climate protection." *Urban Affairs Review* 43−4 (2008b).

Zahran, Sammy, et al. "Vulnerability and capacity: Explaining local commitment to climate-change policy." *Environment and Planning C: Government and Policy* 26−3 (2008a).

Zahran, Sammy, Himanshu Grover, Samuel D. Brody, and Arnold Vedlitz. "Risk, stress, and capacity: Explaining metropolitan commitment to climate protection." *Urban Affairs Review* 43−4 (2008).

Zaidi, R. Zehra, and Mark Pelling. "Institutionally configured risk: Assessing urban resilience and disaster risk reduction to heat wave risk in London." *Urban Studies* 52−7 (2015).

Zürn M, Checkel J. "Getting socialized to build bridges: Constructivism and rationalism, Europe and the Nation-State." *International Organization* 59−4 (2005).

언론사 및 잡지

Time Magazine, "How Cities and States Took the Spotlight in Paris Climate Talks," Dec. 8, 2015. http://time.com/4140172/paris-cities-states-climate-change/.

온라인 자료

City of Seattle. "City Green Building Progress Report 2009−2009."

City of Seattle. "Seattle Green Building Capital Initiative."

Clean Air Act 111(d) EDF 보고서, http://www.edf.org/sites/default/files/section-111-d-of-the-clean-air-act_the-legal-foundation-for-strong-flexible-cost-effective-carbon-pollution-standards-for-existing-power-plants.pdf.

Green Busan 21. *Local Agenda 21 for Busan* http://www.ecopa21.or.kr/.

HPUC Docket, 2012-0036/2014-0183/2014-0192/ http://dms.puc.hawaii.gov/dms/

http://dms.puc.hawaii.gov/dms/

http://energy.hawaii.gov/wp-content/uploads/2013/07/Act-164-Working-Group-October-28-2015-Meeting-Summary.pdf

http://energy.hawaii.gov/wp-content/uploads/2013/07/DBEDT-KETEP-MOU_Aug2015.pdf

http://heco.com/vcmcontent/StaticFiles/pdf/HCEI_SummaryFinal.pdf

http://home.kepco.co.kr/kepco/KO/C/htmlView/KOCDHP00201.do?menuCd=FN05030502

http://m.pv-magazine.com/news/details/beitrag/17-us-governors-sign-clean-energy-accord_100023274/

http://m.pv-magazine.com/news/details/beitrag/hawaii-shuts-down-net-metering-to-new-customers_100021550/

http://www.civilbeat.com/articles/2012/11/08/17597-hawaii-tax-department-poisedto-crack -down-on-solar-tax-credits/

http://www.eenews.net/interactive/clean_power_plan#legal_challenge_status_chart.

http://www.eenews.net/stories/1060034152

http://www.epa.gov/cleanpowerplan/clean-power-plan-existing-power-plants

http://www.governorsnewenergyfuture.org/

http://www.hawaiicleanenergyinitiative.org/about-the-hawaii-clean-energy-initiative/goals-and-objectives/

http://www.scotusblog.com/2010/04/the-potential-nomination-of-merrick-garland

http://www.seattle.gov/dpd/cms/groups/pan/@pan/@sustainableblding/documents/web_informational/dpdd015730.pdf. (검색일: 2012.02.10)

http://www.seattle.gov/environment/documents/GBCI_Policy_Report_Final.pdf (검색일: 2012. 01. 29).

http://www.vox.com/2016/2/14/10989694/scalia-obama-climate-plan

http://www.windworks.org/FeedLaws/RenewableEnergyPolicyMechanis
msbyPaulGipe.pdf

https://www.whitehouse.gov/the-press-office/2015/11/30/remarks-
president-obama-first-session-cop21

Seattle City. *Seattle Climate Protection Initiative Progress Report. 2009.*
http://www.seattle.gov/climate/docs/CPI-09-Progress-Report.pdf.

Seattle City. S*eattle, A Climate of Change: Meeting the Kyoto Challenge:*
Climate Action Plan. 2006. http://www.seattle.gov/climate/docs/Sea
CAP_plan.pdf.

Seattle Climate Partnership. *Seattle Climate Partnership Partners* 2009.
http://www.seattleclimatepartnership.org/partners.php.

Submission by the Republic of Korea, Intended Nationally Determined
Contribution. http://www4.unfccc.int/submissions/INDC/Published%
20Documents/Republic%20of%20Korea/1/INDC%20Submission%20by%
20the%20Republic%20of%20Korea%20on%20June%2030.pdf.

저먼워치 *Germanwatch.* at https://www.germanwatch.org/en/cri (검색일:
2022.2. 18).

한국기후변화연구소. 2020. http://kric.re.kr/front/information/trend/board
View.do?board_key=2609)

찾아보기

저자소개

이태동 (tdlee@yonsei.ac.kr)

연세대 정치외교학과 졸업
서울대 환경대학원 석사
미국 워싱턴대 정치학 박사

현 연세대 정치외교학과 교수
    연세대 언더우드특훈교수
    한국기후변화학회 부회장
    국회기후변화포럼 연구위원
    국가기후환경회의 전문위원

한국정치학회/국제정치학회/정당학회 연구이사 역임

주요 논저
『에너지 전환의 정치』(사회평론)
『탄소중립과 그린뉴딜: 정치와 정책』(편저, 한울)
『현대외교정책론, 제4판』(공저, 명인문화사)
Public deliberation on nuclear power plant construction (Journal of
    Cleaner Production)
The Old and the Climate Change Adaptation (Sustainable Cities and
    Society) 외 다수

명인문화사 정치학 관련 서적

정치학 분야

정치학의 이해 Roskin 외 지음 / 김계동 옮김

정치학개론: 권력과 선택, 15판 Shively 지음 /
김계동, 민병오, 윤진표, 이유진, 최동주 옮김

비교정부와 정치, 제12판 McCormick & Hague &
Harrop 지음 / 김계동, 민병오, 서재권, 이유진, 이준한 옮김

정치학방법론 Burnham 외 지음 / 김계동 외 옮김

정치이론 Heywood 지음 / 권만학 옮김

정치 이데올로기: 이론과 실제
Baradat 지음 / 권만학 옮김

민주주의국가이론
Dryzek & Dunleavy 지음 / 김욱 옮김

사회주의 Lamb 지음 / 김유원 옮김

자본주의 Coates 지음 / 심양섭 옮김

신자유주의 Cahill & Konings 지음 / 최영미 옮김

정치사회학 Clemens 지음 / 박기덕 옮김

정치철학 Larmore 지음 / 장동진 옮김

문화정책 Bell & Oakl 지음 / 조동준, 박선 옮김

시민사회, 제3판 Edwards 지음 / 서유경 옮김

복지국가: 이론, 사례, 정책 정진화 지음

포커스그룹: 응용조사 실행방법
Krueger & Casey 지음 / 민병오, 조대현 옮김

거버넌스의 정치학: 한국정치의 새로운 패러다임 모색
김의영 지음

한국현대사의 재조명 한국전쟁학회 편

여성, 권력과 정치 Stevens 지음 / 김영신 옮김

국제관계 분야

국제관계와 세계정치 Heywood 지음 / 김계동 옮김

글로벌 거버넌스: 도전과 과제
Weiss, Wilkinson 지음 / 이유진 옮김

국제정치경제
Balaam & Dillman 지음 / 민병오 외 옮김

국제개발: 사회경제이론, 유산, 전략
Lanoszka 지음 / 김태균, 문경연, 송영훈 외 옮김

국제관계이론 Daddow 지음 / 이상현 옮김

글로벌연구: 이슈와 쟁점
McCormick 지음 / 김계동, 김동성, 김현경 옮김

국제기구의 이해: 글로벌 거버넌스의 정치와 과정, 제3판
Karns & Mingst & Stiles 지음 / 김계동, 김현욱 외 옮김

현대외교정책론, 제4판
김계동, 김태환, 김태효, 김 현, 마상윤, 서정건 외 지음

외교: 원리와 실제 Berridge 지음 / 심양섭 옮김

세계화와 글로벌 이슈, 제6판 Snarr 외 지음 /
김계동, 민병오, 박영호, 차재권, 최영미 옮김

세계화의 논쟁: 국제관계 접근에서의 찬성과 반대논리,
제2판 Haas & Hird 엮음 / 이상현 옮김

세계무역기구: 법, 경제, 정치
Hoekman 외 지음 / 김치욱 옮김

현대 한미관계의 이해 김계동, 김준형, 박태균 외 지음

현대 북러관계의 이해 박종수 지음

중국의 외교정책과 대외관계
Shambaugh 편저 / 김지용, 서윤정 옮김

한국의 외교정책과 대외관계
김계동, 김태균, 김태환, 김현, 김현욱, 박영준 외 지음

글로벌 환경정치와 정책
Chasek & Downie & Brown 지음 / 이유진 옮김

지구환경정치: 형성, 변화, 도전 신상범 지음

핵무기의 정치 Futter 지음 / 고봉준 옮김

비핵화의 정치 전봉근 지음

비정부기구(NGO)의 이해, 제2판
Lewis & Kanji & Themudo 지음 / 이유진 옮김

한국의 중견국 외교 손열, 김상배, 이승주 외 지음